Mathias Döpfner

Die Freiheitsfalle

Mathias Döpfner

Die Freiheitsfalle

Ein Bericht

Propyläen

Propyläen ist ein Verlag der Ullstein Buchverlage GmbH
www.propylaeen-verlag.de

ISBN: 978-3-549-07372-8

Gesetzt aus Sabon
Satz: Pinkuin Satz und Datentechnik, Berlin
Druck und Bindearbeiten: Bercker, Kevelaer
Printed in Germany

»Das Geheimnis des Glücks ist die Freiheit, und das Geheimnis der Freiheit ist der Mut.« (PERIKLES)

Inhalt

I. Meine Freiheit

Nein

Nein.

Nein ist das Wort der Freiheit. Widerspruch ist Selbstbestimmung. »Nein, ich sehe das anders.« Was für ein befreiender Satz! Die Freiheit, Nein sagen zu können, steht im Gegensatz zu der Unfreiheit, Ja sagen zu müssen.

Demokratien sind Neinsager-Gesellschaften. Diktaturen sind Jasager-Gesellschaften.

Kinder sind frei. Deshalb sind sie Neinsager. Je komplizierter, je widersprüchlicher die Lebensverhältnisse, desto größer die Sehnsucht nach einer kindlichen, archaischen Haltung. Kinder sagen, was ist. Kinder stellen die ganz einfachen, die wesentlichen Fragen. So wie der junge Emil Sinclair in Hermann Hesses Entwicklungsroman »Demian« fragt: »Ich wollte ja nichts als das zu leben versuchen, was von selber aus mir herauswollte. Warum war das so schwer?« Weil wir nicht den Mut haben, Nein zu sagen?

Es gibt das störrische Nein: Nein, ich will diese Suppe nicht essen. Oder das mutige Nein: Nein, ich werde meinen Nachbarn nicht an die Stasi verraten.

Als Berthold Beitz im April 1945 in Berlin-Spandau den Befehl erhält, als Schütze eines Exekutionskommandos Deserteure zu erschießen, weigert er sich: »Ich habe ihm (dem Oberfeldwebel) gesagt: Nein. Nein, das mache ich nicht. Ich erschieße nicht einfach so Leute.« Beitz hat nicht nur in diesem Moment Mut bewiesen, er hat während der Kriegsjahre Hunderten von Juden im galizischen Boryslaw das Leben gerettet und dabei das eigene Leben und das seiner Frau und seiner kleinen Tochter riskiert. Was trieb ihn, den späteren Karrieremenschen, in dieser existenziellen Situation so zu handeln? Als ich dem 97-Jährigen im August 2011 in seinem Büro gegenüber der »Villa Hügel« diese Frage stelle, zuckt er mit den Schultern: »Ich habe es als meine Pflicht angesehen. Ich musste helfen.« Am Ende war es also ein intuitiver moralischer Imperativ. Die innere Freiheit zur Entscheidung. Die Freiheit zum Nein. Beitz sagt es ausdrücklich: »Es gibt im Leben Momente, in denen man den Mut haben muss, Nein zu sagen.« Jede Biographie wird von ganz wenigen Augenblicken bestimmt, auf die es wirklich ankommt. Es sind dann fast immer Fragen, auf die es nur eine knappe Antwort gibt: Ja oder Nein. Nein kann heroisch sein. Nein kann Leben retten. Und: Ein Nein kann die eigene Würde wahren.

Das Nein befreit. Zum Wesen der Freiheit gehört der Widerspruch. Vorausgesetzt, er wird nicht zum Selbstzweck. Nein kann auch nur bockig sein. Der Geist, der stets verneint, der Nein-Nörgler und Nihilist ist kein Freiheitskämpfer. Er wagt nicht, er ist nur verbissen oder destruktiv. Er wagt das Nein nicht, er spielt mit dem Nein. Die echte Freiheit zum Nein aber ist immer ein Risiko. Sie kann Verlust bedeuten: Harmonie, den Besitz, das Leben. Wer den Mut zum Nein hat, ist ein

Freund der Freiheit; der nickende Befehlsempfänger und der unterwürfige Jasager sind ihre Feinde. Freiheit ist nicht bequem. Freiheit ohne Verantwortung ist keine Freiheit.

Als ich anfing zu schreiben, wollte ich die Freiheit durchsetzen wie ein trotziges Kind seinen Willen. 1983 bot ich als freier Musikkritiker der *Frankfurter Allgemeinen* einen Artikel über den Reggae-Sänger Peter Tosh an. In meinem nur mäßig gelungenen Text kritisierte ich die Entscheidung der Stadt München, den Auftritt von Peter Tosh zu verbieten, der in seinen Songs den Konsum von Drogen verherrlichte. Drogenverharmlosung fand ich nicht in Ordnung, Auftrittsverbote erst recht nicht. Der diensthabende Redakteur bat mich, diese Sätze herauszustreichen, weil sie die Leser der *FAZ* irritieren könnten. Man könne das Auftrittsverbot doch gut nachvollziehen. Ich sagte: Nein. Der Artikel erschien, ungekürzt. Für mich, den gerade 20-Jährigen, ein Sieg, wenn auch ein etwas unreifer. Eine Petitesse, die mir damals aber alles bedeutete.

Zweieinhalb Jahrzehnte nach diesem Schlüsselerlebnis – ich war inzwischen Vorstandsvorsitzender der Axel Springer AG – beschwerte sich bei mir ein Leser über einen Leitartikel in der *Welt*. Mit gutem Grund, wie ich fand, die Meinung des Kommentators hatte mich genauso geärgert wie den Briefschreiber. Ich antwortete: »Sie sprechen mir mit Ihrer Kritik aus dem Herzen. Aber glücklicherweise schreiben in diesem Hause nicht immer alle, was ich für richtig halte.« Rosa Luxemburg hat einfach recht: »Freiheit ist immer Freiheit der Andersdenkenden.«

Freiheit ist autoritätskritisch. Sie erlaubt und fördert

den Widerspruch. Freiheit ist die beste Freundin des Nein.

»Imagine«

Ich warte auf Nathan Scharansky.

Die goldene Kuppel des Felsendoms leuchtet am frühen Abend über der Jerusalemer Altstadt wie die untergehende Sonne. Ich sitze unten auf der Terrasse des King David Hotels und beobachte drei Kinder, die sich mit einem Computerspiel beschäftigen. Ein Liebespaar blickt schweigend in den blauen Himmel, der Kellner schreibt eine SMS.

Meine Eltern haben mich zum Pazifisten erzogen. Mein Vater ist gegen Ende des Zweiten Weltkrieges als 16-jähriger Flakhelfer von einem Erschießungskommando an die Wand gestellt worden. Im letzten Moment rettete ihn ein amerikanischer Offizier. Stop it, das ist doch noch ein Kind, muss er gerufen und die Aktion der in Rage geratenen Soldaten abgebrochen haben. In einem Gefangenenlager in Cherbourg an der französischen Atlantikküste verbrachte mein Vater beinahe ein Jahr, er wäre fast verhungert. Ich wurde konsequent antimilitaristisch erzogen. Immer wieder erzählte mein Vater unter Tränen von seinen Erlebnissen. Er lehnte jede Form des Krieges, auch den sogenannten gerechten Krieg, grundsätzlich ab. Es war ein in schwarzen, bitteren Nächten gereiftes Credo, ein biblisches Familiengebot: Gewaltfreiheit steht über allem. Ich halte mich bis heute daran. Auf die Haltung meines Vaters bin ich stolz. Auf die Konsequenzen, die ich daraus gezogen habe, keineswegs. In einen Krieg könnte ich nicht ziehen. Ich schäme mich für diese Einstellung. Denn im Grunde sage ich damit: Andere sollen die Kastanien aus dem Feuer holen.

Da kommt Nathan Scharansky. Er ist nicht sehr groß, so dass es bei meiner Länge immer ein bisschen komisch wirkt, wenn wir uns begrüßen. Wir schütteln die Hände und lachen über uns, das ungleiche Paar.

Nathan Scharansky, von 2001 bis 2003 stellvertretender Regierungschef in Israel, wuchs in der Sowjetunion auf. Er ist Mathematiker und Schachspieler. Einmal besiegte er sogar Garri Kasparow. Er arbeitete für Andrej Sacharow und schloss sich früh der russischen Bürgerrechtsbewegung an. 1977 wurde er wegen »antisowjetischer Agitation und Propaganda« zu insgesamt 13 Jahren Haft und Arbeitslager verurteilt, wovon er neun Jahre im sibirischen Gulag Perm 35 verbrachte. Was er erleben und erdulden musste, übersteigt jede Vorstellungskraft. Unerträgliche Kälte, Einsamkeit, Hunger, Schmerzen. Jeden Tag psychische und physische Torturen: gezielt, grausam, erbarmungslos. Und immer lauerte die Verlockung, dass alles sofort zu Ende und ausgestanden sein könnte, wenn er sich nur zu einer winzigen Kleinigkeit bereit erklären würde.

Scharansky erzählt mir an diesem Abend, dass ihm im Lager immer wieder ein Geschäft angeboten wurde: Man könne ihm die Folter ersparen, ja sogar die Freiheit schenken, wenn er nur bereit sei, ein paar relativierende, entschuldigende Sätze über seine »antisowjetischen Aktivitäten« zu sagen. Ein Satz nur, ein Zitat. Warum hat er es nicht getan? Was gab ihm die Kraft dazu?

Ich wusste, sagt Scharansky, dass ich jeden Tag umgebracht werden konnte. Ich spürte in jedem Moment die Bedrohung. Der Tod war ganz nah. Aber ich wusste auch: Mit einem einzigen Satz würde ich das verlieren, was mich wirklich am Leben gehalten hat: meine innere Freiheit. Die zu verlieren, hat mich am meisten geängstigt.

Der teuflische Deal, den man ihm anbot, war ein Tausch: die geistige Freiheit gegen die körperliche Freiheit, seine Würde gegen sein Leben. Es war ein Machtspiel. Die Supermacht Sowjetunion gegen den kleinen Dissidenten. Scharansky aber verweigerte nicht aus Trotz jeden Kompromiss, sondern weil er wusste: Meinen Körper, mein Leben können sie mir nehmen, jederzeit – meine innere Freiheit, meine Selbstachtung dagegen nie. Das, nur das hat mich damals am Leben erhalten, sagt Scharansky. Für meine innere Freiheit nahm ich den Tod in Kauf.

Und dann sagt Scharansky etwas für mich Unfassbares: John Lennons Song »Imagine« ist ein Antifreiheits-Lied. Ich antworte: Ich verstehe nicht ganz, dieses wunderbare Lied ist doch die Hymne einer ganzen Generation, die sich Frieden, Freiheit und Freizügigkeit auf die Fahnen geschrieben hatte. »Imagine« ist definitiv ein Freiheits-Song. Scharansky hält dagegen: Freizügigkeit ja, Freiheit nein. In Lennons Lied heißt es: Stell dir vor, es gibt nichts, für das es wert ist zu sterben! Für Lennon war das der Wunschtraum. Für mich, sagt Scharansky, ist es der Alptraum. Er sieht in dieser Zeile von Lennon eine gefährliche Form von Kulturrelativismus. Das Ende der Freiheit, eine Kapitulation des selbstbestimmten Lebens vor der schieren biologischen Existenz. Unfreiheit ist Sterben vor dem Tod.

Imagine: Wenn es nichts gäbe, für das es sich lohnte zu sterben, würde es längst kein Israel mehr geben. Imagine: Wenn es nichts gäbe, für das es sich lohnte zu sterben, hätte es keinen Aufstand im Warschauer Ghetto gegeben, der bis heute Millionen von Juden auf der Welt Selbstachtung und Stolz vermittelt. Imagine: Wenn es nichts gäbe, für das es sich lohnte zu sterben, hätte es auch das Attentat auf Adolf Hitler vom 20. Juli 1944 nicht gegeben, und wenn es Claus Schenk Graf von Stauffenberg und andere nicht wenigstens versucht hätten, hätten die Deutschen ihren Respekt vor sich selbst gänzlich verloren.

Wenn Nathan Scharansky, der nach neun Jahren im Gulag am 11. Februar 1986 auf der Glienicker Brücke zwischen Berlin und Potsdam gegen Ost-Agenten ausgetauscht und in die Freiheit entlassen wurde, vergnügt lächelnd bei einer Portion Hummus seine Geschichte erzählt, hat das nichts Heroisches, nichts Pathetisches, nichts Triumphales. Es ist einfach so. Was er gedacht hat, in diesem Moment, als er auf der Brücke den »weißen Strich«, die Grenzlinie in die seit Jahrzehnten ersehnte Freiheit überschritt? Nun, ich hatte im Lager statt eines Gürtels nur eine Schnur bekommen, sagt Scharansky, um meine viel zu weite Hose festzubinden. Und ausgerechnet auf der Glienicker Brücke riss diese Schnur, als ich aus dem Auto stieg. Beim letzten Schritt in die Freiheit hatte ich also nur einen Gedanken: Hoffentlich rutscht mir jetzt nicht die Hose. Scharansky lacht über das ganze Gesicht, er freut sich einfach über sein nun schon seit vielen Jahren andauerndes neues Leben.

Scharansky lebt seit seiner Freilassung in Israel. Er geht früh an diesem Abend. Er möchte noch Zeit mit seiner Frau verbringen, die anderthalb Jahrzehnte auf ihren Mann gewartet und um ihn gekämpft hat. Ich kenne wenige Menschen, die so glücklich und zufrieden sind und in sich ruhen wie dieser Mann, der immer lacht, manchmal übers ganze Gesicht, und immer auch mit den Augen. Seine Botschaft ist einfach: Verteidigt Eure Freiheit mit allen Mitteln. Die Kapitulation vor der Unfreiheit ist der Tod. Freiheit ist Leben.

Imagine: Wenn der amerikanische Offizier damals, am D-Day, nicht sein Leben im Kampf gegen deutsche Unfreiheit riskiert hätte – dann hätte er auch meinem Vater nicht das Leben retten können.

»Na, dann gehen Sie doch gleich zu Springer«

Im Büro des Vorstandsvorsitzenden von Gruner + Jahr herrschte Unmut. Die *Wochenpost* hörte nicht auf, Verluste zu machen. Alle Konzeptänderungen und Chefredakteurswechsel der ehemaligen DDR-Wochenzeitung konnten daran nichts ändern. So könne es nicht weitergehen, wusste das Controlling. Man müsse das Blatt einstellen, war die Mehrheitsmeinung im Vorstand. Nur der Vorstandsvorsitzende Gerd Schulte-Hillen wollte noch nicht so richtig. Endlich mal eine Zeitung, die man selbst gerne liest. Und ich, seit zwei Jahren sein Assistent, bestärkte ihn darin. Das Blatt sei fabelhaft, seine Geschichte, seine gesamtdeutsche Rolle, seine Autoren, man dürfe nicht den Marktforschern glauben, man könnte, man müsste nur mal … »Dann probieren Sie es doch selbst«, sagte Schulte-Hillen, als man lange und erfolglos einen neuen Redaktionsleiter gesucht hatte. So wurde ich, gerade 31 Jahre alt, Chefredakteur der *Wochenpost*. Eine Fehlbesetzung, meinten die einen. Ein Himmelfahrtskommando, sagten die anderen. Recht hatten beide. Johannes Gross kommentierte die überraschende Personalie: Grämen Sie sich nicht, der Herr schickt seine liebsten Schafe auf die magersten Weiden.

Das Blatt prosperierte in der DDR als systemtreue Zeitung mit latent systemkritischen Untertönen, jetzt im wiedervereinigten Deutschland bestand die Redaktion zur Hälfte aus alten SED-Mitgliedern und aus versprengten Alt-68ern. Die einen forderten statt Reisefreiheit nun die Bleibefreiheit, die anderen wollten ihren gestauten Revolutions-Elan jetzt bei einer ehemaligen DDR-Zeitung ausleben. Dazwischen ein paar Begeisterungsfähige aus Ost und West. Die Atmosphäre in der Redaktion glich einer Wohngemeinschaft. Die Arbeit war »ein Projekt«. In jeder Diskussion ging es »ums Ganze«. Auf einen komplett unerfahrenen Chefredakteur wie mich hatten alle gerade noch gewartet. Der Leiter des Auslandsressorts gab nach ein paar Wochen einen Artikel über den Nahostkonflikt in Auftrag, der an Einseitigkeit schwer zu übertreffen war. Die Palästinenser wurden in einem Schwarz-Weiß-Gemälde als die alleinigen Opfer geschildert, die Israelis gleichsam als Stoßtrupp einer jüdischen Weltverschwörung, die den Palästinensern an die Existenz wollten. Ich empfand den Text als undruckbare, ziemlich unverblümt antisemitische Propaganda. Ich sagte: Nein. Den Artikel veröffentlichen wir nicht. Auf der folgenden Redaktionskonferenz gab es einen gut vorbereiteten Aufstand: Hiermit, so erklärte mir in schönster ostwestdeutscher Einmütigkeit das Redaktionskollektiv, sei nun endgültig eine Grenze überschritten. Eine Betriebsrätin, als strammes SED-Mitglied seit der Wende vorsichtshalber in der Leserbriefredaktion geparkt, deklamierte unter Tränen, die Pressefreiheit sei in Gefahr, der Text müsse erscheinen. Ich ging in die Offensive und sagte: Meinungsfreiheit und Vielfalt können kein Vorwand für Engstirnigkeit sein. Wir drucken alles, was klug ist, es sei denn, es widerspricht der deutschen Verfassung. Hinzu kommen drei Grundwerte, für die diese Zeitung, allein schon aufgrund ihrer Geschichte, stehen sollte: für die deutsche Wiedervereinigung, für die Marktwirtschaft und für die Bekämpfung jeder Form von Antisemitismus. Deshalb halte ich diesen antiisraelischen und antisemitischen Text für undruckbar. Im Konferenzraum stieg der Adrenalinspiegel. »Na, dann gehen Sie doch gleich zu Springer, da steht so was in den Verträgen«, bellte ein Ressortleiter in die Runde. Ich war verdutzt. Denn dass es bei Axel Springer Präambeln gab, die etwas sehr Ähnliches formulierten, davon hatte ich damals keine Ahnung. Dass ich deshalb später zu diesem Verlag ging, wäre Legendenbildung. Aber ich wurde neugierig.

Die Freiheitsfalle

Wir leben in einer ziemlich heilen Welt, in einer freien Welt. Und die Freiheit scheint auf dem Vormarsch zu sein, in Ägypten, in Libyen und anderswo. Der arabische

Frühling weckt Hoffnungen. Der Tod Osama Bin Ladens ist ein symbolischer Sieg der freien Welt. Eine Befreiung von einem Mann, der Inbegriff des Terrorismus war. Die Generation Facebook schafft reale Freiheitsbewegungen, soziale Netzwerke werden zu Foren der Transparenz und Toleranz. Mehr Freiheit schien nie.

Und doch ist die Freiheit bedroht, vor allem durch die Schwächung Europas, den radikalen Islamismus, den Staatskapitalismus Chinas und die Abschaffung der Privatsphäre im Internet.

Europa war die Wiege der Freiheit. Es waren Europäer, die auf der Flucht vor feudaler Willkür und religiöser Intoleranz nach Amerika ausgewandert sind, um dort ihre Freiheitsideen und ihren »pursuit of happiness«, ihr Streben nach Glück, zu verwirklichen. Aber Europa ist nicht mehr das, was es zu sein glaubt. Europa ist führungslos und konzeptlos. Europa ist wirtschaftlich geschwächt und kämpft um das Überleben seiner Währung. Europa ist – im globalen Maßstab – keine erstrangige Ordnungsmacht und auch keine moralische Instanz. Europa ordnet nichts mehr, auf dem Balkan nicht, im Nahen Osten nicht, in Afrika nicht, in Asien sowieso nicht. Als es etwa in der Libyen-Frage darauf ankam, enthielt sich Deutschland vorsichtshalber, Seit an Seit mit China und Russland. Die Europäer bestaunen und kommentieren, wie Amerikaner, Chinesen, Inder, Brasilianer oder Araber die Welt verändern. Die Verteidigung der Freiheit als universaler Wert hat in Europa kaum noch eine kraftvolle Stimme. Die alte Welt ist alt geworden.

Auf ein derart geschwächtes Europa trifft der Islamismus: So sehr sich die Menschen über die Revolutionen in der arabischen Welt freuen und das Ende Osama Bin Ladens als Genugtuung empfinden: Der Islamismus, also die radikalisierte Form des Islam, ist nicht am Ende. Er missbraucht und verzerrt den Koran für seine gewaltverherrlichenden Ziele. Die religionsfanatischen Terrorkommandos ähneln einer Hydra. Zahlreiche Nachwuchs-Bin-Ladens warten auf ihre Chance. Und in den Ländern des arabischen Frühlings droht die demokratische Legitimation des Totalitären: Was, wenn in freien Wahlen – etwa in Ägypten – nicht friedliche Freiheitsfreunde, sondern radikale Islamismus-Parteien Mehrheiten bekommen? So sehr soziale Netzwerke ein Freiheitsverstärker sein können: Ein Facebook-Islamismus der jüngeren Generation ist nicht weniger gefährlich. Der fundamentalistische Teil der muslimischen Welt will unverändert eine andere, unfreiheitliche Gesellschaftsordnung, in der das Individuum nichts, das Kollektiv alles ist. Westliche Freiheitswerte sind in diesem Weltbild ein Ausdruck von Dekadenz und Gottlosigkeit. Freie Meinungsäußerung, freie Wahlen, freier wirtschaftlicher Wettbewerb, Glaubensfreiheit und freie Sexualität sind in der Weltordnung des Islamismus zu bekämpfen, zu Hause und weltweit. Dies geschieht durch totalitäre, religiös geführte Regimes, durch Parallelgesellschaften, die Demokratien unterminieren, und durch Terrorismus gegen »Ungläubige« auf der ganzen Welt. In einem tragischen Freiheitsmissverständnis wird dieser Kreuzzug gegen die Freiheit in weiten Teilen der westlichen Welt verharmlost. Und die Tatsache, dass ein Massenmörder in Oslo seinen Hass auf Muslime als Tatmotiv nennt, ermutigt die Verharmloser. Nach dem Motto: Wenn auch Christen zu so etwas fähig sind, kann es mit dem islamistischen Terror ja nicht so schlimm sein. Toleranz gegenüber der Intoleranz aber ist immer und überall das Ende von Toleranz und Freiheit.

Bedroht ist die Freiheit immer mehr auch durch den totalitären Staatskapitalismus Chinas: Mit dem spektakulären wirtschaftlichen Aufstieg einer großen Kulturnation ist in Asien eine hocheffiziente Alternative zum bewährten Modell einer demokratisch geordneten Marktwirtschaft entstanden. Galt bisher, dass Marktwirtschaft ohne Demokratie, also ohne Freiheit, nicht funktioniert, hat China den eindrucksvollen Gegenbeweis angetreten. Eine undemokratische, gelenkte Marktwirtschaft scheint sogar noch besser zu funktionieren. Der Architekt Norman Foster erzählt gerne und voller Begeisterung, wie schnell das von ihm entworfene neue Terminal des Pekinger Flughafens realisiert wurde: Baubeginn drei Monate nach der Wettbewerbsentscheidung, vier Jahre später Eröffnung. In dieser Zeit wäre in London oder in Berlin noch nicht einmal über das erste Bürgerbegehren gegen die Ausrichtung einer Landebahn entschieden worden. Nur: In Peking wurden keine Anwohner gefragt, ob und unter welchen Bedingungen sie dem Flughafen weichen wollen. Die Bagger rollten einfach an und rissen die Häuser ab. Freie Marktwirtschaft ist langsam und umständlich. Totalitäre Marktwirtschaft erscheint schnell und effizient. Schon beginnen in der bürgerlichen Mitte westlicher Industriegesellschaften hinter vorgehaltener Hand ernsthafte Diskussionen darüber, ob die Demokratie wirklich noch die optimale Gesellschaftsform im globalen Wettbewerb sei. Man sehe es doch: Mit gelenkter Demokratie – oder genauer: mit dem Staatskapitalismus Chinas – verkaufe ein Land mehr Autos eigener Hersteller als die »demokratische Quasselbude« Europa. Die Behandlung des Schriftstellers und Friedensnobelpreisträgers Liu Xiaobo oder die Verhaftung des Künstlers Ai Weiwei? Na ja, ähnliche Willkürakte gebe es doch in anderen Ländern auch. Die Frage ist: Wird sich in einer Generation das totalitär-kapitalistische China der demokratischen westlichen Welt angenähert haben oder eher umgekehrt die westliche Welt dem großen Vorbild China?

Als weitere Freiheitsbedrohung erweist sich die totale Transparenz im Internet: Die Errungenschaften der digitalen Revolution, das World Wide Web, Suchmaschinen, soziale Netzwerke sind eigentlich große Verbündete der Freiheit. Der antiautoritäre Charakter, die niedrigen Eintrittshürden – jeder kann jedem jede Information jederzeit zur Verfügung stellen – stärken Meinungsfreiheit, Informationsvielfalt und Transparenz. Die Schattenseite: Datenschutz und Privatsphäre sind de facto abgeschafft. Von der Kreditkartennummer über Konsumgewohnheiten bis zu höchst privaten Hobbys wird fast alles beobachtet, überwacht und gespeichert. Insbesondere in den Händen unfreier politischer Systeme kann das Internet leicht als hypereffiziente Geheimpolizei und Spitzelinstanz missbraucht werden.

Neben Schwarmintelligenz befördert die Beschleunigungs- und Verstärkungsmaschine Internet auch die Schwarmdummheit, das virtuelle Ressentiment. Immer mehr rechts- und linksradikale, rassistische, antisemitische Dumpfheit und Hysterie drängen ins Netz. Unfälle werden zu Katastrophen, und Katastrophen werden zu seriellen Apokalypsen – was auf die Dauer nicht zur Sensibilisierung, sondern zur Abstumpfung des Publikums beiträgt. Die Möglichkeit, Kommentare abzugeben, die Basisdemokratie der Blogs oder Postings sind Segen und Fluch. Kontrolliert man sie, rufen die einen Zensur, kontrolliert man sie nicht, rufen die anderen Volksverhetzung. Das Netz ist Freiheitschance und Freiheitsbedrohung zugleich. Die digitale Welt ist janusköpfig.

Wir unterschätzen diese und viele andere Bedrohungen – aus naheliegenden Gründen. Je freier die Deutschen und die Europäer geworden sind, desto unwichtiger wurde ihnen die Freiheit. Das ist psychologisch verständlich. Was man nicht hat, will man erringen. Was man hat, nimmt man als gegeben, also selbstverständlich hin. Gesellschaftspolitisch ist diese Selbstzufriedenheit höchst gefährlich. Denn das, was man nicht aktiv verteidigt, kann leicht wieder abhandenkommen. Wir glauben, die Freiheit für immer zu besitzen. Und wir merken nicht, wie die Freiheit uns unter den Händen zerrinnt.

Wir Deutschen und wir Europäer sitzen in der Freiheitsfalle: Die Selbstverständlichkeit der Freiheit lähmt uns bei der Bekämpfung von Unfreiheit. Wir sind freiheitsträge. Vitale Demokratien sind wehrhafte Demokratien. Demokratien in Europa aber wirken immer häufiger wehrlos. Oder einfach müde.

Das Fatale an der Freiheitsfalle ist, dass man nicht merkt, wenn man in ihr gefangen ist. Denn sie schnappt nicht zu, sie tut nicht weh. Zum Wirkungsmechanismus der Freiheitsfalle gehört es, dass sie ihren Gefangenen das Gefühl vermittelt, es sei alles in Ordnung. Man muss nicht strampeln, um frei zu sein oder frei zu kommen. Man ist es ja. Noch.

Die Freiheitsfalle fängt uns mit zwei Mechanismen.

Zum einen: Der Freiheitsbesitzer genießt die Freiheit, er nimmt sie als Naturgesetz hin und verkennt oder verharmlost oder merkt nicht, dass man ihm nehmen könnte, was er besitzt. Zweitens: Sobald er es merkt, also dann, wenn Freiheitsberaubungen evident sind, verteidigt er die Freiheit mit einem strukturellen Nachteil gegenüber denjenigen, die sie angreifen: Freie Gesellschaften können entweder mit demokratisch-freiheitlichen Mitteln kämpfen, also ohne Zensur, ohne Folter, ohne Terror – dann besteht die Gefahr, dass sie machtpolitisch (oder militärisch) unterlegen sind. Oder sie benutzen die Mittel ihrer Feinde – siehe Guantanamo –, dann geben sie sich moralisch auf und verraten ihre eigenen Werte.

Das Gift der Freiheitsvergessenheit wirkt wie ein Opiat: Es betäubt, es schläfert ein, es schafft die schönsten Gefühle. Und wenn man wach wird, ist es zu spät, dann fehlt die Kraft.

Wer die Freiheit nicht verteidigt, verliert sie. Wer die Freiheit mit den falschen Mitteln verteidigt, verrät sie. Von diesem Dilemma handelt mein Buch. Es soll Freiheit nicht definieren, es will Freiheit nicht interpretieren, es kann auch keine Handlungsanweisungen geben. Es analysiert Freiheitsgefährdungen und schildert subjektive Freiheitserlebnisse: meine Freiheit.

Trotzdem

Wenn Meinungen und Überzeugungen zu eindeutig daherkommen, reizt es mich, das Gegenteil von dem zu sagen, was mein Gegenüber erwartet, oder das Gegenteil von dem, was die Mehrheit für richtig hält. Es ist ein Reflex nach dem Prinzip Thomas Manns: »Ich lehne mich instinktiv nach links, wenn der Kahn rechts zu kentern droht – und umgekehrt.«

Wie neulich in Berlin bei einem gepflegten bürgerlichen Abendessen außerordentlich netter, allgemein als konservativ eingestufter Gastgeber: Unter den Hauptwerken einer beachtlichen Sammlung zeitgenössischer Kunst plätscherte das vom Weißwein beförderte Tischgespräch dahin und nahm Kurs auf die in diesen Tagen verbreitete Klage über die Prinzipienlosigkeit unseres politischen Führungspersonals. Ich wüsste ein Gegenbeispiel, warf ich plötzlich, wie vom Hafer gestochen, in die Runde. Irritierte Blicke. Aber ich kann es nicht nennen, man wird mich sonst nie wieder einladen. Erleichtertes Lachen. Auffordernde Zurufe, nicht länger hinterm Berg zu halten und den geheimnisvollen Prinzipien-Politiker zu nennen. Nein, nein, kokettierte ich weiter, es geht nicht, wirklich. Die Nennung des Namens würde mich den Rest meiner Reputation kosten und außerdem die gute Stimmung des Abends verderben. So ging es eine Weile hin und her. Bis ich schließlich den Namen des Leibhaftigen aussprach. Man darf in Deutschland fast alles, den Papst als Verbrecher beschimpfen, zusammen mit Anhängern der Hamas demonstrieren, nur eines darf man nicht, über ihn ein gutes Wort verlieren, den 43. Präsidenten der Vereinigten Staaten: George W. Bush.

Ein Botschafter schlug betreten die Augen nieder, die Gastgeberin entzog mir im Bruchteil einer Sekunde die mühsam aufgebaute Empathie, ein Journalist fiel mir barsch ins Wort, bevor ich auch nur den Hauch einer

Begründung geliefert hatte, der Gastgeber rang um Fassung. Die höflichste Reaktion stammte von einem anwesenden Kunstsammler, der nur meinte, er wolle jetzt gar nichts dazu sagen und zunächst einmal in Ruhe nachdenken. Was erstens typisch für einen Kunstsammler war und zweitens diplomatisch ausgedrückt so viel hieß wie: Themenwechsel, aber sofort! Nach Witzen jedenfalls war niemandem mehr zumute. Die gute Stimmung war dahin, und ich fürchte, eingeladen werde ich auch nicht mehr.

Ich mag klare Thesen. Keine Gewissheiten. Gewissheiten sind oft autoritär. Und besonders unsympathisch sind sie, wenn sie als selbstgerechte Gewissheiten, also selbstgewiss daherkommen. Besser ist das Infragestellen, die Debatte, gerne auch der polemische Diskurs. Oder, wie der Schriftsteller Theodor Fontane seinen ebenso freiheitsliebenden Romanhelden Dubslav von Stechlin sagen lässt: »Unanfechtbare Wahrheiten gibt es überhaupt nicht, und wenn es welche gibt, so sind sie langweilig.«

Das vorliegende Buch ist in diesem Sinne anfechtbar. Schreiben ist für mich wie für andere Leute Sport. Ich spiele nicht Golf, ich laufe keinen Marathon, ich bezwinge keine Buckelpiste und ich klettere in keiner Steilwand. Ich schreibe gern. Ich formuliere manchmal überspitzt. Als ich Anfang der 1980er Jahre als Redaktions-Praktikant auf einem Flur der *Frankfurter Allgemeinen Zeitung* mit Marcel Reich-Ranicki über eine Operninszenierung von Ruth Berghaus ins Gespräch kam, hatte der wie stets eine klare, in diesem Fall vernichtende Meinung. Aber ist das nicht etwas übertrieben, Herr Reich-Ranicki, fragte ich, weil mir kein

Argument mehr einfiel. Natürlich, orgelte er, aber merken Sie sich, junger Mann: Man muss übertreiben, um verstanden zu werden! Ich habe es mir gemerkt. Einerseits-Andererseits ist meine Sache nicht. Ich liefere das Einerseits. Das Andererseits überlasse ich anderen.

Mein Einerseits ist aber keine endgültige Feststellung, kein Dekret, sondern ein Gesprächsangebot. Ein Gesprächswunsch. Ich wünsche mir Debatten über grundsätzliche Fragen – auf die ich keine abgeschlossenen Antworten habe.

Die Dinge verändern sich in exponentiell zunehmendem Tempo, Paradigmenwechsel sind fast alltäglich geworden. Das ist anstrengend. Deshalb suchen wir nach Kontinuität in der Diskontinuität. Was gilt noch, wenn nichts mehr gilt? Wir sind überfordert in einer überkomplexen Welt. Und je unsicherer wir werden, desto trotziger tun wir so, als hätten wir alles verstanden – wie derjenige, der immer lauter pfeift, je hoffnungsloser er sich im Wald verlaufen hat. Politiker tun das, Wirtschaftsführer und vor allem wir Journalisten. Jeder glaubt, Bescheid wissen zu müssen. Eine schnelle Meinung erscheint sicherer als zu langes Zögern.

Wer sagt, ich habe verstanden, gibt an. Zur Freiheit des Nein gehört auch der Satz: Ich weiß es nicht.

Ich bin in der Freiheit und dem Frieden der von der Geschichte verwöhnten deutschen Nachkriegsgenerationen aufgewachsen. Drei Ereignisse haben mich seither aus der selig-ruhigen Sicherheit unserer Lebensumstände gerüttelt: der 9. November 1989, das Ende der deutschen Teilung, ein Triumph der Freiheit, der 11. September 2001, der Anschlag auf das World Trade Center, ein Angriff auf die Freiheit, und der 15. September 2008, als die Pleite von Lehman Brothers den Höhepunkt der Finanzkrise einleitete, ein Exzess der Freiheit. Das größte Freiheitsversprechen unserer Gegenwart ist die digitale Revolution, aber gleichzeitig auch ihre größte Gefährdung.

Die Wurzel der Freiheit, ein Fluchtpunkt der Freiheit und die wichtigste Metapher aller nur denkbaren Freiheiten aber war und bleibt für mich immer die Kunst – die Musik, die Literatur, die Malerei. Die Kunst hat oft mehr mit der Wirklichkeit zu tun als alles andere. Die ultimative Freiheit der Kunst besteht in ihrer rücksichtslosen Unabhängigkeit, in ihrer schöpferischen Phantastik, in der Unbekümmertheit, mit der sie sich über vermeintliche Sachzwänge hinwegsetzt. Künstler selbst können oft sehr unfrei sein, in unfreien Umständen leben. Der Freiheitstriumph der Kunst aber liegt darin, dass sie – allen Widerständen zum Trotz – überhaupt entsteht.

Ich habe Musikwissenschaft und Germanistik studiert. Kunst ist für mich keine Nebensache, sondern Hauptsache, nicht Beilage, sondern Grundlage. Besonders für mein Verständnis von Freiheit. Kunst ist das intellektuelle und emotionale Gedächtnis ihrer Zeit – und reicht zugleich weit über diese hinaus. Die Macht der Freiheit ergibt sich aus dem Geist der Freiheit. Deshalb versuche ich in diesem Buch zu ergründen, was Künstler und Unternehmer verbindet. Deshalb beschäftige ich mich mit drei Werken der Kunst, die mir wichtig sind – Richard Wagners »Meistersinger von Nürnberg«, Thomas Manns »Felix Krull« und Gustave Courbets »L'Origine du monde«. Es hätten selbstverständlich auch andere als die gewählten Werke sein können. Aber diese drei zeigen exemplarisch den Konflikt zwischen Künstlertum und Bürgertum – und wie die Kunst durch Kreativität, Parodie und Skandal Freiheiten erkämpft. Freiheit ist existentiell. Kein Medium, keine Wissenschaft, keine Zeitgeschichte erfasst das klarer als die Kunst.

In seiner Künstlernovelle »Der Tod in Venedig« schreibt Thomas Mann über seinen Protagonisten, den alternden Schriftsteller Gustav von Aschenbach: »Aber sein Lieblingswort war ›durchhalten‹ – er sah in seinem Friedrich-Roman nichts anderes als die Apotheose dieses Befehlswortes, das ihm als der Inbegriff leidend tätiger Tugend erschien. … Aschenbach hatte es einmal an wenig sichtbarer Stelle unmittelbar ausgesprochen, dass beinahe alles Große, was dastehe, als ein Trotzdem dastehe, trotz Kummer und Qual, Armut, Verlassenheit, Körperschwäche, Laster, Leidenschaft und tausend Hemmnissen zustande gekommen war. Aber das war mehr als eine Bemerkung, es war eine Erfahrung, war geradezu die Formel seines Lebens und Ruhmes, der Schlüssel zu seinem Werk.«

»Trotzdem« – darum geht es, in der Kunst und in einem Leben in Freiheit.

II. Freiheit! Freiheit?

Warum Unternehmer und Künstler im selben Boot sitzen

Künstler und Unternehmer – scheinbar der größte denkbare Gegensatz. Wir sehen Carl Spitzwegs »Armen Poeten« unter einem Regenschirm in seiner feucht-kalten Dachstube liegen – mittellos, einsam, verletzlich. Und wir sehen den Unternehmer von George Grosz aus der lithographischen Reihe »Die Räuber«, dicke Wulstlippen, dicke Zigarre zwischen den Fingern im Schritt gehalten – stinkreich, skrupellos, grobschlächtig. So weit die Klischees.

In Wirklichkeit können Künstler und Unternehmer einander ziemlich ähnlich sein. Erwachsene bemühen sich, realistisch zu denken, abgeklärt zu argumentieren und regelkonform zu handeln. Künstler und Unternehmer sind große Kinder. Das Kindliche bewahrt ihnen die Unbefangenheit, den unverstellten Blick.

Albert Einstein hat einmal gesagt: »Wenn ich mich frage, woher es kommt, dass gerade ich die Relativitätstheorie gefunden habe, so scheint es an folgendem Umstand zu liegen: Der normale Erwachsene denkt nicht über Raum-Zeit-Probleme nach. Alles, was darüber nachzudenken ist, hat er nach seiner Meinung bereits in der frühen Kindheit getan. Ich dagegen habe mich derart langsam entwickelt, dass ich erst anfing, mich über Raum und Zeit zu wundern, als ich erwachsen war. Naturgemäß bin ich tiefer in die Problematik eingedrungen als ein gewöhnliches Kind.« Der Wissenschaftler als Spätentwickler, Künstler und Unternehmer als große Kinder? Nicolas Hayek, der Unternehmer, der die Schweizer Uhrenindustrie revolutioniert und gerettet hat, antwortete auf die Frage, wie er seinen Beruf definieren würde: »Künstler«. Und gefragt, wie viele Stunden er täglich arbeite, sagte er: »Ich arbeite gar nicht, ich vergnüge mich zwischen acht und vierzehn Stunden.« Und zitierte dann einen Spruch seiner Frau: »Du bist ein sechsjähriges Kind mit sechzigjähriger Erfahrung.«

Als Hayek mit seiner Idee der Design-Billiguhr aus Plastik auf den Markt kam, befand sich die Schweizer Uhrenindustrie seit dem Aufkommen japanischer Quarzuhren in einem Zustand der Auflösung. In diesem Umfeld kam am 1. März 1983 in Zürich die erste »Swatch« auf den Markt. Als Nicolas Hayek im Juni 2010 im Alter von 82 Jahren starb, waren mehr als 350 Millionen seiner Uhren verkauft.

Der Weg zu diesem Erfolg führte über die Zerstörung. Die Zerstörung alter Gewissheiten, Erkenntnisse und Erfolgsrezepte, aber auch die Zerstörung der Konkurrenz. Viele überkommene Uhrmacherbetriebe oder Optiker wurden durch die Swatch-Uhr oder die Fielmann-Brille vom Markt gefegt. Zugleich sind zahlreiche neue Unternehmen in einem völlig neuen Marktsegment entstanden. Der Wirtschaftstheoretiker Joseph A. Schumpeter hat dieses Phänomen in »Kapitalismus, Sozialismus und Demokratie« so zusammengefasst: »Die

Eröffnung neuer, fremder oder einheimischer Märkte und die organisatorische Entwicklung vom Handwerksbetrieb und der Fabrik zu solchen Konzernen wie dem U.S.-Steel illustrieren den gleichen Prozess einer industriellen Mutation – wenn ich diesen biologischen Ausdruck verwenden darf –, der unaufhörlich die Wirtschaftsstruktur von innen heraus revolutioniert, unaufhörlich die alte Struktur zerstört und unaufhörlich eine neue schafft. Dieser Prozess der ›schöpferischen Zerstörung‹ ist das für den Kapitalismus wesentliche Faktum. Darin besteht der Kapitalismus, und darin muss auch jedes kapitalistische Gebilde leben.«

Schöpferische Zerstörung ist für den Künstler ebenso eine Voraussetzung, um etwas Neues zu schaffen. Friedrich Nietzsche, dessen Spuren bei Schumpeter unübersehbar sind, schreibt: »Und wer ein Schöpfer sein will im Guten und Bösen: wahrlich, der muß ein Vernichter erst sein und Werte zerbrechen. Also gehört das höchste Böse zur höchsten Güte: diese aber ist die schöpferische.« Richard Wagner zerstörte mit seiner Idee vom Gesamtkunstwerk den Typus der klassischen Oper. Mit seiner in Halbtonschritten vorandrängenden Chromatik zerschlug er die Usancen der bis dahin gültigen Harmonik und führte sie bis an die Grenzen der Atonalität. Zeitgenossen hielten seine Kompositionen geradezu für gefährlich. Man bekämpfte ihn. Die Invektiven gegen Wagner füllen ein ganzes Buch, 1903 von Wilhelm Tappert veröffentlicht unter dem hingebungsvollen Titel »Richard Wagner im Spiegel der Kritik. Wörterbuch der Unhöflichkeit, enthaltend grobe, höhnende, gehässige und verleumderische Ausdrücke, die gegen den Meister Richard Wagner, seine

Werke und seine Anhänger von seinen Feinden und Spöttern gebraucht wurden: Zur Gemütsergötzung in müßigen Stunden gesammelt«. Wagner hielt an seinen revolutionären Ideen fest. Falsch wäre es jedoch, sich ihn als realitätsfremden Tagträumer vorzustellen. Insbesondere seine materiellen Ziele verfolgte der Komponist – als Voraussetzung für freies Arbeiten – mit beeindruckender Hartnäckigkeit und Penetranz. In der Geldbeschaffung bei seinen Förderern bis hinauf zum bayerischen König war der Sachse ebenso kreativ wie im Tonsatz.

Tatsächlich ist Kunst als Geschäft verbreiteter, als es die Selbststilisierung vieler Künstler zum romantischen Genie vermuten lässt, die sich ja erst im 19. Jahrhundert durchsetzte. Natürlich hat Pablo Picasso die Vermarktung seines Œuvres präzise im Blick gehabt und seine Marke genauso sorgsam und taktisch geschickt gepflegt wie Dietrich Mateschitz, der Erfinder des Erfrischungsgetränks Red Bull. Natürlich hat der 1473 im fränkischen Kronach geborene Renaissance-Maler Lucas Cranach die Herstellung seiner genialen Arbeiten in einer riesigen Maler-Werkstatt genauso auf Effizienz und Skaleneffekte hin durchoptimiert wie der Unternehmer Heinz-Horst Deichmann die Herstellung seiner Schuhe. Das heißt nicht, dass Bilder Produkte wie Schuhe oder Limonade seien. Es heißt nur, dass Künstler und Unternehmer einander wesensnäher sein können, als es das Klischee gerne will. Wenn sie mit allen Mitteln die Durchsetzung ihrer kreativen Idee betreiben: nonkonformistisch, innovativ, leidenschaftlich, schlau, naiv, bisweilen skrupellos. Und wenn sie nicht, wie so viele Künstler, nur danach schielen, was der Zeitgeist verlangt, was der Pflege der eigenen Marke dient, was den geringsten Widerstand, das geringste Risiko und die mutmaßlich höchste Rezensenten-Zufriedenheits-Quote verheißt. Und wenn sie nicht, wie so viele Unternehmer, die finanziellen Verlustgefahren auf Banken, andere Investoren und Haftungsversicherungen verlagern, wenn sie nicht die Phantasie an Marktforscher outsourcen, wenn sie den Mut nicht an Unternehmensberater delegieren, die ihnen für viel Geld doch nur das sagen, was die Mehrheit im Augenblick hören will. Steve Jobs, der mit »Apple« das zeitweise wertvollste Unternehmen der Gegenwart geschaffen hat, sagte es kurz: »Es ist nicht der Job der Konsumenten zu wissen, was sie wollen. Es ist mein Job.«

Künstler und Unternehmer, im idealen Sinne, sind Eroberer, nicht Bewahrer. Diese Typologie ist keine Erscheinung der modernen Industriegesellschaften. Es gab sie schon, als Menschen vor Jahrtausenden mit den ersten Einbäumen losgepaddelt sind. Sie kamen nach langer Seefahrt zu einer Insel, die besonders weiße Strände hatte, vor der besonders viele Fische schwammen, auf der besonders dicke Kokosnüsse wuchsen und sehr große Bananen. Die einen bauten Hütten, freuten sich und blieben. Die anderen aßen sich ein-, zweimal satt, ruhten sich aus und begannen von anderen Inseln zu träumen. Nach ein paar Tagen setzten sie sich wieder in ihre Einbäume, riskierten ihr Leben in Wind und Wellen, getrieben nur von der Idee, dort hinter dem Horizont könnte es noch schönere Inseln geben, vielleicht mit noch weißeren Stränden, noch mehr Fischen, noch dickeren Kokosnüssen, noch größeren Bananen. Vor allem aber, mit ganz anderen Früchten, die noch nie jemand gesehen hat. Das Fernweh, die Neugier, die Lust an der Eroberung treibt sie aufs offene Meer.

Die Eroberer unter den Künstlern und Unternehmern sitzen im selben Boot. Sie nehmen sich die Freiheit, keiner Erwartung zu entsprechen – selbst der nicht, ein typischer Künstler oder Unternehmer zu sein.

Flüchtige Freiheit

Seit siebzig Jahren widmet sich die Stiftung »Freedom House« dem Thema Freiheit; seit 1973 legt sie jährlich eine Art Statusbericht vor, eine internationale Freiheits-Studie. Freedom House wurde 1941 unter der Schirmherrschaft Eleanor Roosevelts, der Frau von Präsident Franklin D. Roosevelt, gegründet, um die Idee der liberalen Demokratie weltweit zu fördern. Anlass der Gründung war die bedrohliche Ausbreitung von Totalitarismus und Nationalsozialismus in den 1930er Jahren. Die Mittel der Organisation stammen heute zu 80 Prozent von der amerikanischen Regierung. Das Engagement der US-Regierung entstand zu Beginn des Kalten Krieges, als klar wurde, dass mit der Niederlage des Nationalsozialismus keineswegs das Zeitalter der Freiheit angebrochen war. Freedom House hat den Marshall-Plan und die Gründung der Nato unterstützt, aber auch die Bürgerrechtsbewegung der USA, Solidarność in Polen und die jungen Demokratien in den Nachfolgestaaten der Sowjetunion. Die Organisation hat rund 150 Mitarbeiter und weltweit neun Filialen.

In den jährlichen Berichten wird der Stand der Freiheit in allen Ländern der Welt untersucht. Der Grad der bürgerlichen und politischen Rechte wird anhand genau festgelegter Indikatoren gemessen. Die Wertung wird ermittelt durch zehn Fragen zu politischen Rechten (Wahlen, Pluralismus und Partizipation, Funktion der Regierung) und fünfzehn Fragen zu Bürgerrechten (Meinungs- und Redefreiheit, Vereinigungs- und Organisationsrecht, Rechtsstaatlichkeit, persönliche Autonomie und Individualrechte). Seit fünf Jahren dokumentieren die Ergebnisse nicht – wie man erwarten sollte – einen globalen Anstieg der Freiheit, einen Zuwachs demokratischer, rechtsstaatlicher Systeme, sondern deren kontinuierlichen Rückgang. Bedenklicher noch: Die Studie des Jahres 2010 zeigte die signifikanteste Erosion seit Bestehen des Instituts.

Nachdem schon für 2009 ein Rückgang der Freiheit in 40 Ländern festgestellt wurde, hat Freedom House jetzt in 25 weiteren Staaten Einschränkungen der Freiheit konstatiert – dem stehen Verbesserungen in nur elf Ländern gegenüber. Besonders hervorgehoben werden im letzten Bericht das gewaltsame Vorgehen gegen Demonstranten in Iran, die harten Strafen für friedliche Dissidenten und die Behandlung des Nobelpreisträgers Liu Xiaobo in China, die Attacken auf Menschenrechtsaktivisten und die politische Einflussnahme auf die Justiz in Russland sowie vor allem die terroristische Gewalt in Pakistan, Afghanistan, Irak, Somalia und im Jemen. Die Zahl der mit freien Wahlen ausgestatteten Demokratien ging auf 115 Staaten zurück – 2005 waren es noch 123 Staaten. Drei arabische Länder im Nahen Osten – Bahrein, Jordanien und Jemen – wurden in die Kategorie »Nicht frei« abgestuft.

Insgesamt wurden im Jahr 2010 nur noch 87 Länder als »frei« klassifiziert, im Vorjahr waren es noch 89. Das sind knapp drei Milliarden Menschen oder 43 Prozent der Weltbevölkerung. Als »frei« gelten Staaten mit freien Wahlen, offenem politischen Wettbewerb, Bürgerfreiheiten sowie unabhängigen Medien.

Als »teilweise frei« gelten Länder, in denen es zwar politischen Wettbewerb und Bürgerfreiheiten gibt, die aber unter Korruption, eingeschränkter Rechtsstaatlichkeit sowie ethnischer und religiöser Diskriminierung leiden. Im Jahr 2010 fanden sich in dieser Kategorie 60 Länder, das sind rund 1,5 Milliarden Menschen oder 22 Prozent der Weltbevölkerung.

»Nicht frei« sind Länder ohne oder mit nur geringen politischen Rechten und Bürgerfreiheiten. Dies gilt für 47 Länder. Unter unfreien Bedingungen leben also mehr als 2,4 Milliarden Menschen oder 35 Prozent der Weltbevölkerung. Allein zwischen 2008 und 2010 kamen fünf Länder in dieser Kategorie hinzu. Die schlechteste Bewertung erhielten die Länder Nordkorea, Turkmenistan und Usbekistan. Zu den Ländern mit den geringsten Freiheitsrechten gehören auch Weißrussland, China, Kuba, Syrien und Saudi-Arabien. Verbesserungen wurden im Irak und im Libanon festgestellt. Israel ist in der Region Naher Osten und Nordafrika das einzige Land in der Kategorie »frei«. Der (vor den Revolutionsbewegungen in Ägypten, Tunesien und Libyen festgestellte) Prozentsatz der »nicht freien« Länder ist in dieser ganz überwiegend muslimischen Region weltweit mit Abstand am höchsten, sogar mehr als doppelt so hoch wie im übrigen Afrika – es sind 78 Prozent.

Die Gründe für Verfolgung, Gefängnis, Folter oder

Mord sind immer die gleichen: unwillkommene Meinungen, religiöse Überzeugungen oder sexuelle Orientierungen. Die Arbeit des Freedom House und anderer Institutionen dokumentiert das unwiderlegbar. In Nordkorea wird jemand, der sich auf der Straße oder im Privatgespräch über die schlechte Versorgungslage äußert, abgeholt und ins Arbeitslager gesperrt. In Kuba droht einem Bürger Gefängnis, der von Havanna nach Miami umsiedeln will. Im Irak leben homosexuelle Männer heute noch gefährlich.

Noch bedrohlicher ist die Lage in Saudi-Arabien. Dort kann ein Mann wegen gleichgeschlechtlicher sexueller Kontakte zum Tode verurteilt werden. Mit der Todesstrafe wird Homosexualität offiziell auch in Iran, im Sudan und Jemen sowie in Mauretanien und in Teilen von Somalia und Nigeria belegt. In Iran sind in den vergangenen 30 Jahren rund 4000 Männer getötet worden, die angeblich oder tatsächlich homosexuell waren.

Im Jemen darf eine Frau, die verheiratet ist und dennoch mit einem anderen Mann geschlafen hat, gesteinigt werden. Das kann in diesem und in vielen anderen muslimischen Ländern übrigens auch einer Frau passieren, die vergewaltigt wurde. Solange es einen Mann gibt, der das Gegenteil behauptet, gilt sie vor Gericht als schuldig. Denn die Aussage eines Mannes zählt vor Gericht so viel wie die zweier Frauen.

In Iran verliert eine Frau, die abends mit offenen Haaren und im Minirock ausgeht oder einen Hamburger mit Schweinefleisch isst, ihre Rechte. Wenn ihr jemand Gewalt antut, sei sie selbst daran schuld, denn sie habe die Tat provoziert – so das offizielle Rechtsverständnis. Ein Ehemann, der seine Frau tötet, wird vom Gesetz in Schutz genommen, wenn er erklärt, er habe nur seine Ehre verteidigt. Mädchen können mit 13 Jahren verheiratet werden, bis vor kurzem sogar mit 9 – nach unseren Maßstäben ist das Missbrauch von Kindern. Eine Frau, die in Notwehr ihren Vergewaltiger tötet, muss mit der Todesstrafe rechnen.

Auch der Verstoß gegen das Verschleierungsverbot kann vom Gesetz hart geahndet werden. Frauen, die sich nicht daran halten, fallen offiziell unter die Tätergruppe »straffälliges Gesindel«. Es gibt eine »Polizei für moralische Sicherheit«, die solche Vergehen verfolgt. Diese staatliche Polizei bildet Frauen als »Wächterinnen« aus, die zum Beispiel auf Sportplätzen und bei Hochzeitsfeiern eingesetzt werden.

Konkret habe ich das Rechtsstaats- und Menschenrechtsverständnis in Iran erlebt, als im Oktober 2010 zwei Reporter der *Bild am Sonntag* in der iranischen Stadt Täbris verhaftet und mehr als vier Monate in Gefängnissen festgehalten wurden. Die beiden waren nach Iran eingereist, um eine unglaubliche Geschichte zu recherchieren. Sakineh Mohammadi Aschtiani war zum Tode durch Steinigung verurteilt worden, weil sie, so der Stand der Erkenntnisse, einige Jahre nach dem Tod ihres Mannes eine Beziehung zu einem anderen Mann begonnen hatte. Nach iranischem Verständnis ist auch das Ehebruch, gleichsam ein Seitensprung post mortem. Fraglos ein journalistisch wichtiger Stoff, den die beiden Reporter recherchieren wollten, zur Tarnung – und um überhaupt in das Land zu gelangen – nur mit einem Touristenvisum ausgestattet. Nach iranischem Recht war das illegal. Zunächst wurde der Vorwurf des Visabetrugs gemacht, dann sogar der hochgefährliche, weil mit dem Tode geahndete Vorwurf der Spionage. In Iran blieben sie mehr als vier Monate zuerst in Einzel-, dann in Gruppenzellen, ohne Fenster, ohne Bett und mit 24 Stunden Dauerbeleuchtung. Nur monatelange Verhandlungen des deutschen Außenministers und journalistische Solidarität vom *Spiegel* bis zur *Süddeutschen Zeitung* führten am Ende zur Freilassung.

Gemessen an solch krassen Menschenrechtsverletzungen leben wir in Europa und Deutschland auf einer Insel der Glückseligen: Meinungsfreiheit, Rechtsstaat, Demokratie, freie Wahlen, sexuelle und religiöse Liberalität sind bei uns in den letzten Jahrzehnten zur Selbstverständlichkeit geworden.

An den äußersten Enden der Gesellschaftsmodelle finden sich zwei gegensätzliche Menschenbilder: Hier das kollektivistische, dort das individualistische. Hier der Zwang der Gruppe, dort die Freiheit des Einzelnen. Hier die autoritäre, dort die antiautoritäre Gesellschaft. Hier die vormoderne, dort die moderne. Hier die ideologisch-religiöse, dort die säkulare. Hier die geschlossene, dort die offene Gesellschaft.

Die kollektivistische, autoritäre, religiöse, vormoderne Gesellschaft hängt einem Menschenbild an, demzufolge der Einzelne eine höchst unvollkommene, in seinen Trieben dunkle, für die Gemeinschaft gefährliche Gestalt ist, die des Schutzes einer höheren Instanz bedarf. Kurz: Er muss vor sich selbst in Schutz genommen werden. Die kollektivistische Gesellschaft misstraut dem Menschen. Die individualistische, antiautoritäre, moderne, säkulare, offene Gesellschaft glaubt – so skeptisch sie mitunter ist – an den Menschen. Sie hat die Erfahrung gemacht, dass der Einzelne ganz gut selbst zurechtkommt, wenn man ihn lässt, dass er weitgehend selbst verantwortlich dafür ist, was er aus seinem Leben macht. Die individualistische Gesellschaft traut dem Menschen.

In der Wirklichkeit mischt sich dieses Schwarzweiß zu unterschiedlichsten Grautönen. Auch mancher Freiheitsphilosoph des liberalen Westens, wie Isaiah Berlin, glaubte eher an das Schlechte im Menschen. Während umgekehrt nicht jeder, der im Menschen zuerst das Gute sah, wie etwa Jean-Jacques Rousseau, kollektivistischen oder sogar totalitären Ideen abhold war. Die Realität ist widersprüchlich. Vereinfachend lässt sich sagen: Dem kollektivistischen Ideal huldigen vor allem totalitäre Systeme, besonders Kommunismus, Faschismus und Islamismus. Es ist heute häufiger noch in Asien und im Mittleren Osten verbreitet.

Das individualistische Ideal, wonach der Mensch sein Schicksal selbst in die Hand nimmt, ist eher das Modell der angelsächsischen Demokratien. Es »geht auf die amerikanische Revolution des Jahres 1776 und die Französische Revolution des Jahres 1789 zurück«, schreibt der Historiker Heinrich August Winkler. Hier liegen wesentliche Wurzeln der Werte Amerikas, Kanadas, Großbritanniens, im Kern der gesamten westlichen Welt. Nach geographischen Kriterien aber lässt sich das längst nicht mehr trennen. Wer vom Westen spricht, meint Werte. Wo sie wirklich zu Hause sind, ist keine Frage der Region.

Was wollen wir? Der goldene Mittelweg ist eine Ausflucht. Es geht um die Frage, was im Zweifelsfall wichtiger ist. Freiheit ist nicht teilbar. Ein bisschen Freiheit gibt es nicht. Dosiert verordnen kann man sie erst recht nicht. Oder, wie Erich Fried in seinem Gedicht »Herrschaftsfreiheit« formulierte: »Zu sagen: ›Hier herrscht Freiheit‹ ist immer ein Irrtum oder auch eine Lüge: Freiheit herrscht nicht.«

Es geht um das Recht, Nein zu sagen. Um das Nein auf dem Tahrir-Platz in Kairo und auf den Straßen von Libyen und in den von Taliban beherrschten Bergen Afghanistans. Oder an der Seite Ai Weiweis. Oder auf den Seiten von Facebook. Denn Freiheit ist kein Besitzstand und schon gar nicht ein lokal abgrenzbares Territorium. Freiheit ist ein universeller Wert. Ein universelles Menschenrecht.

Dieses Menschenrecht kann leicht abhandenkommen. Freiheit ist flüchtig, launisch, unbequem. Sie ist nie ein Zustand. Sie will in jedem Moment erkämpft, verteidigt, umworben werden, sie ist immer gefährdet. Auch hier gilt wieder: Wer um die Freiheit nicht kämpft, weil er glaubt, sie schon zu besitzen, sitzt ebenso in der Freiheitsfalle wie der, der für sie mit Mitteln kämpft, die die Werte der Freiheit verraten.

Die Angst der Deutschen vor der Freiheit

Die Deutschen mögen sich nicht. Und irgendwie kann man sie verstehen, bei ihrer Geschichte.

Eigentlich sind sie ein freiheitsliebendes Volk. Vier Ereignisse im Laufe der letzten 200 Jahre belegen das:

1813 brachten Freiwillige und Landwehren aus vielen deutschen Ländern gemeinsam mit preußischen, österreichischen, russischen und schwedischen Einheiten in der Völkerschlacht bei Leipzig – dem Höhepunkt der Befreiungskriege – Napoleon die entscheidende Niederlage bei. Martialisch dichtete Ernst Moritz Arndt: »Der Gott, der Eisen wachsen ließ, der wollte keine Knechte«.

Im März 1848 kam es in Baden, Württemberg, Preußen, Bayern und Sachsen zu Aufständen und Volksversammlungen, bei denen Pressefreiheit und die Bildung eines deutschen Parlaments gefordert wurden. »Der Zug der Volksvertreter« heißt ein 32 Meter langes und drei Meter hohes Gemälde von Johannes Grützke, das heute in der Frankfurter Paulskirche an das Chaos dieser historischen Stunde erinnert. Das Vorparlament in Frankfurt am Main rief die Staaten des Deutschen Bundes zur freien Wahl einer Nationalversammlung auf, die am 18. Mai 1848 in der Paulskirche zusammentrat und die erste demokratische Verfassung auf deutschem Boden verabschiedete. Deren Artikel III § 138 lautete: »Die Freiheit der Person ist unverletzlich.«

Am 17. Juni 1953 kam es in der Deutschen Demokratischen Republik zu einer Welle von Streiks, Demonstrationen und Protesten, nachdem das Zentralkomitee der SED die Erhöhung der Arbeitsnormen beschlossen hatte. Die Arbeiter forderten mit der auf SED-Chef Walter Ulbricht gemünzten Losung »Spitzbart, Bauch und Brille sind nicht des Volkes Wille« die Rücknahme der Normerhöhungen, den Rücktritt der Regierung und freie Wahlen. Der Volksaufstand, in dem auch Rufe nach der deutschen Einheit zu hören waren, wurde niedergeschlagen. Geblieben ist ein erstes Signal des Freiheitswillens der DDR-Bürger.

Schließlich Herbst 1989: Während der Montagsdemonstrationen in Leipzig skandierten Tausende von DDR-Bürgern »Freiheit«. Unter der Losung »Wir sind das Volk« forderten sie politisches Mitspracherecht und Reisefreiheit. Am 9. November um 18.53 Uhr verlas das Politbüro-Mitglied Günter Schabowski vor laufenden Kameras, dass »Privatreisen nach dem Ausland ohne Vorliegen von Voraussetzungen wie Reiseanlässen oder Verwandtschaftsverhältnissen beantragt werden« können, und zwar »sofort, unverzüglich«, wie er auf Nachfrage fahrig ergänzte. Unter dem Druck der Bevölkerung kam es unmittelbar danach zur Öffnung der Grenzen. Tausende eilten an die Kontrollpunkte, wo unvorbereitete, fassungslose Grenzsoldaten die Tore öffneten. Millionen von DDR-Bürgern strömten in die grenznahen Städte der Bundesrepublik, vor allem in den Westteil Berlins. Der sogenannte »Mauerfall« ist das jüngste und vor allem einzige Beispiel deutscher Geschichte, in dem eine Revolution für die Freiheit gelang, obendrein ganz und gar gewaltfrei.

Mit dieser Geschichte im Rücken scheinen die Deutschen die geborenen Freiheitshelden zu sein. Doch der Blick auf die Lebenswirklichkeit der Gegenwart zeigt ein anderes Bild. Es erinnert eher an die Fabel »Das Pferd« von Novalis. Dort sagt ein Wolf zum Pferd: »Warum bleibst du denn dem Menschen so treu, der dich doch sehr plagt, und suchst nicht lieber die Freiheit?« – »Wer würde mich wohl in der Wildnis gegen dich und deinesgleichen verteidigen«, antwortet das philosophische Pferd, »wer mich pflegen, wenn ich krank wäre, wo fände ich solch gutes, nahrhaftes Futter, wo einen warmen Stall? Ich lasse dir gern für das alles, das mir meine Sklaverei verschafft, deine Chimäre von Freiheit.«

Die Freiheit ist in Deutschland und vielleicht sogar in weiten Teilen Kontinentaleuropas tatsächlich oft nur noch das, als was Novalis' Pferd sie sieht – eine Chimäre. Diese deutsche Krankheit infiziert Europa. Ihr Hauptsymptom: ein erlahmter, erschlaffter Freiheitswille, verbunden mit einer Tendenz zur freiwilligen Selbsteinhegung. Die Freiheit ist dort, wo sie herkommt, mitten in Europa, müde geworden.

Ausgerechnet seit dem geschichtlich größtmöglichen Triumph der Freiheit im Jahr 1989 verliert die Freiheit an Bedeutung. Dies dokumentiert eine regelmäßig stattfindende Umfrage des Instituts für Demoskopie Allensbach, das seit 1976 die Begriffe »Freiheit« und »Gleichheit« abfragt. Im ersten Jahr der Befragung war die Freiheit noch für 61 Prozent der Deutschen der wichtigste Begriff, die Gleichheit hingegen nur für 30 Prozent das erstrebenswertere Gut. Im Jahr 2011 sind in den alten Bundesländern nur noch 49 Prozent für Freiheit und 35 Prozent für Gleichheit, in den neuen Bundesländern sogar nur 38 Prozent für Freiheit und 51 Prozent für Gleichheit. Noch extremer fällt die Entwicklung beim Vergleich der Werte Freiheit und Sicherheit aus.

Ein Amerikaner, Benjamin Franklin, Erfinder, Diplomat, Mitautor der amerikanischen Verfassung, hat den entscheidenden Satz gesagt: »Wer die Freiheit aufgibt, um Sicherheit zu gewinnen, wird am Ende beides verlieren.«

Die USA haben dieses Prinzip immer wieder auch in der politischen Realität hochgehalten. Ein gutes Beispiel ist die Berliner Luftbrücke der Amerikaner nach dem

Zweiten Weltkrieg. Man stelle sich vor, die Männer um Militärgouverneur Lucius D. Clay und Präsident Harry Truman hätten damals in der Interessenabwägung eine Konzession an die Sowjets gemacht und West-Berlin aufgegeben. Politisch, machterhaltungstechnisch, sicherheitspolitisch, wahlrisikoabwägungstaktisch durchaus rational.

Truman, Clay und andere machten aber keine Konzessionen: Am Abend des 23. Juni 1948 landete eine mit Kartoffeln beladene US-Transportmaschine auf dem Flughafen Tempelhof in Berlin. So begann eine einzigartige logistische Leistung und eine Demonstration des freiheitlichen Willens. Fast ein Jahr lang landete Tag und Nacht zeitweise im 90-Sekunden-Takt ein Flugzeug in Berlin. Bis die Politik der Stärke wirkte und die Russen die Blockade am 12. Mai 1949 wieder aufhoben, wurden innerhalb eines Jahres rund 2,3 Millionen Tonnen Fracht, davon 1,44 Millionen Tonnen Kohle, 490 000 Tonnen Nahrungsmittel und 160 000 Tonnen Baustoffe, eingeflogen.

Aber wichtiger als logistische Superlative waren menschliche Gesten. Als der Pilot Gail Halvorsen während einer Ausladepause im Sommer 1948 am Stacheldrahtzaun in Tempelhof ausgehungerte Kinder warten sah, versprach er, beim nächsten Mal Süßigkeiten mitzubringen. »Wie werden wir dein Flugzeug erkennen?«, fragte ein Mädchen. »Ich werde beim Anflug mit den Flügeln wackeln«, antwortete Halvorsen. In Frankfurt sammelte er von Kameraden Schokoladen- und Kaugummivorräte und sicher auch ein paar Rosinen ein, knüpfte aus Taschentüchern kleine Fallschirme, band die Süßigkeiten darunter und warf sie von nun an jedes Mal direkt vor der Landung über den wartenden Kindern ab. So entstand der Spitzname der Flugzeuge: »Rosinenbomber«.

Während dieser Zeit der großen Gesten und Gefühle wurde ein sozialdemokratischer Bürgermeister zum Symbol des antikommunistischen Durchhaltewillens der Berliner. Ernst Reuters Ausruf »Ihr Völker der Welt! Schaut auf diese Stadt!« waren ein Appell an die Weltgemeinschaft, West-Berlin nicht fallen zu lassen. Noch berühmter ist nur noch ein anderer Berlin-Satz geworden: »Ich bin ein Berliner.« Von Kennedy gesprochen am 26. Juni 1963, anlässlich des 15. Jahrestags der Luftbrücke. Hätte man auf Sicherheit gesetzt und die Freiheit dem vorsichtigen Kalkül der Konfliktvermeidung untergeordnet, wäre West-Berlin aufgegeben worden, gäbe es heute aller Voraussicht nach kein wiedervereinigtes Deutschland.

Freiheit und Sicherheit sind keine Gegensätze. Wer Sicherheit will, ist kein Freiheitsgegner. Wer aber Sicherheit über alles stellt und jedes Risiko vermeidet, schwächt die Freiheit. Der starke Wunsch nach Sicherheit und die Scheu vor dem Risiko beseelt die Deutschen seit jeher, trotz der großen Freiheitsbewegungen ihrer Geschichte. In der Außenpolitik und auf sozialpolitischem Gebiet.

In einer besonders umfangreich angelegten repräsentativen Grundlagenstudie zum Thema »Freiheit« fragten die Allensbacher Meinungsforscher vor einigen Jahren: »Ich möchte Ihnen kurz eine Situation schildern. Ein Bürokaufmann wird arbeitslos. Nun hat er zwei Möglichkeiten. Entweder er beantragt Arbeitslosengeld und hofft, dass er bald wieder Arbeit findet. So könnte er seinen Lebensstandard noch einige Zeit behalten. Die zweite Möglichkeit wäre, dass er sich selbstständig macht. Das bietet große Chancen, aber er müsste seine Ersparnisse völlig aufbrauchen. Was würden Sie sagen, was ist für ihn die bessere Entscheidung: Arbeitslosengeld zu beantragen oder sich selbstständig zu machen?« In Deutschland meinten nur 26 Prozent, er solle sich selbstständig machen. 45 Prozent, also fast doppelt so viele, empfahlen, er solle Arbeitslosengeld beantragen.

Hier spiegelt sich das merkwürdige Verhältnis der Deutschen zum allzuständigen Staat, das gestörte Verhältnis zum Risiko und das geradezu hysterische Verhältnis zum Scheitern wider. Während man in Amerika dem Gestrauchelten ermutigend zuruft »Try it again!«, gelten bei uns professionelle Niederlagen oder unternehmerische Flops nicht als natürlicher Bestandteil von Karrieren, als mögliche Konsequenz freiheitlichen Tuns, sondern als schamhaft zu versteckende Niederlage, als existenzvernichtende Katastrophe.

Es geht auch anders. Man stelle sich vor, eine neu eingestellte Führungskraft trifft in der Probezeit eine falsche Entscheidung, die das Unternehmen viel Geld kostet. Der Vorgesetzte zitiert den Mitarbeiter zu sich. Dieser rutscht verlegen auf seinem Stuhl hin und her und erwartet seine Kündigung. Hat er einen deutschen Chef, liegt er damit wahrscheinlich richtig. Vom legendären amerikanischen Unternehmer Andrew Carnegie ist hingegen folgende Reaktion überliefert: »Wie kommen Sie denn darauf? Wir haben gerade eine Million in Ihre Ausbildung investiert, wieso sollen wir Sie jetzt fortschicken?«

Die Folgen der Risikoscheu und der Angst vor dem

Scheitern betreffen die gesamte Wirtschaft. Auf dem Innovationsindikator Deutschland, der vom Deutschen Institut für Wirtschaftsforschung seit 2005 erstellt wird und die Innovationsfähigkeit von 17 führenden Industriestaaten misst, liegt Deutschland seit Jahren im Mittelfeld – 2009 auf Platz 9 mit wachsendem Abstand zur Spitzengruppe. Dabei fällt auf: Im Vergleich mit anderen führenden Industrienationen bleibt das Bildungssystem ein wesentlicher Schwachpunkt. Noch schlechter als die objektiven Rahmenbedingungen werden allerdings die für Innovationen erfolgsentscheidenden subjektiven Verhaltensweisen und Einstellungen der Bevölkerung in Deutschland bewertet. Größtes Hemmnis ist – auch hier – die notorische Risikoscheu der Deutschen. Beim Teilindikator »Einstellung zu unternehmerischem Risiko« liegt die Bundesrepublik wie im Vorjahr auf dem letzten Platz des Rankings. Das ist bitter, denn: Wer nichts riskiert, wird nichts erfinden oder entwickeln. Und: Wer nicht wagt, wird nicht gewinnen. In Amerika gibt es ein geflügeltes Wort: »Risiko ist der Preis des Fortschritts.«

Die Angst vor dem Risiko ist auch in der Atomdebatte zu erkennen, in den 1970er Jahren ebenso wie in der Gegenwart. Nirgendwo sonst auf der Welt wird die Diskussion um das richtige Energiekonzept so stark von der Angst vor dem Risiko dominiert – unter völliger Ausblendung der Chancen. In Frankreich, in England, in Amerika, ja selbst in asiatischen Nachbarstaaten Japans werden zuerst die Chancen der Nuklearenergie diskutiert, und dann erst wird die Frage aufgeworfen, welche Risiken man dafür einzugehen bereit ist – eine nüchterne Abwägung, nach dem jüngsten GAU in Japan oft mit nachvollziehbar negativem Ergebnis. In Deutschland dagegen gab und gibt es bei diesem und bei anderen Themen von Anfang an nur eine Perspektive: die des Risikos, die der Angst. Die Digitalisierung – ganz gefährlich. Die Gentechnik – viel zu riskant. Neue Flughäfen, neue Bahnhöfe – Risiko, Gefahr!, ruft der fortschrittsverzagte Wutbürger. Das gilt für neue Technologien, neue Geschäftsmodelle und neue politische Entwürfe ebenso wie für neue künstlerische Wege. Angst vor dem Risiko hat vor allem der, der viel zu verlieren hat. Der Eroberer wagt viel, der Verteidiger fast nichts. Auch das ist eine Falle, in die uns die Freiheit lockt. Kein Wunder, dass es der Begriff Angst als »German angst« zu internationaler Berühmtheit gebracht hat. Die Angst vor dem Scheitern fördert die Angst vor dem Risiko. Und die Angst vor dem Risiko beflügelt die Angst vor der Freiheit.

Ganz gleich, welche Studie man in den vergangenen Jahren in Deutschland betrachtet: Es steht nicht gut um die Freiheit. Von April bis Juni 2009 ließ die IG Metall 450 000 Menschen in den Betrieben befragen, was ihnen wichtig sei. Knapp 90 Prozent wollten vor allem »einen sicheren Arbeitsplatz«. Rund 80 Prozent hielten für wichtig, »dass ich abgesichert bin, damit ich meine Zukunft planen kann«, aber nur 75 Prozent legten Wert darauf, »dass ich die Freiheit habe, mein Leben so zu führen, wie ich es möchte«.

Und selbst die FDP-nahe Friedrich-Naumann-Stiftung konnte im Rahmen ihres regelmäßig erhobenen »Deutschen Wertemonitors« unter den Befragten kein liberaleres Ergebnis zutage fördern. 2010 hielten dort 50 Prozent die »gesellschaftliche Solidarität« für wichtig und nur 43 Prozent »individuelle Freiheit«. 2006 hatten immerhin noch je 47 Prozent für Solidarität und für Freiheit votiert. Ebenso vielsagend: 2010 sprachen sich auf die Frage, was Deutschland für die Zukunft braucht, 45 Prozent für mehr soziale Absicherung aus, nur 23 Prozent für mehr freien Wettbewerb. 27 Prozent waren unentschlossen. Ein wachsender Hang der Deutschen zur freiwilligen Selbstunterwerfung unter staatliche Fremdbestimmung ist nicht zu übersehen.

Die Jahre andauernde Finanzkrise hat dazu beigetragen, diesen Trend noch weiter zu beschleunigen. Die Argumente derjenigen, die nur in einem starken Staat die Möglichkeit sehen, den Menschen vor seiner maßlosen Natur und vor den raffgierigen Exemplaren seiner Spezies zu bewahren, wurden durch das Versagen politischer wie unternehmerischer Systeme und vor allem durch Fehlsteuerungen im Bankensektor bekräftigt. Halb- oder ganzkriminelle Wegelagerer der Kapitalmarktmechanismen, überforderte Regulierer und die Hybris von Ratingagenturen verstärkten die Wirkung. Doch die aktuelle Finanzkrise wirkte nur wie ein Brandbeschleuniger. Die Ursachen für das gestörte Verhältnis der Deutschen zur Freiheit und für ihre ausgeprägte Staatsgläubigkeit liegen tiefer.

Die Entzauberung des Religiösen in der zunehmend industrialisierten Bürgergesellschaft des 18. und 19. Jahrhunderts bestärkte rationalistische, aufklärerische Freiheitsbewegungen. Gleichzeitig ist dieser Verlust des religiösen Halts, der allumfassenden Sinnbestimmung durch das Göttliche aber ein Nährboden, auf dem das Bedürfnis nach einer anderen ordnenden Kraft, einer neuen höchsten und letzten Instanz gedeiht. Und diese neue, allzuständige, alles ordnende Kraft ist statt Gottvater dann Vater Staat. Hier erfüllt sich die Sehnsucht nach Orientierung, nach Sicherheit, nach Sinn – und vor allem nach Gerechtigkeit. Was der Einzelne nicht leisten kann, möge das größere Ganze richten. Das Kollektiverlebnis der Kirchengemeinde findet in der Gemeinschaft, die den Staat trägt, eine sinnfällige Entsprechung. Weil man nicht mehr oder kaum noch an ein Leben nach dem Tod und ein Jenseits glaubt, muss man mit staatlicher Hilfe das Paradies auf Erden schaffen. So wird die gottlose Gesellschaft staatsgläubig. Friedrich Nietzsche, der Sohn eines Pfarrers aus Röcken bei Lützen, feierte den »Tod Gottes«. Für ihn bedeutete die Loslösung von der Religion Befreiung. Erst die Emanzipation von göttlicher Autorität ermögliche den Menschen zu »werden, was wir sind«. Denn, so Nietzsche weiter: »Endlich erscheint uns der Horizont wieder frei ... das Meer, unser Meer liegt wieder offen da, vielleicht gab es noch niemals ein so ›offenes‹ Meer.« In Anlehnung an einen berühmten Aphorismus Nietzsches aus »Die fröhliche Wissenschaft« hat der Wirtschaftsnobelpreisträger von 1986, James M. Buchanan, diese Haltung auf den Punkt gebracht: »Gott ist tot. Es lebe der Staat.«

Während die Ablösung der Gott- durch die Staatsgläubigkeit nahezu alle europäischen Gesellschaften geprägt hat, liegen die spezifischen Gründe für das gestörte Verhältnis der Deutschen zur Freiheit in der noch jüngeren Geschichte.

Schon kurz nach Gründung des Deutschen Reiches 1871 stellte Reichskanzler Otto von Bismarck wichtige mentalitätsgeschichtliche Weichen. Die Gründe waren dabei weniger ideologischer als pragmatischer, realpolitischer Natur, es ging schlicht um Machterhalt. Bismarck sah nach der Wirtschaftskrise der 1870er Jahre seine Macht bedroht und versuchte mit einer nationalkonservativen Sammlungsbewegung und einem Schwenk vom Freihandel zum Protektionismus seine Basis zu sichern. In dieser Zeit entdeckte er auch das Feld der Sozialpolitik. Mit ihrer Hilfe wollte er die Rolle der Parteien minimieren und das Volk – mit Geschenken sozialer Wohltaten – stärker an den Staat, genauer an den Reichskanzler binden. So wurden im Rahmen der berühmten Sozialgesetzgebung in Zeiten allgemeiner Verunsicherung zwischen 1883 und 1889 verschiedene Versicherungen eingeführt: zunächst eine Krankenversicherung, dann eine Unfallversicherung, schließlich die Alters- und Invaliditätsversicherung. All diese Sozialversicherungen unterstanden der Aufsicht des Staates. Sie hatten – wie Bismarck 1884 in einer Reichstagsrede ausführte – das Ziel, »in der großen Masse der Besitzlosen die konservative Gesinnung zu erzeugen, welche das Gefühl der Pensionsberechtigung mit sich bringt«. So sozial, wie die Sache aussah, war sie zumindest nicht nur. Brot für das Volk, damit es nicht auf renitente Gedanken komme. Diese Methode kopierte und pervertierte Adolf Hitler, der 1941, mitten im Krieg, die Renten um 15 Prozent erhöhte.

Bismarcks Sozialreformen werden noch heute oft als Beginn des modernen Sozialstaates gefeiert. Sie waren im Kern aber zugleich der Versuch der um ihre Macht bangenden Regierung, das Volk durch die Wohltaten staatssozialistischer Umarmung zu beruhigen und politisch still zu stellen. Diese Mischung aus Korporatismus und Etatismus prägte in Deutschland eine Mentalität, die noch heute höchst lebendig, vielleicht sogar lebendiger denn je ist: Ordnungsdenken und Obrigkeitsfixierung vermählen sich zu einer Staatsgläubigkeit, die die Lösung fast aller individuellen Probleme und Herausforderungen an das Gemeinwesen delegiert. Ganz so, als sei der Staat verpflichtet, sich selbst in die persönlichsten Angelegenheiten jedes Bürgers einzumischen. Zu dieser schleichenden Entmündigung der Deutschen passt Bismarcks Ausspruch: »Freiheit ist ein Luxus, den sich nicht jedermann gestatten kann.«

In Ostdeutschland schließlich wuchs eine Generation von Deutschen heran, die nach zwölf Jahren Nazi-Kollektivismus bruchlos in vier weitere Jahrzehnte DDR-Kollektivismus überführt wurde. Obwohl die zweite deutsche Diktatur mit der ersten nicht gleichzusetzen ist (Genozid und Krieg bleiben etwas anderes als Unterdrückung, Zensur und Mord an sogenannten »Republikflüchtlingen«) – prägend war auch für dieses totalitäre System ein antiindividualistischer Grundimpuls, der dem Einzelnen gar nichts, dem diktatorischen Staatsapparat aber alles zutraute: der Bürger als Schaf, das Volk als Herde, die Partei als Schäfer und als immerwacher Schäferhund die Stasi. Ein Idyll, zutiefst antikapitalistisch, dem persönlichen Streben nach Gewinn, Wettbewerb und Eigentum gegenüber skeptisch eingestellt.

Spitzohrig schnüffelte der Geheimdienst, um den Herrschaftsanspruch der DDR zu sichern. Überwachung und Denunziantentum auch in privatesten Lebensbereichen erzeugten ein Maximum subjektiver Unfreiheit. Man kann es verstehen, wenn diejenigen, die fast sechzig Jahre in Abhängigkeit und Unfreiheit lebten, mit der oft unbequemen Realität der Freiheit nicht auf Anhieb zurechtkamen. Den Deutschen der Bundesrepublik aber muss man anlasten, dass sie im Prozess der Wiedervereinigung nicht entschieden und enthusiastisch genug für die Freiheit geworben haben. Aus ihrer emotionslosen Halbherzigkeit der Freiheit gegenüber konnte kein gemeinsamer Aufbruchsgeist entstehen.

Die zweite mentalitätsprägende Kontinuität findet sich ausgerechnet in der sich als Freiheitsbewegung idealisierenden 68er-Generation. Gerade unter denen, die den herrschaftsfreien Diskurs forderten, die den »Muff unter den Talaren« vertreiben wollten, die in antiautoritären Kindergärten die Pädagogik neu erfanden (sehr zum Leidwesen der Kleinen: »Müssen wir heute schon wieder spielen, was wir wollen?!«), also ausgerechnet unter denen, die mit den nationalsozialistischen Taten der Väter rücksichtslos abrechnen wollten: Gerade bei vielen unter ihnen herrschte ein Kontinuum von Autorität und unfreiheitlicher ideologischer Verhärtung. Eine doktrinäre Intoleranz, die man doch von der Generation kannte, deren Geist die 68er der Nachkriegsrepublik so entschieden austreiben wollten. Es war die Generation, die die Nachkriegskinder erzogen hatte. Von Götz Aly, selbst einst Teil der Studentenbewegung, stammt die desillusionierte Einsicht, dass »die deutschen Achtundsechziger in hohem Maß von den Pathologien des 20. Jahrhunderts getrieben wurden und ihren Eltern, den Dreiunddreißigern, auf elende Weise ähnelten«.

Aus der Distanz fast eines halben Jahrhunderts betrachtet, erweist sich die 68er-Bewegung vor allem als Reaktion auf den Nationalsozialismus. Eine Gegenbewegung. Aber auch ein Echo, in dem sich manche

Stimme ähnlich schrill und unfrei anhörte wie die Stimmen derer, die man bekämpfte. Die Studentenbewegung setzte gleichfalls auf Kollektive statt auf Individuen, grenzte andere Meinungen häufig mit wilder Entschlossenheit aus. Vor allem aber: Auch die Studentenbewegung setzte die Idee oder Ideologie der guten Absicht so absolut, dass sie bisweilen jedes Mittel rechtfertigte, bis hin zur Gewalt gegen Andersdenkende. Man war sehr, zu sehr von sich überzeugt.

Eines Tages wurde mein Vater – über und über rot besudelt – mit dem Krankenwagen nach Hause gebracht. Ich war sechs Jahre alt, spielte gerade mit Matchboxautos und glaubte, mein Vater, der auf einer Trage in unsere Wohnung transportiert wurde, sei schwer verletzt. Doch es war kein Blut, es waren nur Tomaten, mit denen die Studenten ihn beworfen hatten – bis er zusammenbrach. Es passte ihnen nicht, dass er als Hochschullehrer über Architektur, Egon Eiermann und funktionale Form, nicht aber über den Marsch durch die Institutionen reden wollte.

In der selbstherrlichen Unfreiheit des herrschaftsfreien Diskurses war so gut wie jedes Mittel recht. Zunächst Tomaten. Und wenn Rudi Dutschke im Audimax der Freien Universität Berlin mit gereckter Faust »Ho Ho Ho Chi Minh« skandierte, dann war das in der Inszenierung kollektiver Ekstase mitnichten so freiheitlich und gewaltfrei, wie es gerne verklärt wurde. Obendrein standen die Achtundsechziger in geradezu grotesker ideologischer Kontinuität, was den Hass auf Kapitalismus, Amerika und Israel betraf. Während Deutschland begann, sich schamvoll das größte Verbrechen der Menschheitsgeschichte einzugestehen, unterstützten deutsche Achtundsechziger radikalisierte Araber und Palästinenser.

Es gibt eine Denkweise, die sich bei manchen Altlinken und Junglinken, bei Altnazis und Neonazis und in Abstufungen bei einigen sogenannten »Konservativen« wie »Fortschrittlichen« findet. Diese Denkart richtet sich, damals wie heute, vor allem gegen drei Dinge: gegen die Wirtschaft, gegen Amerika und gegen Israel. In der Vorstellung von Verschwörungstheoretikern fügen sie sich zum Gesamtweltbild. Ich nenne es das antifreiheitliche Dreieck. Es besteht aus Antikapitalismus, Antiamerikanismus und Antisemitismus. Überall dort, wo grundlegende Ressentiments herrschen gegen die Marktwirtschaft (vulgo: Kapitalismus), gegen Amerika (oder seine »dekadente« oder »oberflächliche« Kultur) und gegen die Juden (politisch korrekt: gegen die »zionistische Politik« Israels), ist es mit der Freiheit nicht weit her. In diesem antifreiheitlichen Dreieck manövrierten die Nazis, der Sowjetkommunismus, die DDR und die RAF und manövriert heute der islamistische Fundamentalismus.

Die größte und nachhaltigste Beschädigung des Freiheitsbewusstseins der Deutschen bewirkte das Dritte Reich. Als am 10. Mai 1933 die Bücher von Thomas und Heinrich Mann, Karl Marx, Heinrich Heine, Sigmund Freud, Stefan Zweig, Erich Maria Remarque, Bertolt Brecht, Erich Kästner, Kurt Tucholsky, Carl von Ossietzky oder Alfred Kerr auf weithin leuchtenden Scheiterhaufen in Berlin und anderswo brannten, wurde der Weg bis zu den Krematorien von Auschwitz gezeichnet. In jeder zweiten Gedenkrede wird heute Heinrich Heines »Almansor« von 1821 zitiert: »Dort, wo man Bücher verbrennt, verbrennt man auch am Ende Menschen.« Die Konsequenz will kaum jemand daraus ziehen. Für mich ist nicht die Reichspogromnacht, sondern die Bücherverbrennung der entscheidende Wendepunkt der Zivilisation zur Barbarei. Nicht erst als Fassaden beschmiert, Fenster eingeworfen, Geschäfte zerstört und Menschen gehetzt und getötet wurden, zeigte der Nationalsozialismus sein wahres Gesicht. Sondern schon fünf Jahre vorher, als die Freiheit der Presse abgeschafft, die Freiheit der Kunst verhöhnt und verbrannt wurde. Die Freiheitsfalle damals: Man dachte, es sei doch nur Kunst. Aber es war das Leben.

Ob Kollektiv-Schuld oder Kollektiv-Scham – jeder hat seine persönlichen Erinnerungen, wie ihm der Rassenwahn zum ersten Mal begegnete. Bei der Generation vor mir war es der Eichmann-Prozess, der das Geschehen des Holocaust erstmals in die Schlagzeilen und das öffentliche Bewusstsein brachte. Plötzlich trat dort unscheinbar und unheimlich der Organisator des Massenmordes auf und delegierte mit leiser Stimme alle Verantwortung nach oben: »Ich habe nur Befehle ausgeführt.« Ich bin's nicht, Adolf Hitler ist es gewesen.

Für meine Generation, zumindest für mich, wurde der amerikanische Film »Holocaust. Die Geschichte der Familie Weiß« – im Jahr 1979 zum ersten Mal im deutschen Fernsehen gezeigt – zum Schlüsselerlebnis. Der vierteilige Film wirkte durch personalisierte, also persönlich berührende Leidenserlebnisse und mit ikonographischen Archivbildern aus den Konzentrationslagern. Die Leichenberge vergaster und verwesender Opfer des Völkermordes waren ein Appell an jeden Zuschauer: Nie wieder!

Dieser Film bewegte mich dazu, 1980 mit dem befreundeten Maler Rico Blass nach Israel zu fahren – zum ersten Mal. Ich war nervös. Wie würde dort ein Vertreter des Tätervolkes empfangen werden? Ich rechnete – verständnisvoll – mit Kälte, Distanz, Verachtung. Kurz nach der Ankunft besuchten wir einen Empfang deutscher Juden, der sogenannten Jeckes. Die Stimmung war ausgelassen. Es gab Hummus und Schwarzwälder Kirschtorte. Hin und wieder, wenn mir einer die Hand entgegenstreckte, sah ich am Unterarm die Tätowierungsnummer aus dem KZ. Es wurde gelacht. Statt Kälte, Distanz und Verachtung erfuhr ich Wärme, Neugier, Sympathie. Zuerst zurückhaltend, dann immer leidenschaftlicher wurden Fragen gestellt, Erinnerungen in breitem hessischen Dialekt erzählt: »Ei, aus Frankfurt komme Se. Ja gibt's denn noch die Familie Grüngrass?« – »Ja mir habbe damals im Westend gelebt, bis mer abtransportiert wurde, in der Siesmayerstraße, kenne Se doch, oder?« – »Isch muss immer an die großen Kastanien im Kettenhofweg denke, da ham mer als Kind immer Kastanie gesammelt.« Und dann kamen dem alten Mann ein paar Tränen. Ich war verblüfft und berührt von der Herzlichkeit und vor allem von der Bereitschaft, die nachfolgende Generation nicht im Bann der Kollektivschuld zu sehen.

Plötzlich begriff ich die dreifache Tragik der nach Israel entkommenen deutschen Juden: Zuerst mit rassistischem Vernichtungswahn verfolgt zu werden und vielleicht die halbe oder die ganze Familie verloren zu haben. Dann in Israel, dem Fluchtort und dem Land der Hoffnung, nie ganz anerkannt zu sein und selbst hier immer etwas fremd zu bleiben. Und schließlich noch mit einem Gefühl zu kämpfen, das jeden überkommt, der seine Heimat verlassen muss: Heimweh. Heimweh ist ein unschuldiges Gefühl. Doch in Israel, im Land der Opfer, war Heimweh nach Deutschland, dem Land der Täter, ein Gefühl, für das man meinte, sich schämen zu müssen – selbst als Opfer.

Drei Jahrzehnte später erzählte mir Berthold Beitz von dem Moment, den er in seinem langen Leben als den bewegendsten erlebt hat. Er war ein junger Mann, arbeitete als Manager einer Mineralölfirma im galizischen Boryslaw und versuchte, Juden vor der Deportation zu retten, indem er sie als kriegswichtige Arbeiter für seinen Betrieb reklamierte. Beitz ist dafür in Yad Vashem als »Gerechter unter den Völkern« geehrt worden. »Aus einem der Züge«, so erzählte Beitz, »hatte ich eine junge Büroangestellte und ihre Mutter herausgezogen. Doch die Nazis schickten die Mutter wieder zurück, sie sei zu alt zum Arbeiten. Da sah mich die Tochter mit ihren großen braunen Augen an und sagte: ›Ist es erlaubt, Herr Direktor? Dann gehe ich auch zurück.‹ Sie drehte sich um und stieg wieder in den Zug, der ins Lager fuhr. Als ich diese Geschichte viele Jahrzehnte später bei einer Preisverleihung erzählte, begann Ignatz Bubis, der damals Laudator war, zu weinen. Er stand auch dabei, als sein Vater von den Nazis verhaftet wurde. Nur – er war nicht mitgegangen, sondern davongerannt.«

Die Scham der Opfer macht die Nation der Täter sprachlos. Sie findet nur zwei Worte: Nie wieder! Ich habe die Konsequenz daraus so verstanden: dass die Freiheit zu verteidigen ist, zu jeder Zeit und um jeden

Preis. Weil nur Freiheit so etwas verhindert. Freiheit zur Verantwortung.

Seltsam aber, dass die Deutschen nach den Erfahrungen mit dem Totalitarismus diesen kämpferischen Freiheitsreflex offenbar kaum entwickelt haben. Naheliegend wäre es doch gewesen, wenn nach den Verheerungen einer rassistischen Diktatur und eines größenwahnsinnigen Staatsapparates ein gesundes Misstrauen gegen jede Form von ausufernder staatlicher Autorität gewachsen wäre. Doch der Staat erfreut sich bei uns weiterhin gehörigen Respekts. Im Zweifels- und Krisenfall soll er es richten. In Deutschland gilt das Misstrauen eher den Bürgern selbst.

Staatsgläubigkeit geht einher mit einem Menschenbild, das vor allem kollektivistischen, latent oder akut unfreiheitlichen Systemen eigen ist: Der Bürger brauche Aufsicht – einen Vormund. In diesem Fall den vormundschaftlichen Staat, der mit Gesetzen, Regelungen, Steuern, Subventionen dafür sorgt, dass sich das Gute Bahn bricht und das Böse nicht siegt. Weil die Deutschen sich nicht trauen, hegen sie sich ein in die Umverteilungs- und Zwangsbeglückungsinstrumente des modernen Wohlfahrtsstaates. Deutsche Nachkriegskanzler, vor allem Vertreter konservativer Parteien, haben auf diesem Gebiet geradezu eine Traditionslinie ausgeprägt, die von Konrad Adenauer, der seinem gerade entnazifizierten Volk nicht über den Weg traute, bis in den Berliner Bundestag reicht.

Auch dies ist eine Spätfolge des Nationalsozialismus: Da der Schoß noch fruchtbar sein könnte, ist das Vertrauen in die Freiheitsfähigkeit der Bürger unterentwickelt. Das Misstrauen sitzt tief. Und treibt seine

Blüten in einem immer undurchschaubarer werdenden Dickicht aus Gesetzen und bürokratischen Hemmnissen.

Sogar das Grundgesetz selbst, so freiheitlich es ist, erweist sich auch als ein Dokument der freiwilligen Selbsteinhegung mit dem hehren Ziel, die Deutschen vor sich selbst zu schützen. Ein Beispiel dafür, dass wir unserem eigenen Freiheitsdrang nicht trauen, ist die sogenannte Ewigkeitsklausel des Artikels 79, Absatz 3, wonach eine Änderung der in den Artikeln 1 und 20 niedergelegten Grundsätze, der Garantie der Menschenwürde sowie der Strukturprinzipien Republik, Demokratie, Bundesstaat, Rechtsstaat und Sozialstaat unzulässig ist. Das führt zu einer interessanten Pointe: Mit dieser Ewigkeitsklausel könnten zwar Presse-, Religions- und Versammlungsfreiheit abgeschafft werden, nicht aber der Sozialstaat.

»Es ist so bequem, unmündig zu sein. Habe ich ein Buch, das für mich Verstand hat, einen Seelsorger, der für mich Gewissen hat, einen Arzt, der für mich die Diät beurteilt, usw., so brauche ich mich ja nicht selbst zu bemühen.« Das schrieb Immanuel Kant in seiner Antwort auf die Frage »Was ist Aufklärung?« im Jahr 1784 und warnte neun Jahre später in seinem Aufsatz »Über den Gemeinspruch: Das mag in der Theorie richtig sein, taugt aber nicht für die Praxis«: »Eine Regierung, die auf dem Prinzip des Wohlwollens gegen das Volk als eines Vaters gegen seine Kinder errichtet wäre, d.i. eine väterliche Regierung (imperium paternale), wo also die Untertanen als unmündige Kinder, die nicht unterscheiden können, was ihnen wahrhaftig nützlich oder schädlich ist, sich bloß passiv zu verhalten genötigt sind, um, wie sie glücklich sein sollen, bloß von dem Urteile des Staatsoberhaupts, und, daß dieser es auch wolle, bloß von seiner Gütigkeit zu erwarten: ist der größte denkbare Despotismus.«

Wie weit sind wir von diesem Despotismus entfernt? Und was hätte zu unserem heutigen Freiheitsverständnis wohl Wilhelm von Humboldt gesagt, der 1792 schrieb: »Der Staat enthalte sich aller Sorgfalt für den positiven Wohlstand der Bürger und gehe keinen Schritt weiter, als zu ihrer Sicherstellung gegen sich selbst und gegen auswärtige Feinde notwendig ist; zu keinem andren Endzwecke beschränke er ihre Freiheit.« Humboldts Staatsbild ist klar: innere und äußere Sicherheit und ansonsten Zurückhaltung. Und wo stehen wir heute?

Die Anzahl der Gesetze hat sich in den letzten Jahren dramatisch erhöht, und zwar von einem schon hohen Niveau aus: Die Dokumentation des Bundestages verzeichnet von 1949 bis 1990 insgesamt 6567 eingebrachte Gesetzesvorlagen, also durchschnittlich rund 160 pro Jahr. Von 1990 bis zum Ende der letzten Legislaturperiode 2009 waren es insgesamt 4135 – macht durchschnittlich etwa 218 pro Jahr.

Auch die Art der Gesetze und Verordnungen hat sich verändert. Es gibt immer mehr Regelungen und Abgaben, die eine verhaltenssteuernde Wirkung entfalten sollen, die volkspädagogisch, ja erziehungsdiktatorisch motiviert sind. Die Besteuerung von Alkohol soll bewirken, dass weniger getrunken wird, die CO_2-Verordnung soll dafür sorgen, dass das Weltklima besser wird, das Rauchverbot in der Gastronomie soll sicherstellen, dass weniger geraucht wird. Alles gute Absichten. Aber was für ein Menschenbild, was für ein Staatsverständnis verraten diese Regelungen? Wo sind Kant und Humboldt geblieben, auf die wir uns so gerne berufen?

Apropos Rauchverbot. Es bleibt immer noch das beste Beispiel für die Regelungswut eines politisch korrekten Gängel- und Glucken-Staates. Rauchen ist schädlich. Das stimmt medizinisch. Und das Verbot stößt in einem ansonsten buntgesprenkelten politischen Meinungsbild auf eine spektakuläre Zustimmungsquote von nahezu 100 Prozent. Weil ein Verbot auf den ersten Blick jeder gutheißt, ist mit geradezu lustvoller Konsequenz in vielen europäischen Ländern nach dem unseligen Vorbild Amerikas ein Rauchverbot im öffentlichen Raum durchgepaukt worden. Als hätte es nicht genügt, an öffentlichen Orten, in Gastwirtschaften und Bars rauchfreie Räume einzurichten oder es den Gaststätten – bei klarer Kennzeichnung – selbst zu überlassen, ob sie Raucher oder Nichtraucher-Etablissements sein wollen. Immerhin, der mit den Klagen gegen das Rauchverbot befasste Verfassungsrichter Johannes Masing hatte den Mut, ein abweichendes Votum zu Protokoll zu geben: »Zwar hat der Gesetzgeber hier erhebliche Gestaltungsspielräume. Der Gesetzgeber kann aber nicht im Verbotswege das gesellige Beisammensein und Feiern bei Tabak, Speise und Trank völlig aus dem öffentlichen Raum verbannen. Eine solche kompromisslose Untersagung wäre unverhältnismäßig und trüge die Gefahr paternalistischer Bevormundung.« Also genau das, wovor Kant gewarnt hat.

Die »aggressivste Antiraucher-Kampagne in der modernen Geschichte« wurde von den Nationalsozialisten ins Werk gesetzt, wie der amerikanische Historiker Robert N. Proctor in seinem Buch »Blitzkrieg gegen den Krebs« nachweist. Systematisch von Wissenschaftlern seit den 1930er Jahren vorbereitet, gipfelte der Kampf für die gute Sache der »Volksgesundheit« (»Die deutsche Frau raucht nicht«) in den 1940er Jahren in Rauchverboten in Restaurants. Verquickt wurde das Ganze mit antisemitischer Propaganda. Rauchen galt als jüdisch verkommen, die rauchende Jüdin wurde mit fratzenhaften Zügen auf Flugblättern dargestellt. Man appellierte an die moralische Verantwortung zur Gesundheit: »Volksgenossen, denkt an eure biologische Wehrpflicht!« In der führenden Gesundheitszeitschrift der Nationalsozialisten hieß es im Jahr 1941, dass Tabak nicht nur Durchfall verursache und die sexuelle Leistungsfähigkeit vermindere, sondern auch zu kriminellem sexuellen Verhalten führe. Laut Proctor vermengte man gezielt »nationalsozialistische Rhetorik mit körperlicher Reinheit, Rassenhygiene, Leistungskraft.«

»Gesundheit über alles« war eine zentrale Botschaft der Nazi-Ideologie. Auf einem Titelblatt einer Hitler-Jugend-Propagandaschrift hieß es: »Du hast die Pflicht, gesund zu sein!« Darunter war eine qualmende Zigarette zu sehen, durchgestrichen mit einem roten Kreuz. Adolf Hitler selbst – früher starker Raucher – hatte die Anti-Raucher-Kampagne zu seiner persönlichen Angelegenheit erklärt. Und für die Geschichtsbücher lieferte der »Führer« auch gleich die groteskeste Pointe. 1942 sagte er: »Ich bin überzeugt, wenn ich Raucher wäre, nie würde ich den Sorgen standgehalten haben, die mich seit so langer Zeit belasten. Vielleicht verdankt dem das deutsche Volk seine Rettung.« Nicht auszudenken, wenn Hitler weiter geraucht hätte.

Die heutige Verteufelung des Tabaks ist ein schönes

Beispiel für europäisch-amerikanischen Regulierungswahn, gerade weil sie auf einem allzu wohligen Konsens der Gesellschaft basiert. Mit dem Tabakwerbeverbot fing es an, außerdem werden Verbote oder massive Einschränkungen von Alkoholwerbung, Werbung für süße oder fette Nahrungsmittel sowie für Autos diskutiert. Die absurdeste Verstiegenheit ist eine Vorlage, die sich ernsthaft mit dem Verbot von Werbespots für Dessous beschäftigt. Der Vorwurf und die Sorge einiger gleichstellungsbewegter Brüsseler Abgeordneter: Geschlechterklischees! Das Menschenbild, das hier die Gesetzesmacher leitet, ist das eines unmündigen Bürgers, dem nur die EU den rechten Pfad der Tugend weisen kann. So erzieht man europäische Gutmenschen.

Zum immer aggressiveren Freiheitsgift werden unausgesprochene Denk- und Sprechverbote. Der Trend ist global, nirgendwo aber wird er so minutiös überwacht wie in Amerika, wo er herkommt, und in Deutschland, wo er zur Perfektion kristallisiert. Gesellschaftlicher Comment darüber, was man sagen darf und was nicht, ist kein neues Phänomen. Früher hieß das der »gute Ton«. Etwas gehörte zum guten Ton oder nicht. Wer den guten Ton verletzte, stellte sich ins gesellschaftliche Abseits. Neu ist, dass der gute Ton ein Gutmenschenton ist.

Man kann das Zeitgeist nennen, einen bis weit in das sogenannte bürgerliche Milieu eingesickerten Werte- und Verhaltenskanon. Und all der »gute Ton« wäre harmlos, wenn er dem Gegenargument Raum gäbe, wenn er ihm aus Freiheitsvertrauen heraus Legitimität einräumte. Genau das aber geschieht selten. Wenn einmal der Damm für das Argument der guten Absicht gebrochen ist, gilt Widerspruch als unerwünscht und »wenig hilfreich«. Denkverbote haben noch nie Probleme gelöst, und so produzieren entsprechende Sprechverbote oder Sprechgebote am Ende vor allem Bigotterie. Wer nur noch sagt, was er glaubt sagen zu müssen, sagt am Ende die Unwahrheit. Gutmenschen schlagen den guten Ton oft nur deswegen an, weil ihnen der Mut zur Ehrlichkeit fehlt. Oder: Es ist die Unfähigkeit, Nein zu sagen.

Man wundert sich, wenn man uns staatsgläubigen Deutschen zuhört. Fast bei jedem Thema gilt: Der Staat ist zuständig, der Staat wird's richten. Der Staat hat's gegeben, der Staat hat's genommen. Amen.

So reden Menschen, die in der Freiheitsfalle sitzen. Warum ordnen wir die Verhältnisse im Kant'schen und Humboldt'schen Sinne nicht neu? Der Staat dient dem Bürger, nicht der Bürger dem Staat. Der Staat als Serviceunternehmen selbstbewusster Bürger, die er gegen ihre Feinde schützt – »zu keinem andren Endzwecke beschränke er ihre Freiheit.« Wir Deutschen wären überrascht. Wie schön das wäre. Und wie gut wir das könnten.

III. Macht der Freiheit, Geist der Freiheit

Triumph der Freiheit – 9. November 1989

Die DDR war furchtbar. Meine Mutter sagte diesen Satz gerne, auch in Gesellschaft: Die DDR ist furchtbar. Fast genüsslich beobachtete sie daraufhin die Reaktionen ihrer Gesprächspartner. In den 1980er Jahren wurde sie dann angesehen, als habe sie eine große Unanständigkeit begangen. Das könne man so pauschal unmöglich sagen. Man müsse doch differenzieren. Meine Mutter wollte nicht differenzieren.

Der Umgang mit der DDR war und ist verdruckst. Das Problem während und nach den Wendejahren war nämlich nicht, wie immer wieder reumütig eingeräumt wird, dass der Westen zu stolz und selbstbewusst aufgetreten sei, sondern dass er sich vielmehr zu unsicher, zu defensiv verhalten hat. Man hat eben nicht fröhlich die Errungenschaft der Freiheit und ihre mutigen Revolutionäre gefeiert und so die früher von Diktatoren unterdrückten neuen Mitbürger für die Demokratie begeistert, sondern man hat die Wahrheit in der Mitte gesucht, im gnädigen Kompromiss zwischen hüben und drüben. Ein Aufeinanderzugehen von diesem Ausgangspunkt aus konnte nur im Aneinandervorbeireden enden.

Zwischen 1961 und 1989 sind bei gescheiterten Fluchtversuchen aus der DDR mindestens 136 Menschen an der Berliner Mauer ums Leben gekommen – zu diesem Ergebnis gelangt ein Forschungsprojekt der Gedenkstätte Berliner Mauer. Hubertus Knabe und andere sprechen von wesentlich mehr Opfern. Ein Streit über die genaue Anzahl ist müßig. Ein paar Tote weniger machen die DDR nicht weniger schlimm. Die DDR war furchtbar.

1989 wurde dieses Regime von seinen Bürgern gestürzt. Ich ärgere mich noch heute, dass ich damals in einem Münchener Büro vor dem Fernseher sitzen geblieben bin, statt nach Berlin aufzubrechen. Ich sah die Bilder, die Menschen auf der Mauer, wie sie mit ihren Hämmern Stücke aus dem Beton schlugen, wie sie durch die entstehenden Löcher in die fremde Freiheit guckten, ich sah, wie sie sich umarmten, unbekannten Menschen zuprosteten, wie sie lachten und weinten – und auch mir kamen die Tränen. Aber losgefahren bin ich nicht. Stattdessen gab es am Abend Rotwein beim Italiener.

Aus der Perspektive des Zurückblickenden lesen sich historische Entwicklungen schlüssig, als hätte alles so kommen müssen. Doch es hätte ganz anders kommen können. Zwangsläufig war da gar nichts. Die Geschichte haben Menschen vorangetrieben, jeder für sich, mit einem eigenen Entschluss zur Freiheit – bei höchstem Risiko und größtem Mut. Es sind immer Menschen, die sich entscheiden und so Geschichte gestalten. Das gilt im Guten wie im Schlechten. Für Menschenrechtler wie für Massenmörder. Es sind die Regelbrecher, die Geschichte machen. Geschichte selbst macht gar nichts.

Mitte der 1980er Jahre saß ich in einem Seminar

der Johann-Wolfgang-Goethe-Universität in Frankfurt zum Thema »Die deutsche Frage«. Als ich mich für das Seminar entschied, wusste ich kaum, was die deutsche Frage überhaupt ist. Umso erstaunter war ich über den agitatorischen, strengen Ton des Professors und der vortragenden Seminaristen. Es herrschte Konsens: Die deutsche Frage, so dozierte der Professor und warf seine langen grauen Locken über die Schulter, die deutsche Frage ist ein für allemal beantwortet, sie noch einmal neu zu stellen ist unzulässig, die deutsche Teilung ist irreversibel, selbst verschuldet, also eigentlich gut so, und wer etwas anderes behauptet, ist ein Reaktionär. Warum ein solches Seminar, wenn alles klar war? Und als einer nachhakte, ob die deutsche Frage nicht vielleicht doch eines Tages noch einmal neu gestellt werden könne, ob sie nicht doch in gewisser Weise offen sei, führte das zu heftigen Protesten. Bei der Erörterung der deutschen Frage hatten Andersdenkende nichts zu melden.

Das war 1985. Doch selbst 1990 äußerten sich viele deutsche Intellektuelle noch kritisch, besorgt, alarmiert über das gesamtdeutsche Denken und malten das Bild eines gleichsam wilhelminisch bis nationalsozialistisch in neuem Chauvinismus schwelgenden Deutschlands – ganz so, als würden bald wieder Schaftstiefel über den Berliner Lindenboulevard trampeln. Deshalb, so tönte es damals im Juste milieu, müsse jeder anständige Deutsche gegen dieses »Wiedervereinigungsgedöns« ankämpfen. Es war Joachim Fest, dem 1993 in seinem Buch »Die schwierige Freiheit« auffiel, dass nach dem Mauerfall unter den besorgten Intellektuellen Westdeutschlands das Wort »Freiheit« nicht fiel. Von der Freude über die errungene Freiheit ganz zu schweigen.

Man war der Meinung, dass nur eine Form der Unfreiheit gegen eine andere getauscht werde.

Der damalige *Spiegel*-Chefredakteur Erich Böhme überschrieb seinen berühmten Leitartikel vom 30. Oktober 1989: »Ich möchte nicht wiedervereinigt werden«. Was Böhme dort äußerte, entsprach in weiten Teilen dem Common Sense des intellektuellen Deutschlands dieser Tage: »Rheinisch-schlau hatte der alte Finkler Konrad Adenauer die Hürde seiner ›Wiedervereinigung in Frieden und Freiheit‹ aufgebaut, von der er wusste, dass sie zu seinen Lebzeiten nicht würde geschleift werden – es sei denn mit Gewalt. Wer also damals und wer heute von seiner ›Wiedervereinigung in Frieden und Freiheit‹ faselt, spielt entweder falsch, oder er spielt mit dem Feuer eines neuen ›Anschlusses‹ unseligen Angedenkens.« Und: »Wirtschaftliche Reformen dort und ökonomisch sinnvolle Kredite hier nützen einem Zusammenwachsen beider Deutschland. ... Das alles hat mit ›Wieder‹-Vereinigung im Sinne der westdeutschen Berufsvertriebenen und nationalistischer oder sentimentaler Gesamt-Deutschland-Schwärmer nichts zu tun.«

So veröffentlicht am 30. Oktober 1989 – nur zehn Tage vor der Öffnung der Mauer. Man liest es und reibt sich verwundert die Augen. Heute will es niemand mehr gewesen sein. Alle waren doch, mehr oder weniger, für die deutsche Einheit. Ebenso wie im Dritten Reich alle eigentlich im Widerstand waren. Tatsächlich gab es auch 1989 zwei Lager. Es gab Wegbereiter der deutschen Einheit, und es gab überzeugte Gegner, die das klar gesagt haben.

Zu den Wegbereitern gehörte Papst Johannes

Paul II., der den Zusammenbruch des Ostblocks intellektuell vorbereitete und schon am 15. Januar 1981 eine Delegation der freien polnischen Gewerkschaft im Vatikan empfing. Lech Wałesa gehörte dazu, der in seiner Solidarnośc-Bewegung dreimal so viel Mitglieder versammelte wie die herrschende Polnische Vereinigte Arbeiterpartei und damit Vorbild für alle osteuropäischen und ostdeutschen Bürgerbewegungen wurde. Zu den Wegbereitern gehörten die alles – selbst ihr Leben – aufs Spiel setzenden DDR-Oppositionellen Robert Havemann und Jürgen Fuchs, der zuverlässig unzuverlässige Liedermacher Wolf Biermann, der Verleger Axel Springer sowie der ungarische Ministerpräsident Miklós Neméth und sein Außenminister Gyula Horn, der zusammen mit seinem österreichischen Amtskollegen Alois Mock am 27. Juni 1989 ebenso listig wie folgenreich den Grenzzaun zerschnitt, natürlich Ronald Reagan, Michail Gorbatschow und George Bush sen., viele Kirchenvertreter und vor allem die Montagsdemonstranten in Plauen (wo alles anfing) und kurz darauf in Leipzig.

Es gab viele Wegbereiter, auch solche, von denen heute niemand mehr spricht. Einer von ihnen ist der 1943 in Bautzen geborene Wolfgang Berghofer. Er war von 1986 bis 1990 Oberbürgermeister von Dresden. In der Wendezeit erhielt er den Spitznamen »Bergatschow«. Am 8. Dezember 1989 wurde er zum stellvertretenden Vorsitzenden der SED/PDS gewählt, aus der er kaum sechs Wochen später, am 20. Januar 1990, austrat. 1991 wurde Berghofer wegen gemeinschaftlicher Anstiftung zur Wahlfälschung bei der DDR-Kommunalwahl 1989 angeklagt und 1992 zu einer Bewährungsstrafe verurteilt. Berghofer gilt als einziger prominenter SED-Spitzenpolitiker, der den Wahlbetrug in der DDR öffentlich zugegeben hat. Auch eine Tätigkeit als IM bei der Stasi gestand er. Michael Jürgs beschreibt in seinem Buch »Wie geht's, Deutschland?« Berghofers Rolle im Vorfeld der Ereignisse des 9. Oktober 1989 in Dresden. Am Abend des 8. Oktober wurden die Demonstranten in Dresden immer unruhiger, die Situation war angespannt, die Volkspolizei hatte die Menge umkreist. Eine Abordnung der Demonstranten forderte den Oberbürgermeister auf, am nächsten Morgen eine Gruppe von zwanzig Demonstranten zu einer Unterredung zu empfangen. Berghofer versuchte zunächst vergeblich, den SED-Bezirkssekretär Hans Modrow zu erreichen. Aber dann traf er, politisch nicht befugt, allein die Entscheidung, sich mit den Demonstranten zu treffen. Damit ging er ein hohes politisches und persönliches Risiko ein. Ein solches Treffen hätte normalerweise von den SED-Oberen genehmigt werden müssen. Berghofer beging – aus Parteisicht – Hochverrat. Er entschied sich dafür, weil er eine Eskalation, weil er Gewalt vermeiden wollte. Christof Ziemer, einer der Sprecher der Demonstranten, verkündete wenig später den Wartenden, dass Berghofer zugestimmt habe. Die Menge zog daraufhin friedlich ab, von der Volkspolizei unbehelligt. Berghofers Entscheidung erwies sich im Nachhinein als Deeskalation im letzten Moment: Am selben Tag hatte die Stasi in Berlin beschlossen, den Demonstranten für den 9. Oktober Gewalt anzudrohen. Wie wohl die Geschichte verlaufen wäre, wenn Berghofer im entscheidenden Moment nicht Zivilcourage gezeigt hätte, sondern der Parteiräson gefolgt wäre?

Wenn er nicht die Freiheit zum individuellen Skrupel über den Zwang zur kollektiven Zielsetzung der Partei gestellt hätte?

Berghofers Biographie zeigt, dass es mitunter wichtiger ist, wo eine Vita hinführt, und weniger entscheidend, wo sie herkommt. Es gehört mehr Mut dazu, als SED-Funktionär im entscheidenden Moment auf der Seite von Gewaltlosigkeit und Freiheit zu stehen, als – im demokratisch behüteten Westen – schon immer auf der richtigen Seite gewesen zu sein. Berghofer war einer der interessantesten Wegbereiter der Einheit in Freiheit.

Der große aktive Gestalter der Einheit ist Helmut Kohl. Als sich die Möglichkeit bot, hat er keinen Moment gezögert, hat die Wiedervereinigung Deutschlands nicht begleitet, nicht moderiert, er hat sie betrieben und gegen viel Widerstand durchgepeitscht. Dies gelang ihm nur, weil er seine Kompetenzen überschritt, etwa bei der Veröffentlichung seines mit niemandem abgestimmten Zehn-Punkte-Plans. Hätte er das, wie es sich gehört, erst mit seinen Gremien diskutiert, hätte die Wiedervereinigung vielleicht so nicht stattgefunden. In Kohls Einheitsmanagement lag von Anfang an etwas Anarchisches. Genauso hat er es später mit der europäischen Währungsunion gemacht. Helmut Kohl hat in seiner politischen Karriere manches Mal höchst widersprüchlich zwischen Liberalismus und Etatismus geschwankt. Alles in allem aber ist er einer der ganz großen Freiheitsermöglicher der deutschen Geschichte.

Zwei Jahrzehnte nach der deutschen Einheit, die Teil und Kulminationspunkt einer großen osteuropäischen Freiheitsrevolution war, erscheinen die damaligen Ereignisse wie ein großes Geschenk der Geschichte. Dass das damals einige Politiker, Publizisten und Poeten anders gesehen haben, wirkt heute nur noch wie eine Fußnote[1].

---

1 Gerhard Schröder: »Eine auf Wiedervereinigung gerichtete Politik ist reaktionär und hochgradig gefährlich.« (*Hannoversche Allgemeine Zeitung*, 27. September 1989). Oskar Lafontaine zur Idee eines vereinten Deutschland im Rahmen der Nato: »Welch ein historischer Schwachsinn!« (SPD-Bundesparteitag in Berlin, 18. Dezember 1989). Der bayerische Ministerpräsident Max Streibl: »Ich halte nicht viel davon, wenn man jetzt auf einmal Wiedervereinigungsdebatten bringt, die uns im Westen und im Osten Schwierigkeiten bringen. ... Jeder soll in seinem Block bleiben, die DDR drüben und wir hier.« (*Spiegel*, 2. Oktober 1989). Joschka Fischer: »Vergessen wir die Wiedervereinigung und halten wir die nächsten 20 Jahre die Schnauze darüber!« (Rede vor dem Hessischen Landtag, 20. September 1989). Otto Schily: »Es kann eine Wiederherstellung des Deutschen Reiches, das wäre Wiedervereinigung, nicht geben.« (Podiumsdiskussion im Bonner Naturkundemuseum, moderiert von Guido Knopp, 23. Mai 1989). Der *Zeit*-Chefredakteur Theo Sommer: »Wer heute das Gerippe der deutschen Einheit aus dem Schrank holt, kann alle anderen nur in Angst und Schrecken versetzen.« (aus dem Artikel »Quo vadis Germania?«, *Zeit*, 23. Juni 1989). West-Berlins Regierender Bürgermeister Walter Momper: »Wir dürfen die europäische Nachkriegsordnung nicht in Frage stellen und müssen weiterhin von der Zweistaatlichkeit Deutschlands und auch von der Angehörigkeit zu verschiedenen Militärblöcken ausgehen.« (*taz*-Interview, 30. August 1989). Egon Bahr: »Laßt uns um alles in der Welt aufhören, von der Einheit zu träumen oder zu schwätzen.« (*Bild am Sonntag*, 1. Oktober 1989). Günter Grass – der Selbstgerechteste unter den »Gegnern der Einheit«, weshalb ein Zitat hier beim besten Willen nicht ausreicht: »Ich lehne den Einheitsstaat ab und wäre erleichtert, wenn er – sei es durch deutsche Einsicht, sei es durch Einspruch der Nachbarn – nicht zustande käme.« (in: »Kurze Rede eines vaterlandslosen Gesellen«, *Zeit*, 9. 2. 1990) – »Auschwitz ist die ... Schamschwelle, die mitgedacht werden muß, ... wenn wir aufgrund der günstigen Lage und der in der DDR erkämpften Freiheit die Chance bekommen, etwas neuzugestalten. ... Der deutsche Einheitsstaat verhalf der nationalsozialistischen Rassenideologie zu einer entsetzlich tauglichen Grundlage.« (Fernsehdebatte im Februar 1990) – »Na ja, der Willy wird eben auch alt.« (Kommentar zu Willy Brandts enthusiastischer Rede über die Wiedervereinigung auf dem SPD-Parteitag vom 18. Dezember 1989). Willy Brandt – Gegner und Wegbereiter der deutschen Einheit: »Vollends durch den Kalten Krieg

Immer noch ist es üblich, die schreckliche Rolle zu unterschätzen, die der Geheimdienst der DDR spielte. Der Erfolg der Stasi war einzigartig. Nicht nur, weil sie bis ins privateste Detail die Bevölkerung der DDR in Schach hielt, sondern weil sie in gesellschaftliche Wahrnehmungen und Geschichtsbilder hineinwirkte, die bis heute prägend, zum Teil dominierend sind. Die Geschichte der erfolgreichen Desinformation durch die Stasi, ihr Einfluss zum Beispiel auf die Studentenbewegung und die westdeutsche Medienlandschaft, ist in seinen Dimensionen noch längst nicht erfasst. Dabei gäbe es einige interessante Fragen:

---

und seine Nachwirkungen gefördert, wurde die Hoffnung auf Wiedervereinigung geradezu zu einer Lebenslüge der zweiten deutschen Republik.« (Vortrag vor der Friedrich-Ebert-Stiftung, 14. September 1988). Am 25. Mai 1959, in seiner Ansprache zur Grundsteinlegung des Berliner Verlagshauses von Axel Springer, forderte Willy Brandt als Regierender Bürgermeister Berlins, »sinnvoll das wieder zusammenzuführen, was sinnlos auseinandergerissen wurde.« Aus dieser Formulierung reifte dann 30 Jahre später sein großes Wort: »Nun wächst zusammen, was zusammengehört.« Die Namen der damaligen Gegner heute zu erwähnen, ist als Erinnerungsstütze zu verstehen, nicht als Vorwurf. Die meisten haben ihre Meinung längst geändert. Und nicht jeder möchte heute gerne an die Äußerungen von damals erinnert werden. Seine Meinung nachträglich zu verstecken, ist eine kleine Sünde, und seine Meinung zu ändern, was bei manchem entschieden der Fall war, ist sogar eine Stärke. Die DDR-Verursacher und DDR-Verharmloser, die Ulbrichts, Honeckers, Wolfs und Gysis dieser Welt, bleiben hier unerwähnt. Denn das wäre ein anderes Kapitel oder ein anderes Buch. Traurig bleibt indes eine Wende ausgerechnet im Verlag Axel Springers, dessen Zeitungen über Jahrzehnte die DDR in Anführungszeichen schrieben. Die »DDR« wies jeden darauf hin, dass die »Deutsche Demokratische Republik« eben nicht demokratisch ist. Dem allgemeinen Zeitgeist aber wollten irgendwann auch die Chefredakteure dieses Verlages nicht mehr trotzen. Ein Jahr vor der Wiedervereinigung gaben sie die Anführungszeichen auf. Kurz vor ihrem Ende wurde die DDR von ihrem schärfsten publizistischen Gegner sozusagen offiziell anerkannt.

Welchen Einfluss hatten SED und Stasi als »Agent provocateur« oder bei der Inszenierung rechtsradikaler Ausschreitungen in der Bundesrepublik? Welche Wirkung durch gezielte Unterwanderung westdeutscher Redaktionen hat die Stasi auf die veröffentlichte Meinung der Bundesrepublik gehabt? Wie erfolgreich war die Desinformation im Kampf gegen Axel Springer – von dem berüchtigten zehnstündigen, zehn Millionen Ostmark teuren Propagandafilm »Ich – Axel Caesar Springer«, an dessen Drehbuch sogar Markus Wolf, Chef der DDR-Auslandsspionage, beteiligt war, über das Verteilen gefälschter Ausgaben von *Bild* bis hin zur Einschleusung einer Agentin in das Sekretariat des Verlegers? Welche Rolle spielte die Stasi bei der Ermordung Benno Ohnesorgs – war sie der direkte Auftraggeber oder hat der Stasi-Führungsoffizier dem Täter Karl-Heinz Kurras, der Jahrzehnte später als Inoffizieller Mitarbeiter enttarnt wurde, freie Hand gelassen? Wie weit ging die Kooperation zwischen einigen Führern der Studentenbewegung und der SED? Stimmt es, dass Peter Schneider sogar ausdrücklich bei Erich Mielkes Mitarbeitern um Unterstützung nachsuchte? Hat die Stasi über die bekannten Einzelfälle hinaus systematisch geholfen und finanziert? Welche Rolle spielte sie bei der Entstehung des RAF-Terrors? Hat sie die Entwicklungen nach einigen oberflächlichen Kontakten nur beobachtet? Oder war sie konzeptionelle Kraft und finanzielle Hilfe einer Bewegung, deren Ziel es war, in der Bundesrepublik eine Art Bürgerkrieg anzuzetteln?

Fest steht schon heute: Den Antikapitalismus, den Hass auf Amerika, das Antibürgerliche, die ideologische Unterstützung und Verklärung der Studentenbewegung, die Verharmlosung des RAF-Terrors – all diese Haltungen hat die Stasi durch gezielte Propaganda, durch Desinformation und Unterwanderung westdeutscher Massenmedien nach Kräften unterstützt und verstärkt, ideologisch wie materiell.

Die Stasi war in ihrer bürokratischen Perfektion und Perfidie nicht zuletzt prägend für die Kultur der DDR selbst. Das Misstrauen, die Vergesellschaftung des Allerprivatesten im sozialistischen Teil Deutschlands war von nichts tiefer geprägt als von einem Geheimdienst, der vor allem gegen die eigenen Bürger in Stellung ging.

Ich war einige Male in der DDR. Einmal, als ich über die Grenze fuhr, vergaß ich, den Sicherheitsgurt sofort wieder anzulegen. Wenige Meter hinter der Grenze wurden wir angehalten: Was soll das denn?, fragte der Polizist. Entschuldigen Sie, sagte ich, ich dachte hier ist noch Niemandsland. Was haben Sie gesagt?, bellte der Grenzer. Niemandsland? Meinen Sie, wir sind hier nirgendwo? Zwei Stunden später verließ ich kleinlaut die Zollbaracke.

Ich erinnere mich noch sehr genau an den Braunkohlegeruch in den trostlosen, dunklen verschlissenen Schlagloch-Straßen von Weimar, an die schrundigen, zerschossenen Nachkriegsfassaden der Häuser in Dresden, auf deren Dächern Birken und Ahorn wucherten, ich erinnere mich an die frierenden Menschen in einer langen Schlange vor einer Leipziger Bäckerei im Winter, bei der man zwei Stunden für einen Christstollen anstand. Vor allem aber erinnere ich mich an das Klima der Angst, wenn meine Landsleute und Kollegen abends in ihren deprimierenden Buden bei saurem Wein oder

Kaffeeersatz saßen und unsicher waren, wie offen sie jetzt mit dem Besucher reden können, weil ja möglicherweise einer der Freunde im Raum bei Erich Mielke auf der Gehaltsliste stand. Diese Furcht und Unsicherheit, das Misstrauen, das die Gesprächspartner so einsilbig gemacht hat – das ist heute vorbei: Wer will und wer Lust hat, kann sich laut beschweren über Hartz IV oder darüber, dass ein Leben ohne Pay-TV-Decoder nicht zumutbar ist. Und jeder kann sagen und schreiben, dass er es früher in der DDR besser fand und den Kapitalismus für schlimmer als den Sozialismus hält. Das ist eben das Schöne an der Freiheit, dass man sie auch kritisieren und verachten darf. Dass man sich so frei fühlen darf, sogar die Freiheit wieder abschaffen zu wollen.

Das – von Leonhard Fischer und mir gegründete – Privatmuseum »Villa Schöningen« direkt an der Glienicker Brücke zwischen Berlin und Potsdam rief 2009 im Internet, im Fernsehen und in Zeitungen Zeitzeugen dazu auf, sich zu melden. In einer Videodokumentation, sollten Erinnerungen der Menschen gezeigt werden, die während des Kalten Krieges an der Grenze, im Umfeld der berühmten »Agentenbrücke«, gelebt oder gearbeitet hatten: Nachbarn, Grenzsoldaten, Flüchtlinge, Täter wie Opfer. Hunderte von Menschen meldeten sich, sie erzählten berührende und kuriose, tragische und teilweise höchst unterhaltsame Geschichten. Doch immer wieder waren Stimmen dabei, die sich, ohne Anflug von Scham oder Zweifel, die Mauer wieder zurückwünschten: Früher war alles besser. »Die Mauer hat mich vor dem imperialistischen Westen geschützt. Das sollte sie auch heute wieder tun«, schrieb eine Frau zwanzig Jahre nach dem Mauerfall.

Es ist leicht, sich über solche Haltungen lustig zu machen. Versucht man sie zu verstehen, heißt das nicht, dass man geschichtsblindes Verständnis für das Falsche aufbringen müsste. Es gab ein System, in dem sich die Menschen zurechtzufinden versuchten, in dem sie sich orientierten und sortierten. Manche waren im Widerstand, viele waren um ein möglichst machtfernes Leben bemüht, die meisten waren wohl unauffällige Mitläufer, einige drehten mit am großen Rad. Ich erinnere mich an eine Begegnung vor rund zwanzig Jahren, als ich in Paris mit einem Kollegen im Straßencafé saß, der früher als ADN-Korrespondent gearbeitet hatte. Ich fragte ihn: Wie war das denn damals, so was wurde man doch nicht, wenn man Systemgegner war. Hast Du etwa auch für die Stasi gearbeitet? Der Kollege reagierte zu meiner Verblüffung fröhlich und leicht beleidigt: Was heißt hier Stasi? Ich war SED-Elite-Kader. Wir haben denen bei der Stasi gesagt, was sie zu tun haben. Ich schaute verdutzt. Guck nicht so, sagte er, ich war ehrgeizig, ich wollte was erreichen in meinem Leben. Meine Alternativen waren Werkzeugdreher in einem volkseigenen Betrieb, Widerstandskämpfer in Bautzen oder Karriere bei der SED. Was hättest Du denn gemacht, damals?

Ja, was hätte ich gemacht? Die Frage aller Fragen, die so leicht in der Theorie und so furchtbar schwer in der konkreten Situation zu beantworten ist. Für Machtmenschen wie für Mitläufer. Was hätte ich gemacht, wenn ich vierzig Jahre in einer Potsdamer Werft die Motoren von Grenzschutzschiffen repariert hätte, einmal im Jahr Urlaub am Plattensee, ansonsten festes Gehalt, feste Wohnung, feste Ration Braunkohle und Nahrung – und als Begründung, warum ich dafür dankbar sein soll: der

Klassenfeind, dessen Fratze mir jeden Tag in der volkseigenen Zeitung begegnet. Und plötzlich ist Wende. Der Job ist weg, das Essen teuer und der Klassenfeind renoviert ein Haus, in dem ich mir die Wohnung nicht mehr leisten kann. Warum soll ich das gut finden? Ist das die Freiheit? Nein danke!

Es gibt schreckliche Schicksale, tragische Wende-Verlierer, Erlebnisse, die jeden wütend und bitter machen würden. Wer seinen Job verliert, interessiert sich kaum für eine Statistik, die besagt, dass der Lebensstandard der Deutschen durchschnittlich deutlich gestiegen ist. Hinzu kommt: Viele DDR-Bürger hatten seit langem eine große Könnerschaft im defätistischen Nörgeln entwickelt, im deprimierten Abwinken, in grundsätzlichem Schwarzsehen. Es war die resignierte Antwort auf den klirrenden Parolen-Optimismus nach dem Motto: »Mit Klugheit und Elan – alles für den Plan.« Der Nachwende-Blues aus den östlichen Bundesländern hat zwar einen anderen Text, aber denselben Ton. Das alles ist verständlich. Falsch bleibt es dennoch. Und unerträglich wird es, wenn diejenigen ihre besserwisserische Betroffenheitslyrik vortragen, die die Wiedervereinigung von der westdeutschen Empore der gesicherten Verhältnisse aus beobachtet haben. Und nun erklären, was alles falsch gelaufen ist.

Gesamtdeutsch wird heute auf hohem Niveau geklagt. Nicht alles ist gut, aber das meiste ist besser, denkt man, wenn man durch die von der Umweltkloake zur Naturschutzzone gewandelte Region Bitterfeld fährt oder durch die strahlend renovierten Städte Halle, Eisenach oder Leipzig und sich erinnert, wie es dort Mitte der 1980er Jahre ausgesehen hat. Nur hätte sich damals keiner getraut, darüber öffentlich schlecht zu reden. Heute darf das jeder, mit breitgeschwellter Brust. Das ist der allergrößte Fortschritt.

Mit einer gewissen Verdruckstheit, mit dem schlechten Gewissen des Kolonialherren sind die ersten Unternehmer und Politiker nach dem 9. November 1989 und vor allem nach dem 3. Oktober 1990 aufgetreten. Das hat niemanden daran gehindert, sie als arrogante »Besserwessis« und herablassende Sieger zu beschimpfen. Aber es hat dem ganzen Vorgang einen bis heute falschen Klang gegeben. So, als müssten Westdeutsche sich schämen oder zumindest rechtfertigen, dass die Ostdeutschen bekommen hatten, wonach sie riefen: Demokratie, Marktwirtschaft, Freiheit. Ganz so, als hätten die Westdeutschen sich die DDR auf krumme Tour unter den Nagel gerissen und müssten sich jetzt dafür rechtfertigen, dass Wohlstand nicht auf Knopfdruck allen gleichzeitig und gleichviel zur Verfügung steht. Was für ein Missverständnis! Hinzu kam, dass man – von schlechtem Gewissen geplagt – falsche Kompromisse für nötig hielt. Nach dem Motto: Die Wahrheit liegt in der Mitte. Wie kommt man darauf, dass die Wahrheit zwischen einem Rechtsstaat und einem Unrechtsstaat in der Mitte liegt? Wollten wir den Halbrechtsstaat? Wer glaubt denn ernsthaft, dass die Wahrheit zwischen Marktwirtschaft und Planwirtschaft in der Mitte liegt? Wollten wir eine gesamtdeutsche DDR light?

Die Wiedervereinigung war die größte Gelegenheit zur persönlichen Glückserfüllung seit vielen Jahrzehnten. Gesagt hat das kaum jemand. Stattdessen hat man verwaltet, neue Vorschriften und Gesetze erlassen und ein paar Floskeln zur Begrüßung gemurmelt wie »Wir haben Respekt vor euren Biographien«. Dann ging man zur Tagesordnung über. Geglaubt hat das keiner. Dieses Verhalten war so authentisch wie das von Erwachsenen, die sich bei jungen Leuten durch einige Vokabeln aus der Szenesprache beliebt zu machen versuchen. »Echt cool« ist dann echt peinlich. Und als dann nach 1990 außer dem »Sandmann«, »Rotkäppchen« oder dem »grünen Pfeil« an der Ampel kaum etwas übriggeblieben war von der DDR, fiel die Enttäuschung umso größer aus – und die Glaubwürdigkeit des guten Onkels aus dem Westen war ramponiert. Selbst die finanziellen Opfer sahen plötzlich nach Hinterlist aus. Jede Investition ein Trick. Sogar der Soli, sicher eine Finte. In den Köpfen vieler Leute triumphierte Karl Eduard von Schnitzlers »Schwarzer Kanal«: So ist er eben, der imperialistische Westen. Und wenn Kohl von »blühenden Landschaften« sprach, dann lachte das Kabarett (und heimlich sogar das Kabinett).

Mehr Selbstbewusstsein, mehr heiterer Stolz auf die geglückte Revolution, mehr Mut zur großen Emotion der Wiedervereinigung, mehr Aufbruchsstimmung zum »in die Hände spucken« hätten vielleicht auch diesem Neuanfang etwas mehr Zauber verleihen können. Man hätte diejenigen zu Verbündeten machen können, die ihr Leben für die Freiheit riskiert haben – man hätte andere damit anstecken können. Und wo sind heute eigentlich die Denkmäler für die Helden der friedlichen Revolution für die Freiheit? In jedem kleinen Dorf finden sich Erinnerungssteine für die Toten der Kriege. Warum nicht Denkmäler für diejenigen, die mit ihrem Mut Unterdrückung und Tod beendet und Freiheit ermöglicht haben? Vielleicht ist dies die traurigste Volte der deutschen Einheit: dass nach der friedlichen Revolution für die Freiheit ausgerechnet die Freiheit zu kurz gekommen ist – weil niemand sie wirklich feiern wollte. Selbst in Helmut Kohls Erinnerungen liest man von seiner Befürchtung, die euphorisierte Menge vor der Ruine der Dresdener Frauenkirche könnte nach seiner Rede vom 19. Dezember 1989 das Deutschlandlied anstimmen und der Welt den Eindruck nationalistischen Überschwangs vermitteln – keine unberechtigte Sorge, wie Kommentare argwöhnischer Journalisten und Politiker aus dem Ausland zeigten.

Der 9. November bleibt ein deutscher Schicksalstag. Glanz und Elend deutscher Freiheitsgeschichte spiegeln sich in diesem Datum: Am 9. November 1848 wurde der Abgeordnete Robert Blum in Wien erschossen, der Anfang vom Ende der Märzrevolution. Er starb mit den Worten: »Ich sterbe für die deutsche Freiheit.« Ein Vorbote der Freiheit. Am 9. November 1918 wurde die Abdankung des letzten deutschen Kaisers verkündet und die Republik ausgerufen. Ein Erfolg der Freiheit. Am 9. November 1923 versuchte Adolf Hitler einen Putsch und marschierte auf die Münchener Feldherrnhalle. Eine Attacke auf die Freiheit. Am 9. November 1938 wurden jüdische Geschäfte zerstört, antisemitische Hasstiraden an Häuserwände geschmiert, Synagogen angezündet, Hunderte Juden ermordet und Tausende inhaftiert, um den Antisemitismus als offizielle Staatsraison zu etablieren. Die Kapitulation der Freiheit. Und am 9. November 1989 überwanden die Bürger der DDR zum ersten Mal unbehelligt die Mauer zum anderen, bisher verbotenen Teil Deutschlands. Eine Revolution für die Freiheit.

Im Turm des Rathauses Schöneberg in Berlin hängt eine Glocke, die die Berliner nur fünf Jahre nach dem Krieg geschenkt bekamen: von 16 Millionen US-Bürgern, die in 26 Städten dafür gespendet hatten. Die Glocke trägt eine Inschrift: »That this world under God shall have a new birth of freedom.« Dank dem Mut vieler Deutscher zur Freiheit ist diese Inschrift wahr geworden.

Die Freude über den 9. November 1989 gilt gemeinhin dem Mauerfall. Mauerfall klingt harmlos. Als wenn da ein Mäuerchen in sich zusammengefallen wäre, weil es morsch war. Aber die Mauer ist nicht von selbst gefallen, sie ist zu Fall gebracht worden. Für die Abschaffung einer Grenze mit Todesstreifen, Elektrostacheldraht, Suchscheinwerfern, abgerichteten Hunden und Schießbefehl haben Menschen ihr Leben aufs Spiel gesetzt. Und dabei Frieden gewahrt. Es war eine friedliche Revolution für die Freiheit.

Alle großen Revolutionen waren gewaltsam, forderten zahlreiche Todesopfer. Es gab gewaltarme Revolutionen, etwa die »Glorious Revolution« von 1688 in England, bei der König Jakob II. gestürzt wurde. Oder die philippinische Revolution von 1986. Gewaltarm – aber mit mehr als 800 Toten nun wirklich nicht gewaltlos – war die Revolution, die im Jahr 2011 in Ägypten Präsident Husni Mubarak aus dem Amt getrieben hat.

Schal und traurig wäre eine deutsche Revolution gewesen, die Grenzsoldaten erschießt, um ein System zu überwinden, das Menschen erschossen hat, die eine Grenze überwinden wollten. Die Revolution, die zum 9. November 1989 geführt hat, ist vermutlich die erste große Revolution der Geschichte, die tatsächlich, von Anfang bis zum Ende, direkt und indirekt, ganz ohne tödliche Gewalt ausgekommen ist. Dass das ausgerechnet in Deutschland gelang, das ist: die reine Freude.

Klang der Freiheit – Richard Wagner: »Die Meistersinger von Nürnberg«

Als ich »Die Meistersinger von Nürnberg« zum ersten Mal hörte, mochte ich die Oper nicht. Und das, was ich zuerst über sie hörte, noch weniger: die deutsche Nationaloper. Hitlers Lieblingswerk. Das Schlüsselwerk über deutsche Kunst. Wagners einzige komische Oper. Wagners Abrechnung mit der jüdischen Kunstkritik. Nichts für mich.

Heute, mehr als dreißig Jahre und viele Meistersinger-Aufführungen später, sehe ich das anders. »Die Meistersinger von Nürnberg« sind neben Wagners Opus summum, dem »Ring des Nibelungen«, und seinem musikalisch revolutionärsten Stück, »Tristan und Isolde«, eine der drei wichtigsten Arbeiten des Komponisten und eines der bedeutendsten Kunstwerke des Musiktheaters überhaupt. Vor allem aber sind die »Meistersinger« die Freiheitsoper schlechthin. Und das, obwohl das Werk doch Carl Dahlhaus und vielen anderen Musikwissenschaftlern zufolge vor allem als *die* deutsche Nationaloper gilt.

Im Opernrepertoire gibt es zwei große deutsche Nationalopern und zwei große deutsche Freiheitsopern. Die eine Nationaloper ist »Der Freischütz« von Carl Maria von Weber. In dieser »romantischen Oper« schlechthin steht neben einer sehr populären Liebesgeschichte vor allem der in der Wolfsschlucht düster dräuende deutsche Wald im Vordergrund. Der Wald, der romantische

Wald, dieser Nationalmythos der Deutschen, spielt die Hauptrolle. In der zweiten deutschen Nationaloper, den »Meistersingern«, ist die Kunst das Hauptthema.

Die eine deutschsprachige Freiheitsoper ist »Fidelio« von Ludwig van Beethoven. Er selbst hat sie ausdrücklich als »Befreiungsoper« bezeichnet. Grundlage des Librettos ist die Geschichte der Madame de Tourraine, die als Mann verkleidet ihren Gatten aus der Gefangenschaft der Jakobiner in Tours befreit. Es geht also im sehr wörtlichen Sinne um Befreiung aus dem Kerker. Der Gefangenenchor am Ende des ersten Aktes hat es zu einiger Popularität – allerdings nicht ganz zu der von Verdis Gefangenenchor aus »Nabucco« – gebracht. Richard Wagner wurde nach eigenen Angaben stark von Beethovens »Fidelio« geprägt – wohl auch bei der Komposition der »Meistersinger von Nürnberg«, der zweiten großen deutschen Freiheitsoper. Hier geht es um Befreiung im metaphorischen Sinne. Genauer, um die Freiheit der Kunst und ihre Selbstbefreiung. Das heißt: Die »Meistersinger« sind beides: Nationaloper und Freiheitsoper zugleich.

Der Musikkritiker Joachim Kaiser hat die »Meistersinger« die »reichste, dramaturgisch dichteste Oper des 19. Jahrhunderts, aber gewiss das abgründigste philosophische Kunststück, das je über die Rolle der Kunst komponiert worden ist« genannt. Und in der Tat fasziniert dieses Werk vor allem durch das Doppelbödige und Ambivalente, das sich hinter der Festwiesenseligkeit dieser wortreichsten und einzigen scheinbar komischen Oper Wagners auftut. Carl Dahlhaus nennt sie »das Werk eines Humors, dem nicht zu trauen ist«.

»Die Meistersinger von Nürnberg« erzählen die Geschichte eines Künstlers, Walther von Stolzing, der die Konvention sprengt. Und eines Spießers, Beckmesser, der gar nicht so spießig ist, wie es scheint. Und eines Gönners, Hans Sachs, der keineswegs so gönnerhaft ist, wie er tut. »Fort in die Freiheit, dahin gehör' ich, dort wo ich Meister im Haus«, ruft der Ritter Walther von Stolzing aus, nachdem er beim Probesingen von der versammelten Gilde der Nürnberger Meistersinger eine grobe Abfuhr erhalten hat. Versungen und vertan. Das ließe sich verschmerzen, ginge es nicht um Eva Pogner, die Tochter des örtlichen Goldschmieds. Meister Pogner hat versprochen, seine schöne Tochter demjenigen zur Frau zu geben, der beim Preissingen auf der Festwiese das schönste Lied vorträgt: »Ein Meistersinger muss es sein, nur wen ihr krönt, den darf sie frei'n.«

Walther von Stolzing braucht also die Billigung der Meistersinger und muss in deren Zunft aufgenommen werden. Nur: Was ist das für eine Gesellschaft? Wagner selbst hat sie 1845 bei der ersten Konzeption als »meistersingerliche Spießbürgerschaft« beschrieben. Deren Gesetz ist die sogenannte Tabulatur, in der alle Regeln der Singschule festgehalten sind. Zum Beispiel die formale Anlage eines Meisterliedes oder die überlieferten Melodien, etwa »die Regenbogen-, die Nachtigallweis«. Walthers Rivale um Evas Hand ist ausgerechnet der Anführer dieser Gesellschaft, Sixtus Beckmesser, der als »Merker« das Probesingen abnimmt und penibel auf die Einhaltung der Regeln pocht. Die Grundspannung zwischen Unfreiheit auf der einen und Freiheit auf der anderen Seite ist angelegt.

Übrigens atmet auch der sozialpolitische Entwurf der »Meistersinger« einen dezidiert freiheitlichen Geist.

Es ist die »Utopie der Selbstregierung«, sagt Wagner-Experte Udo Bermbach. Im Nürnberg von Wagners »Meistersingern« sind die traditionellen Standesgrenzen aufgehoben. Der Ritter Walther von Stolzing muss ein Bürgerlicher werden, damit er um Eva werben kann: »Als seines Stammes letzter Sproß verließ er neulich Hof und Schloss und zog nach Nürnberg her, dass er hier Bürger wär'.« Umgekehrt trägt der »Schuhmacher und Poet« Hans Sachs fast aristokratische Züge. Im Finale huldigt ihm die Stadt: »Heil! Nürnbergs teurem Sachs!« Und Walther, der die Meisterwürde nach den erlittenen Kränkungen zunächst ablehnt, muss sich belehren lassen: »Nicht Euren Ahnen, noch so wert, nicht Eurem Wappen, Speer noch Schwert, dass Ihr ein Dichter seid, ... dem dankt Ihr heut' Eu'r höchstes Glück.«

Die soziale Stellung verdankt sich allein der Phantasie und Kreativität. In diesem, wie Dieter Borchmeyer es formuliert, »ästhetischen Staat« Nürnberg herrscht keine Zensur, kein Geschmacksdiktat einer Elite – einziger Maßstab ist die Natur, die sich in der Zustimmung des Volkes manifestiert: »Und ob ihr der Natur noch seid auf rechter Spur, das sagt euch nur, wer nichts weiß von der Tabulatur. ... Drum möcht' es euch nie gereuen, dass jährlich am Sankt-Johannis-Fest, statt dass das Volk man kommen lässt, herab aus hoher Meisterwolk ihr selbst euch wendet zu dem Volk. Dem Volke wollt ihr behagen; nun dächt' ich, läg es nah, ihr ließt es selbst euch auch sagen, ob das ihm zur Lust geschah!« Ein höchst demokratischer, freiheitlicher Ansatz.

Nachdem Walther von Stolzing beim ersten Vorsingen durchgefallen ist, redet er der Anarchie, der Regellosigkeit das Wort. Er plant, mit Eva durchzubrennen.

Das aber verhindert Hans Sachs, der die Straße von seiner Schusterstube aus im Blick behält. Wohl hat er vor, Walther und Eva zu helfen. Aber nicht, indem er eine Flucht aus der bürgerlichen Ordnung zulässt, sondern indem er eine Revolution von innen unterstützt.

Walthers Lied hat es ihm auf merkwürdige Weise angetan: »Doch wie wollt' ich auch fassen, was unermesslich mir schien? Kein' Regel wollte da passen, und war doch kein Fehler drin. Es klang so alt und war doch so neu, wie Vogelsang im süßen Mai!« In der »Schusterstubenszene« zu Beginn des dritten Akts befreit er Walther als väterlicher Freund und Lehrer aus dem Korsett des Regelwerks. Walther fragt in dem zentralen Wortwechsel der Oper: »Wie fang' ich nach der Regel an?« Sachs antwortet: »Ihr stellt sie selbst und folgt ihr dann.«

Es ist der Schlüsselsatz dieser Oper. Wagner hat hier den Kern von künstlerischer Freiheit beschrieben: das Antiautoritäre der Kunst, die Autonomie des Nonkonformisten, der Regelverstoß alles Kreativen, das »Sich-selbst-Regeln-Stellen«. Die Regelversessenheit der »Meister«, Repräsentanten der Konvention, prallt auf den Regelverstoß Stolzings, den unkonventionellen Künstler. Die Gegenüberstellung ist klar – hier Bewahrer, da Erneuerer, hier Technokrat, da Genie. Bemerkenswert ist, dass Wagner der Freiheit des Künstlers auch eine gewisse Verbindlichkeit auferlegt. »Und folgst ihr dann« bedeutet die Verpflichtung, die selbst gesetzten Paradigmen zu vertreten, zu verteidigen, diszipliniert einzuhalten. Das Dionysische ist eben kein Selbstzweck. Es beinhaltet die apollinische Pflicht, der Regel zu folgen, und sei sie auch selbst gesetzt.

Besonders personalisiert und polarisiert wird dieser Kontrast zwischen Bewahrer und Erneuerer, zwischen dionysischer und apollinischer Kunstauffassung durch die Konstellation Beckmesser/Sachs. Beckmesser verkörpert – zu Beginn des Werkes – den Inbegriff des intoleranten Kritikers. Wagner hat hier seine ganze Wut auf den damaligen Wiener Großkritiker Eduard Hanslick entladen, eine Kritikerstimme von europäischem Gewicht. Hanslick verteidigte die Musikideale von Johannes Brahms und äußerte sich über die Wagner'schen Neuerungen sehr skeptisch. Wagner hasste Hanslick dafür und lieferte mit den spießig verstockten Beckmesser eine beißende Parodie, die im Adjektiv »beckmesserisch« sprichwörtlich geworden ist.

In der späteren Rezeptionsgeschichte des Werkes wurde Beckmesser mitunter als Ventil für Wagners Antisemitismus gedeutet. Theodor W. Adorno wurde am deutlichsten: »All die Zurückgewiesenen in Wagners Werk sind Judenkarikaturen.« Zu ihnen gehöre neben Alberich und Mime im »Ring des Nibelungen« der »impotente, intellektuelle Kritiker Hanslick-Beckmesser«. Denkt man dann noch Wagners unsägliche Schrift »Das Judenthum in der Musik« (1850) hinzu, scheint alles zu passen. Seit der Mitte des 20. Jahrhunderts ist die Deutung der Beckmesser-Szenen als Ausdruck antisemitischen Ressentiments weithin akzeptiert: Der giftige, missgünstige »Merker« sei die Personifizierung des zersetzenden jüdischen Kritikasters. Die Nazis setzten diesem antisemitischen Klischee dann das arische Ideal der konstruktiven Kunstbetrachtung entgegen – der Kritiker als eine die völkischen Kulturideale preisende konstruktive Kraft, als Ja-Sager, dem das Nein-Sagen verboten ist. Joseph Goebbels' Kunstbetrachter als Anti-Beckmesser.

Beckmessers Gegenspieler ist Hans Sachs, der Schuster, der zwar selbst Meistersinger ist, aber Sympathie für die Regelverstöße Stolzings hat. »Dem Vogel, der heut sang, dem war der Schnabel hold gewachsen; macht er den Meistern bang, gar wohl gefiel er doch Hans Sachsen«, sagt er im zweiten Akt zu sich selbst. Und Eva erklärt er: »Meister wird der in keinem Land, denn wer als Meister geboren, der hat unter Meistern den schwersten Stand.« Hans Sachs trägt fraglos autobiographische Züge Wagners; in ihm hat er sich – keineswegs uneitel – selbst inszeniert.

Bemerkenswerter aber als diese Polarisierung ist die Entwicklung der Figuren. Im Laufe der Oper hilft Sachs Stolzing dabei, dass sein Lied, das inhaltlich noch der Minnesängerwelt entstammt, musikalisch aber freizügig alle Konventionen bricht, am Ende doch noch den formalen Regeln des Meistergesangs entspricht und sich beim entscheidenden Duell auf der Festwiese durchsetzen kann. Warum macht er das? Warum lässt er Stolzing nicht so gewinnen, wie er ist – wirklich innovativ? Und vor allem: Warum singt Sachs zum Schluss jenes als nationalistisches Gedöns verpönte »Ehrt Eure deutschen Meister!« und verteidigt darin genau die Spießer, die sich ihm in den viereinhalb Stunden des Stückes aufs Unangenehmste in den Weg gestellt haben? Warum wird der liberale Freidenker, der Verteidiger der freien Kunst, plötzlich auf den letzten Metern zum nationalistischen Vertreter des Establishments?

Ich habe diese Volte über Jahre und Jahrzehnte während vieler »Meistersinger«-Inszenierungen nie ganz verstanden. Warum singt dieser Mann, der uns die ganze Zeit so sympathisch war, plötzlich so einen dumpfen Unsinn? »Habt Acht! Uns dräuen üble Streich: zerfällt erst deutsches Volk und Reich, in falscher welscher Majestät kein Fürst bald mehr sein Volk versteht, und welschen Dunst mit welschem Tand sie pflanzen uns in deutsches Land; Drum sag ich Euch: ehrt Eure deutschen Meister!«

Der Schock über so viel Chauvinismus ist groß – und Peter Konwitschny hat ihn in seiner Hamburger Inszenierung von 2002 szenisch erfrischend direkt umgesetzt. Er lässt die Meistersinger aus ihrer jeweiligen Rolle fallen und zum Darsteller von Hans Sachs sagen: »Mensch Wolfgang, was singst Du da für'n Scheiß?« Die Musik bricht einfach ab, etwa drei Minuten vor Schluss der Oper. Zwischen den Sängern entspinnt sich eine Diskussion. Man müsse diese Zeilen übersetzen. Seien es im 18. und 19. Jahrhundert die »welschen«, also die französischen und italienischen Einflüsse gewesen, die das deutsche Kultur- und Geistesleben bestimmt und von der eigenen Tradition entfremdet hätten, so seien es heute vielleicht die Einflüsse der amerikanischen Populärkultur: »überall Fun« statt »überall Wahn«. So gesehen, seien Wagners Verse nur eine Stellungnahme gegen die kulturelle Beliebigkeit.

In der Tat hat Wagner eine frühere Version – »Zerging das Heil'ge Römische Reich in Dunst, uns bliebe doch die heil'ge deutsche Kunst« – bereits 1851 notiert, also zwanzig Jahre vor der Reichsgründung. Der des Beschönigens sicherlich unverdächtige Thomas Mann schrieb dazu in seinem Essay »Leiden und Größe Richard Wagners« 1933: »Gerade diese Verse, die ersten, die feststanden und sich schon am Schlusse der frühesten Skizze finden ..., beweisen die vollendete Geistigkeit und Politikfremdheit des Wagnerischen Nationalismus: Sie bekunden eine schlechthin anarchische Gleichgültigkeit gegen das Staatliche, falls eben nur das geistig Deutsche, die ›Deutsche Kunst‹ gewahrt bleibe.« Ähnlich der Musikwissenschaftler Carl Dahlhaus: »Die Festwiesenszene ist, ebenso wie das germanische Sujet der ›Ring‹-Tetralogie, chauvinistisch missbraucht worden. ... Sie ist weniger ein Ausdruck von politischem Ehrgeiz, als dass sie an Nietzsches Satz erinnert, dass die Kunst die einzige Rechtfertigung des Lebens sei.« Und auch der Dirigent Christian Thielemann betont: »Wagner geht es um die Meister. Und um die Kunst. Nicht um die Nation. Wagner war ein Meister. Ein deutscher Meister. Er hat hier über sich gesprochen. Nicht über Politik.«

Die Inszenierung von Wagners Urenkelin Katharina Wagner in Bayreuth, ihre erste eigene Inszenierung auf dem Grünen Hügel überhaupt und ihre Visitenkarte für die Nominierung als Festspielleiterin, stellt die Freiheit der Kunst und das Freiheitsringen der Künstler besonders deutlich in den Vordergrund. Während zum Ende des ersten Aktes Stolzing seine ungewöhnliche Interpretation des Liedgesangs zum besten gibt, setzt er ein Puzzle, das eine Nürnberger Stadtansicht zeigt, verkehrt herum zusammen. Er stellt das alte, traditionelle Nürnberg auf den Kopf. Er stellt die Regeln auf den Kopf. Beckmesser versucht verzweifelt, alles wieder gerade zu rücken, indem er das Puzzle richtig herum zusammenfügt. In der Musik aber gewinnt Stolzing gegen den meckernden Beckmesser. Und später, während der berühmten Prügelszene, in der sich die alte Ordnung auflöst, fangen die starren Dichter- und Komponisten-Gipsbüsten in dem konventionellen Meistersaal plötzlich an, sich zu bewegen und schließlich zu verwandeln. Aus den künstlerischen Hausgöttern der deutschen Klassik werden plötzlich Ikonen der zeitgenössischen Kunst: Campbell's Suppendosen statt Gipsköpfe, Warhols Pop statt Goethes Klassik.

Hans Sachs ist hier ein Alt-68er, der sich mit offenem schwarzen Hemd, barfuß und eine Zigarette nach der anderen rauchend über seine Meistersinger-Kollegen ärgert, die stapelweise Reclam-Hefte studieren, um nachzuweisen, dass Stolzing die Regeln der Kunst verletzt. In der 2010 überarbeiteten Fassung der Inszenierung des Jahres 2007 hat Katharina Wagner das Rollenspiel noch zugespitzt. Stolzing, der früher alle Gegenstände mit seinen weißen Graffiti-Tags beschmiert hat, baut jetzt, in der neuen Version, eine Installation aus einer Leiter, einer Plastiktüte, einem Staubsauger und einer Schiller-Büste, in die er gewaltsam Stuhlbeine stößt, als wär's eine Skulptur von Erwin Wurm. Der Künstler als Rebell und kreativer Zerstörer. Vor allem aber: Hier der Nonkonformist, dort die Spießer und da, in Gestalt von Sixtus Beckmesser, der Oberspießer. So weit, so gut und üblich.

Doch dann, im dritten Akt, beginnt eine merkwürdige Wandlung, die Stolzing, Sachs und Beckmesser, alle drei Künstler mit klaren Standpunkten und dezidierten ästhetischen Präferenzen, als höchst ambivalente Wesen erscheinen lässt. Stolzing, der Nonkonformist und Kunstrevolutionär von eben, beginnt sich anzupassen, komponiert sein Preislied um, fügt sich dem kommerziellen Massengeschmack. Um erfolgreich zu sein, macht er, was gefällt. Hans Sachs, zu Beginn der Achtundsechziger, der Freigeist, der liberale Kopf, wird mehr und mehr zum Bewahrer der guten Tradition. Er tauscht, wie weiland Joschka Fischer, das Schlabberhemd und die Turnschuhe gegen einen dunklen Anzug mit Krawatte und handgenähtem englischen Schuhwerk. Er trainiert Stolzing auf Mainstream wie ein moderner Musikproduzent, der seinen Ghetto-Star zur Chart-Tauglichkeit umerzieht. Auf dem Weg zum Erfolg ist er zur konservativen Speerspitze geworden. Plötzlich verteidigt er die Regeln der deutschen Meister – was zum einen der Achtung vor dem sängerischen Handwerk, zum anderen aber auch der nationalistisch-intoleranten Seite des scheinbar so Toleranten geschuldet ist.

Die radikalste Wandlung aller Figuren aber durchlebt der einstmalige Traditionalist und Pedant Beckmesser. Er erlebt die wahre Befreiung in diesem Stück. Am Ende taucht er im coolen schwarzen T-Shirt auf und feiert sein Coming-out als freier Künstler. Aus einem Erdhaufen schafft er, während er singt, etwas Neues – halb Bildhauer-Bohemien, halb Gott der Genesis. Er ist plötzlich der wahre Gestalter. Musikalisch geht das durchaus auf: Seine Version des Preisliedes hat etwas Anarchisches. Beckmesser löst die alte Ordnung auf. Er versucht nicht mehr, irgendeinem Massengeschmack zu gefallen. Während Hans Sachs in reaktionär-nationalistisches Pathos verfällt, wird Beckmesser zum belächelten Outcast, zum wahren Erneuerer, zum Modernsten von allen.

Beckmessers musikalische Modernität zeigt sich in der Partitur schon in einer früheren Szene, dem Beginn seiner Wandlung. Geschunden von der Schlägerei, kommt er morgens hinkend in Sachs' leere Werkstatt. Diese Szene, die sogenannte Pantomime, illustriert Wagner mit rein instrumentalen Mitteln. Die Regieanweisungen für Beckmesser lauten: »Er macht wieder einige Schritte, knickt aber mit den Knien ... Er wird von den verdrießlichsten Erinnerungen und Vorstellungen gepeinigt; immer unruhiger beginnt er sich den Schweiß von der Stirn zu wischen.« Musikalisch ist dies die wahrscheinlich progressivste Passage der »Meistersinger«. Die mühsame Fortbewegung wird durch punktierte, chromatisch absteigende Linien nachgezeichnet, die Erinnerungsfetzen an das misslungene Ständchen und die Prügelei durch Violinphrasen, die im hohen Register irrlichtern. Vor allem: Die Musik karikiert nicht, sondern lässt echte menschliche Anteilnahme erkennen. Das immer wieder erklingende »Wahn«-Motiv gibt der Figur Beckmessers Tiefe und Tragik.

In der musikalischen Charakterisierung Beckmessers ist Wagner selbst der Neuerer. Carl Dahlhaus hat diese Ambivalenz – gerade auch im Vergleich zum scheinbar so progressiven Stolzing – so beschrieben: »Stolzings Lieder sind nichts weniger als neue Musik. Kantabler Schwung verbindet sich in ihnen mit einem Zug ins Weite. Neue Musik war aber im späteren 19. Jahrhundert nicht die kantable, sondern die charakteristische. Und ein Modellfall des Charakteristischen und stilistisch Avancierten ist in den ›Meistersingern‹ gerade die Pantomime Beckmessers, des Traditionalisten.«

Der Festwiesenaufzug entgleitet schließlich zur surrealen Phantasmagorie. Die deutschen Meister tauchen als riesige Grotesk-Masken auf – Goethe, Lessing, Kant, E.T.A. Hoffmann und andere heben das Tanzbein und pfeifen auf die Tradition. Und während Sachs von der heil'gen deutschen Kunst schwärmt, wird ein modernes Regietheater-Team gelyncht. Bei der Premiere in Bayreuth reagierte das Publikum auf keine Szene so empört wie auf diese und machte damit sehr deutlich, dass nun doch – und zwar endgültig – die Grenzen des guten Geschmacks überschritten seien.

Katharina Wagner hat hier auf freche, bildmächtige Weise eigene Grenzen ausgelotet. Wie weit darf man im Weihetempel der Wagner-Tradition gehen? Wo sind der künstlerischen Freiheit Grenzen gesetzt? Und wer ist eigentlich wirklich mutig und frei: der so erscheint oder der, der stur genau das macht, was er für richtig hält, also etwas, das möglicherweise gerade nicht dem Zeitgeist entspricht? Und was ist überhaupt Zeitgeist, was ist »comme il faut«? Mal ist es die Tabulatur der Meister. Mal der Zwang zur Lockerheit eines modernistischen Zeitgeschmacks. Künstler entsprechen eben keinem Klischee. Und manchmal ist das ganz Neue das ganz Alte – und umgekehrt. Die einfachen Schablonen, hier der Gute, da der Böse, hier der Progressive, dort der Reaktionäre waren schon Richard Wagner zu dumm. Er wusste: In jedem Künstler wohnt beides – Regelbrecher und Regelbewahrer. Frei ist die Kunst nur, wenn sie sich nicht nur von erstarrten Konventionen, sondern von sämtlichen Rollenerwartungen befreit.

Vor den »Meistersingern« hatte Wagner »Tristan und Isolde« komponiert, ohne Zweifel das musikalisch revolutionärste Werk in seinem Œuvre, vielleicht das radikalste Innovationsstück seines Jahrhunderts. Im »Tristan« wird die traditionelle Tonalität an ihre Grenzen geführt, Schritt für Schritt aufgelöst und in neues, freies Terrain entlassen. Die alte, über Jahrhunderte bewährte Regel, dass Dissonanzen in Konsonanzen überführt werden, dass also die Spannung irgendwann harmonisch gelöst wird, gilt plötzlich nicht mehr. Die Chromatik, das harmonische Fortschreiten in Halbton-Intervallen, wird zum zentralen kompositorischen Merkmal. Der Tristan-Akkord, jenes Sehnsuchtsmotiv, das seinerzeit feinnervige Gemüter reihenweise in Ohnmacht fallen ließ, ist Chromatik pur. Wagner brach mit allen Tabus und schuf als radikalromantischer Regelverletzer nicht nur einen neuen Typus des Musikdramas, sondern de facto auch die Befreiung der Musik von traditioneller Tonalität. Er wurde so zum Wegbereiter der Frei-, Zwölf- und Atonalität. Wagners Zeitgenossen sahen das mehrheitlich kritisch und fürchteten – ganz wie die Nürnberger Meister – Chaos und Anarchie.

Nur drei Jahre nach der Uraufführung von »Tristan und Isolde« aber schuf Wagner mit den »Meistersingern von Nürnberg« ein Werk, das mitnichten den Weg der unaufgelösten Dissonanzen, der Chromatik und der freien Form weiterging. Im Gegenteil: Rein musikalisch sind die »Meistersinger« ein Rückschritt. Recht brav folgen sie den Regeln der Diatonik und spielen allenfalls dramaturgisch mit den Formen des Musikdramas, des Singspiels, der Komischen Oper. Warum machte Wagner das? Weil ihn die Angst vor der eigenen Courage beschlich? Das passt nicht. Sonst hätte er später nicht den »Parsifal« komponiert. Wohl eher, weil er es einfach so wollte. Weil ihn der Stoff, die Formen reizten, mit denen er für sich ganz andere Grenzen testen und sprengen konnte. Und weil er den Erwartungen des Publikums eben nicht entsprechen wollte. Weil er sich genau die Freiheit nahm, von der die »Meistersinger« handeln. Nicht die Erwartungshaltung anderer Leute setzt die Regeln, sondern nur einer: der Künstler selbst. Der wirklich freie Schöpfer.

Nur – wie passt zum künstlerischen Freiheitspathos dieser deutschen Freiheitsoper ihre Rezeptionsgeschichte? Gilt das Werk nicht als Wagners »braunste« Oper überhaupt? Propagandaminister Joseph Goebbels bezeichnete die Oper als das »Deutscheste immerdar«, als »vollendeten Ausdruck des germanischen Wesens«. In den Kriegsfestspielen 1943 und 1944 waren die »Meistersinger« die einzige aufgeführte Oper in Bayreuth. Im Programmheft konnte man lesen: »Auf der Festwiese wirken außer dem Festspielchor Hitlerjugend, BDM und Männer der SS-Standarte Wiking mit.« Die *Deutsche Wochenschau* zeigte zu Hitlers 50. Geburtstag Bilder des festlich geschmückten Berlins mit den feierlichen Klängen des Meistersinger-Vorspiels, eines Lieblingsstücks Hitlers, unterlegt. Das Werk ist infolge seiner Usurpation durch die Nationalsozialisten zweifellos belastet. Die Prügelszene am Ende des zweiten Akts ist auch deshalb immer wieder als Pogrom inszeniert worden.

Nun könnte man einwenden: Kein Künstler kann etwas für seine Interpreten. Und der Missbrauch eines Kunstwerks für ideologische Zwecke darf nicht das Kunstwerk selbst diskreditieren. Die Sache wird aber schwieriger, wenn man liest, was Wagner selbst über »Das Judenthum in der Musik« geschrieben hat. Ich habe keine Lust, das zu verteidigen oder bis zur Unkenntlichkeit zu differenzieren. Wagner war ein Antisemit. Daran ist nicht zu deuteln. Am Ende bleibt nur ein – allerdings gewichtiges – Argument: Das Werk ist das Werk. Die Kunst spricht nur durch die Kunst. Mit dem Künstler und seinem Charakter und vor allem mit einer missbräuchlichen Rezeption darf das nicht verwechselt werden. Wenn wir nur dann von großer Kunst reden wollten, wenn sie von anständigen Menschen gemacht und geschätzt wird, würde das Gespräch ziemlich wortkarg. Und wenn wir auch noch die Künstler ausschließen würden, die irgendwann von politischen oder anderen Verbrechern verehrt wurden, dann herrschte Schweigen.

Die Janusköpfigkeit von Wagner – hier das künstlerische Genie, dort das persönliche Scheusal – hat Thomas Mann am besten auf den Punkt gebracht. Der »renitente Wagnerianer« schrieb 1911 in seiner »Auseinandersetzung mit Wagner«: »Zu keiner Zeit aber, auch nicht, als ich keine ›Tristan‹-Aufführung des Münchner Hoftheaters versäumte, wäre mein Bekenntnis über Wagner eigentlich ein Bekenntnis zu Wagner gewesen. Als Geist, als Charakter schien er mir suspekt, als Künstler unwiderstehlich.«

Wie geht man mit Wagners Antisemitismus um? In Israel gilt immer noch ein – von wenigen Ausnahmen durchbrochener – unausgesprochener Wagner-Boykott. Dass Wagner in Israel praktisch nicht gespielt wird, ist ebenso falsch wie verständlich. Im Sommer 2011 gastierte das Israel Chamber Orchestra zum ersten Mal in Bayreuth, auf dem Programm stand das »Siegfried-Idyll«. Eine große Geste, der man in Bayreuth nicht überall mit Gegenliebe begegnet ist. Einige der besten Wagner-Dirigenten und viele der glühendsten Wagnerianer sind Juden, darunter nicht wenige, die den

Missbrauch seiner Musik durch die Nazis selbst erlebt haben. Einer der bekanntesten ist Marcel Reich-Ranicki. Als ich ihn 1999 fragte, was ihn mit Wagner, dem Antisemiten, Geizhals, Neidhammel und genialen Komponisten verbinde, antwortete er: »Die Meistersinger von Nürnberg« und »Tristan und Isolde«. Und als ich nachfragte, warum ausgerechnet die »Meistersinger« sein Lieblingswerk seien, sagte er: »Das ist anders als ›Tristan‹ ein ganz breites Werk. In den Meistersingern findet sich alles, die große Oper, das Musikdrama, das Singspiel und sogar die Operette. Außerdem beschäftigen sich die Meistersinger mit meinem Beruf. In dieser Oper geht es doch auch um mich.« Und ein anderer Jude, der britische Verleger Lord George Weidenfeld, hält seit seiner Kindheit die »Meistersinger« für das größte aller Musiktheaterstücke: »In keiner anderen Oper ist das Streben der Kunst nach Freiheit so widersprüchlich und so wahrhaftig auf den Punkt gebracht wie hier«, sagte er. Weidenfeld schmiedet mit Bekannten derzeit den Plan, eine »Meistersinger«-Aufführung in einer Synagoge stattfinden zu lassen. Auf die Frage, ob es ihn nicht störe, dass es Hitlers Lieblingswerk war, antwortete er: »Hitler modert da in Berlin unter den Trümmern des Führerbunkers. Ich flaniere hier auf dem Pausenparkett der Bayreuther Festspiele. Warum sollte mich das stören?« Auch das ist eine Befreiung.

In der Musik der »Meistersinger«, in der Pantomime, im »Flieder-« und »Wahn«-Monolog und in der großen Chorfuge der Prügelszene hat Wagner das eingelöst, was er Hans Sachs fordern lässt: sich selbst eine Regel zu stellen und ihr dann zu folgen. Er hat die alte Nummernoper durch eine sich frei entwickelnde symphonische Struktur ersetzt. Er hat die einfache, symmetrische Melodik der traditionellen Opernpraxis in ein weites komplexes Gewebe, in eine »unendliche Melodie« verwandelt. Und er hat eine Geschichte erzählt, die die Freiheit der Kunst und des Künstlers in ihrer umfassendsten, kompliziertesten, widersprüchlichsten, unberechenbarsten Form behandelt. Wagner war – um mit Schumpeter zu sprechen – musikalisch der »kreative Zerstörer« des 19. Jahrhunderts. Er hat die künstlerische Freiheit zu einem Höhepunkt geführt. Und er hat ihre Abgründe erahnen lassen.

Bedrohung der Freiheit – 11. September 2001

»Machen Sie den Fernseher an. In New York ist etwas Schreckliches passiert«, rief die Sekretärin noch in der Tür des Konferenzraums, in dem der Vorstand der Axel Springer AG tagte, damals in Hamburg. Wir sahen die Bilder des rauchenden World Trade Centers, und noch während wir über die Ursachen des Unglücks redeten, schoss ein Flugzeug in den zweiten Turm. Sekundenlanges Schweigen. Allen war klar: Das ist kein Unfall, das ist ein Terrorakt von ungekanntem Ausmaß, das ist ein Angriff auf das Symbol des westlichen Lebensstils schlechthin – ein Angriff auf die Freiheit. Nur der Sitzungsleiter behielt die Tagesordnung im Blick. Die Konferenz wurde nach wenigen Minuten fortgesetzt. Es ging mit Powerpoint-Charts um die Essensbezuschussungsrichtlinie für unsere Kantinen, um Fünfmarksechzig oder Fünfmarkachtzig.

Am Ende dieses Tages würde die Welt nicht mehr so sein wie vorher. Darin ist der 11. September dem 9. November 1989 ähnlich, aber noch viel eindeutiger, härter, klarer. Am 9. November wusste man nicht, ob die neuen Verhältnisse morgen noch andauern würden. Am 11. September gab es kein Zurück mehr.

Walter Kempowski dokumentiert seine Wahrnehmung des Tages in »Echolot«: »Eben Hildegard: Ein grässliches Unglück in New York, Frau Hering hat angerufen … Wir stürzen vor den TV-Apparat. 400 m hoch. Wie Flöhe fliegen Leute raus, Flugzeug kommen gesehen. Einzelne winkende Menschen. Die stehen an den Fenstern, als ob sie Abschied nehmen wollen. Keine U-Bahn mehr, kein Bus. Leute verlassen die Hochhäuser. Staubwolken. Daß die Häuser überhaupt einstürzen können. Sogenannte unsinkbare Schiffe. Eine Titanic-Katastrophe. Ein dritter Weltkrieg, der schon lange in Gang ist. Leute, die noch rausgekommen sind. ›Das Pentagon steht in Flammen‹, das ist eigentlich das Symbol. Leute haben Choräle gesungen. Na. In Palästina tanzen die Leute.«

Dem Terrornetzwerk al-Qaida war ein beispielloser Erfolg gelungen. Am Vormittag des 11. September 2001 war das Zentrum des freien Westens an den wichtigsten Symbolen seiner wirtschaftlichen, militärischen und politischen Macht angegriffen und mit dem World Trade Center sogar vernichtend getroffen worden. De facto war die wichtigste Weltmacht paralysiert – mit der außerordentlichen Schließung der Börsen war klar: Das System steht still. Ausnahmezustand. Die Welt in Angst, die USA am Rande der Handlungsunfähigkeit.

Über 3500 Menschen kamen nach Angaben der Behörden bei den Anschlägen ums Leben. In den beiden Türmen des World Trade Center in New York starben 2752 Menschen, 125 im Pentagon, außerdem 427 New Yorker Feuerwehrleute und die 246 Insassen der vier beteiligten Flugzeuge. Nur 1629 der Opfer in New York konnten identifiziert werden. Allein der direkte wirtschaftliche Schaden der Anschläge in New York betrug nach Schätzungen von Experten mehr als vierzig Milliarden Dollar. Al-Qaida hatte den wirkungsvollsten Terroranschlag aller Zeiten verübt.

Wie gezielt die Aktionen der Qaida-Netzwerke gegen die freiheitliche Gesellschaftsordnung des Westens gerichtet sind, zeigt das von »al-Dschasira« am 7. Oktober 2001 ausgestrahlte al-Qaida-Video. Bin Laden tritt dort gemeinsam mit dem Exilführer des ägyptischen »Dschihad«, Aiman al-Sawahiri, und dem al-Qaida-Sprecher Suleiman Abu Ghaith in einem offenbar gebirgigen Versteck auf. Osama Bin Laden: »Die Schlacht zwischen dem Glauben und dem Unglauben hat begonnen. ... Amerika zittert, und Gott sei Dank. Was Amerika heute erlebt, erleben wir seit Jahrzehnten. ... Als eine kleine Einheit nun Amerika angegriffen hat, hat die ganze Welt geschrien. Die Ungläubigen haben geschrien und die Heuchler. ... Das ist eine Schlacht zwischen Glaube und Unglaube. ... Ich schwöre beim mächtigen Gott, der den Himmel ohne Säulen geschaffen hat, dass die USA und die Leute, die in den USA leben, niemals von Sicherheit träumen können oder diese erleben, bevor wir diese nicht auch tatsächlich in Palästina erleben und bevor alle ungläubigen Truppen vom Boden Mohammeds (des Propheten) verschwunden sind. Und Gott ist groß.« Abu Ghaith: »Die Kriegserklärung der Amerikaner gegen Osama Bin Laden und die Taliban ist eine Kriegserklärung gegen alle Muslime, und wir haben den Heiligen Krieg ausgerufen gegen die Juden und Christen. ... Das ist der Anfang vom Sturz der USA.«

Vordergründig geht es um die Vernichtung Amerikas und Israels. Das eigentliche Ziel wird aber durchaus deutlich: Der Kampf gilt den »Ungläubigen« dieser Welt, namentlich allen Christen und Juden – auch in Europa, auch bei uns. Die »Schlacht zwischen Glaube und Unglaube« meint die Religionsfreiheit in der westlichen Welt, die fundamentalistischen Moslems ein Dorn im Auge ist. Mit dem Entzug von Sicherheit soll dem Westen die verhasste Freizügigkeit seines Lebensstils ausgetrieben werden. Das sind, verkürzt, die Ziele des »Heiligen Krieges«. Das ist auch der Kern des radikalen Islamismus.

Immer wieder verschwimmt in diesem Zusammenhang der Unterschied zwischen Islam und Islamismus. Das eine ist eine Religion. Sie verdient Respekt, Verständnis, Toleranz. Das andere ist eine totalitäre Verbindung aus Politik und Religion, in vielen Fällen: Terror mit Hilfe einer für eigene Zwecke missbrauchten Religion. Kritik am Islamismus ist keine Kritik am Islam. Ebenso wenig wie sich Kritik am Nationalismus gegen die Nation richtet oder Kritik am Sozialismus gegen das Soziale. Im Gegenteil: Wer das Soziale verteidigen will, sollte den Sozialismus bekämpfen, wer die Nation schätzt, bewahrt sie vor Nationalismus. Und wer den Islam respektiert, hält ihn vom Islamismus fern.

Am 2. Mai 2011 stehe ich frühmorgens auf dem Evangelischen Friedhof Nikolassee in Berlin. Axel Springer wäre heute 99 geworden. Und wie immer liegen auf seinem nur von Efeu umwachsenen Grabstein ein paar Steinchen, die jüdische Freunde ihm dort nach alter Tradition hingelegt haben. Auf dem Rückweg zum Auto ziehe ich mein Handy aus der Tasche und lese die Nachricht: »Bin Laden tot«.

Nach Angaben der US-Regierung wurde Osama Bin Laden am frühen Morgen des 2. Mai 2011 von Spezialeinheiten der Navy Seals, den Elitekämpfern der US-Marines, im zweiten Stock seines Anwesens im pakistanischen Abbottabad erschossen. Bin Ladens Identität wird mit einer DNA-Analyse festgestellt und sein Leichnam noch am gleichen Tag an geheimer Stelle von Bord eines Flugzeugträgers im Arabischen Meer bestattet.

Barack Obama hat das zu Ende gebracht, was George W. Bush begonnen hatte. In der Terrorbekämpfung reicht amerikanische Staatsräson über alle Parteigrenzen hinweg. Da agieren Bush und Obama wie ein Mann. Obama gibt fast zehn Jahre nach dem Anschlag auf Amerika den Befehl zur Stürmung von Bin Ladens Unterschlupf in Pakistan. Das Risiko für ihn ist enorm, als Präsident fast existentiell. Geht die Sache schief und entkommt Bin Laden, ist der Präsident politisch erledigt. Deshalb ist es umso bemerkenswerter, dass Obama nicht die risikoärmere Variante eines Raketenangriffs wählt (geringes Risiko, Bin Laden nicht zu treffen, aber hohe Verluste an Menschenleben), sondern die für ihn viel gefährlichere Form der gezielten Ergreifung durch die Navy Seals (bei der weniger Menschen getötet werden, aber ein Scheitern viel wahrscheinlicher ist). Eine mutige Entscheidung.

Laut der ARD-Umfrage »Deutschlandtrend« vom Mai 2011 sahen 64 Prozent der befragten Deutschen keinen Grund zur Freude über Bin Ladens Tod. 42 Prozent meinten, dass die USA das Recht hatten, ihn zu töten. 52 Prozent waren der Ansicht, sie hätten sich um die Festnahme bemühen sollen. Eine Debatte entsteht. Darf man einen Massenmörder töten, quasi hochoffiziell mit Präsidentenbefehl? In den USA, einem Land, das in fast vormoderner Weise noch in vielen Bundesstaaten die Todesstrafe praktiziert, kaum eine Diskussion. In Deutschland, das die Todesstrafe auch aus der eigenen

Geschichte heraus abgeschafft hat, ein großes Thema. Als die deutsche Bundeskanzlerin in einer ersten Reaktion äußert, sie freue sich darüber, dass die Tötung Bin Ladens gelungen sei, erstattet der Hamburger Richter Heinz Uthmann Strafanzeige wegen »Belohnung und Billigung von Straftaten« gemäß § 140 StGB. Man kann das realitätsfremd und naiv finden. In solchen Diskussionen kann man aber auch die Ernsthaftigkeit und Sensibilität im Umgang mit einem hohen Gut, dem Rechtsstaat, sehen. Der Rechtsstaat ist kompliziert, widersprüchlich, zerbrechlich – wie die Freiheit. Je unbequemer, je kontroverser eine Gesellschaft über solche Fragen diskutiert, desto freier ist sie.

Selbst den Verbrechern des Dritten Reiches hat man keinen kurzen Prozess gemacht, sondern Nürnberger Prozesse.

War es richtig, Bin Laden zu töten? Natürlich darf oder muss man sich darüber freuen, dass einer der schlimmsten Massenmörder der Gegenwart nun nicht mehr morden (lassen) kann. Aber was sagt der Rechtsstaat? War es die legitime Tötung eines Kriegsgegners? Dann war es richtig. War es die Exekution eines Massenmörders ohne Urteil? Dann war es falsch. War es Tyrannenmord? Dann war es nötig. War es eine pragmatische Entscheidung, um weiteren Terror und Tote zu vermeiden? Dann war es unausweichlich. Triumph oder Trauma des Rechtsstaates? Ich weiß es nicht. Der Rechtsstaat ist hier, in seinem Arkanum, bewusst nicht eindeutig. Es gibt eine minimale Öffnung, eine allenfalls vorsichtig angedeutete Abwägung – keine Regelung. Den Gegnern des Rechtsstaats sind solche Differenzierungen und Skrupel fremd.

Es sieht nicht danach aus, dass mit dem Tod Osama Bin Ladens ein Ende des islamistischen Terrors oder von al-Qaida erreicht ist. Vielmehr spricht viel für eine Reorganisation des Netzwerkes. Schon wenige Wochen nach dem Tod des Terrorführers, am 4. Juni 2011, droht al-Qaida in einem Propagandavideo mit neuen Anschlägen. Im Westen lebende Muslime spielten eine »wichtige und entscheidende Rolle im Heiligen Krieg«, heißt es darin. Zu Wort kommen Aiman al-Sawahiri, langjähriger Stellvertreter des getöteten al-Qaida-Chefs Osama Bin Laden sowie der Amerikaner Adam Gadahn: »Es ist wichtig, dass wir den Kampfeswillen unserer Feinde bekämpfen, indem wir einflussreiche Persönlichkeiten in den Medien, der Regierung und der Wirtschaft angreifen«, sagte Gadahn mit Bezug auf Israel und im Westen lebende Christen.

Doch der nächste große Anschlag nach Bin Ladens Tod ist kein islamistischer, sondern ein anti-islamischer. Der Norweger Anders Behring Breivik erschießt am 22. Juli 2011, als Polizist verkleidet, in einem sozialdemokratischen Jugendlager auf der Insel Utøya 69 Jugendliche. Breivik gesteht außerdem einen Bombenanschlag im Stadtzentrum von Oslo, der acht Menschen das Leben kostet. Kurz vor der Tat verschickt er ein 1500 Seiten langes Dokument per Mail, in dem er ein wirres, radikal antiislamisches Weltbild verbreitet.

Die Reaktionen weltweit sind: Empörung, Entsetzen, Sprachlosigkeit. Zum Teil auch: Konfusion. Bei manchen, die den Islam pauschal als aggressiv, das Christentum generell als friedlich sehen wollen. Und bei einigen, die in jeder Kritik am Islamismus einen Vorboten von Ausländerfeindlichkeit erkennen. Allen Ernstes werden Journalisten wie Henryk M. Broder als geistige Brandstifter und Mitschuldige des Attentats von Oslo bezichtigt. Fast beruhigt wird festgestellt: Der Amoklauf von Oslo sei das Spiegelbild des 11. September. Henry Kissinger sieht dagegen in den islamistischen Massenmorden das Vorbild für Terroristen wie Breivik – al-Qaida erst habe ihn auf die Idee und Methode gebracht.

So wenig Terroristen wie Bin Laden den Islam verkörpern, so wenig verkörpert Breivik das Christentum. Beide sind gestörte Persönlichkeiten, kranke Menschen, die eine Ideologie oder eine Religion missbrauchen. Entscheidend sind vielmehr die Reaktionen der sie umgebenden Gesellschaften und Milieus, die sich entweder scharf abgrenzen können oder das Ganze stillschweigend dulden oder halbheimlich applaudieren. Der Zustand einer Zivilgesellschaft und eines politischen Systems misst sich daran, wie sie mit den Extremisten an ihren Rändern umgehen: tolerant, totalitär, entschieden oder verständnisvoll. Und da zeigen sich deutliche Unterschiede. Kaum eine europäische Partei, kaum ein Priester hat es versäumt, sich in öffentlichen Erklärungen schärfstens von dem Amokläufer in Oslo zu distanzieren. Selbst die Vertreterin der rechtspopulistischen Fortschrittspartei Norwegens erklärte in einer Rede, sie sei »entsetzt« über das Massaker, und es mache sie »noch trauriger«, dass der Attentäter eine Zeitlang Mitglied ihrer Partei gewesen sei. Und sie fügte hinzu: »Heute sind wir alle Jusos.«

Auf die zahlreichen Attentate der vergangenen zehn Jahre mit islamistischem Hintergrund gab es zwar ebenfalls Reaktionen muslimischer Organisationen und Geistlicher, die insbesondere Selbstmordattentate verurteilten. Im November 2004 fand in Köln sogar eine Großdemonstration statt, auf der 25 000 Muslime gegen islamistischen Terrorismus protestierten, und hin und wieder distanzieren sich seit dem 11. September 2001 muslimische Verbände in Europa von religiös motivierten Anschlägen. Insgesamt aber sind die Reaktionen muslimischer Gesellschaften leiser, weniger entschieden.

Am klarsten klingt die Abgrenzung gegen den terroristischen Islamismus dort, wo der Laizismus eine lange Tradition hat, zum Beispiel in Frankreich. Laut einer Umfrage des Instituts Conseil Sondage Analyses von 2006 unterstützen 73 Prozent der in Frankreich lebenden Muslime die Trennung von Staat und Religion. Oder dort, wo Muslime die Trennung zwischen Religion und Staat innerhalb eines Landes mit islamischer Mehrheit praktizieren. Zum Beispiel Indonesien, das durchaus als Vorbild für eine moderne muslimische Demokratie taugt: Mehr als 50 Millionen Menschen sind in islamischen Institutionen organisiert, ein islamischer Staat bedeutet hier aber eben nicht: ein islamistischer Staat. Parteien, die sich für die Einführung der Scharia stark machen, verlieren hier seit Jahrzehnten kontinuierlich an Rückhalt. Frauenrechte werden erfolgreich verteidigt, das Parlament besteht zu 18 Prozent aus weiblichen Abgeordneten. Es gibt eine stabile und klare demokratische, nichtislamistische Mehrheit.

Anders sieht das Bild etwa in Pakistan oder Marokko aus. Dort fordern nach einer Studie der Organisation World Public Opinion aus dem Jahr 2009 76 Prozent eine strengere Auslegung der Scharia, entsprechend unverhohlen wird islamistische Gewalt toleriert. Besonders gravierend ist die Gewaltbereitschaft unter den Palästinensern: 2005 befürworteten 40 Prozent der Befragten Attacken auf Israelis, 2006 waren es schon 55 Prozent. Nach einer regelmäßig stattfindenden Umfrage des Palestinian Center for Policy and Survey ermittelte das Institut im März 2008, dass 64 Prozent der befragten Palästinenser Raketenangriffe auf jüdische Zivilisten unterstützen. 90 Prozent halten (laut einer Studie von World Public Opinion aus dem Jahr 2009) die Ermordung von amerikanischen Soldaten im Irak für richtig – unbeeindruckt von der Tatsache, dass die Vereinigten Staaten jährlich etwa sechshundert Millionen Dollar Entwicklungshilfe an die Palästinenser zahlen.

In diesen Zahlen spiegelt sich eine Asymmetrie der Toleranz. Eine Asymmetrie, die man auch im Alltag beobachten kann. Bei der Vorbereitung einer Schiffsreise durch das Rote Meer wurde mir empfohlen, einen Reisepass ohne israelischen Stempel mitzunehmen. Es könne sonst passieren, dass ich in einige der muslimischen Länder nicht einreisen dürfe. Ich konnte mir kaum vorstellen, dass ein Staat sogar Touristen den Aufenthalt verweigert, nur weil sie mal in einem ungeliebten Land waren. Israel lässt schließlich sogar Bürger der Länder einreisen, welche die Vernichtung Israels zum offiziellen Staatsziel erklärt haben. Ich wollte es darauf ankommen lassen, nach dem Prinzip: In einem Land, das so intolerant ist, würde ich mich gar nicht aufhalten wollen. Die Kreuzfahrt hatte fünf Stationen. Mit meinen israelischen Stempeln wurde ich in vier Häfen zurückgewiesen. Den allergrößten Teil der Tour verbrachte ich alleine auf dem Schiff. Nur in Ägypten durfte ich an Land. Abgelehnt wurde ich auch im Jemen. Ich war nicht unfroh. Meine Mitreisenden spotteten. Drei Wochen später nicht mehr, als im Jemen eine deutsche Familie entführt wurde.

Es gehört zu den naiven Wahrnehmungsmustern in Europa, dass man das Problem des islamistischen Terrorismus gerne auf Israel, am liebsten auf eine bestimmte israelische Regierung, und auf Amerika, am liebsten auf eine bestimmte amerikanische Regierung, beschränken möchte. Darin schwingt mit: Wir müssen uns ja nicht in die Schusslinie bringen, sollen doch die Verursacher ihre Probleme selbst lösen. Das ist erstens genau das, was die Islamisten sich wünschen, zweitens ziemlich charakterlos. Vor allem aber verkennt, wer so denkt, vollkommen die Realität des Konflikts.

Israel ist für die Islamisten des Nahen und Mittleren Ostens der kleinste Gegner, direkt vor der Tür. Ihn gilt es als Erstes zu beseitigen. Selbstmordattentate und andere Terroranschläge zielen seit Jahrzehnten darauf ab, die israelische Gesellschaft zu zermürben. In der offiziellen Charta der Hamas, also der Verfassung der im Gaza-Streifen regierenden Partei und Terrororganisation, heißt es in Artikel 13: »Ansätze zum Frieden, die sogenannten friedlichen Lösungen und die internationalen Konferenzen zur Lösung der Palästinafrage stehen sämtlich im Widerspruch zu den Auffassungen der Islamischen Widerstandsbewegung. Denn auf irgendeinen Teil Palästinas zu verzichten bedeutet, auf einen Teil der Religion zu verzichten; der Nationalismus der Islamischen Widerstandsbewegung ist Bestandteil ihres Glaubens. … Für die Palästina-Frage gibt es keine andere Lösung als den Dschihad.«

Zum finalen atomaren Schlag rüstet sich derweil der Iran. Auf der Konferenz »Eine Welt ohne Zionismus« am 26. Oktober 2005 in Teheran sagte der iranische Präsident Mahmud Ahmadinedschad vor Studenten: »Der Staat Israel wurde von der globalen Arroganz mit dem Ziel gegründet, einen Brückenkopf in die islamische Welt hinein zu errichten, um sie zu bekämpfen. Was in Palästina vorgeht, ist de facto eine Schlacht zwischen dem Weltimperialismus und der Heiligen Front der islamischen Welt. Inschallah (so Gott will) wird die Prophezeiung des Imams (Ajatollah Chomeini) bezüglich der Vernichtung Israels durch kontinuierliche Weisheit der Palästinenser auch bald realisiert werden.« Bei gleicher Gelegenheit machte er keinen Hehl daraus, dass diese Drohung nicht nur für Israel selbst, sondern auch für dessen Sympathisanten gilt: »Jeder, der Israel anerkennt, wird im Zornesfeuer der islamischen Nation verbrennen.« Im Juni 2011 kündigte der Iran an, die Urananreicherung massiv auszubauen. Zur friedlichen Nutzung, versteht sich.

Die Hierarchie der Gegner heißt: zuerst Israel, dann Amerika und schließlich der Rest der westlichen oder mit dem Westen verbündeten Welt. In einem schleichenden, aber systematischen Prozess wird der Widerstand auch aus dem Inneren der »ungläubigen« Gesellschaften organisiert. Der deutsche Verfassungsschutzbericht 2010 ist in diesem Zusammenhang eine spannende Lektüre: »Islamistische Organisationen, die zwar in Deutschland nicht terroristisch agieren, Gewalt aber als Mittel zur Durchsetzung ihrer politischen Ziele befürworten, stellen ebenfalls eine Gefahr für die innere Sicherheit dar. Diese Organisationen streben an, die in ihren Herkunftsländern bestehenden Staats- und Gesellschaftsordnungen durch ein an der islamischen Rechtsordnung (Scharia) ausgerichtetes Staatswesen zu ersetzen.« Und weiter: »Andere islamistische Gruppierungen ... zielen jedoch mit legalen Mitteln darauf ab, durch politische und gesellschaftliche Einflussnahme ihren Anhängern im Bundesgebiet Freiräume für ein schariakonformes Leben zu schaffen. Auf diese Weise können sie zur Entstehung von Parallelgesellschaften beitragen und Radikalisierungsprozesse initiieren.«

Die Islamisten unter den Muslimen sind eine Minderheit. Das heißt: Fast alle Muslime sind potentiell Verbündete im Kampf gegen den Islamismus – aber auch potentielle Adressaten, die für eine Gefolgschaft im Zeichen des Islamismus gewonnen werden sollen. Wer ist stärker: der gemäßigte, moderne Islam oder der radikale, vormoderne Islamismus? Wer heute gegen den Islamismus kämpft, stärkt einen aufgeklärten, selbstbewussten, modernen Islam. Ein Konflikt zwischen der muslimischen und der nichtmuslimischen Welt wäre ein Rückschritt ins Zeitalter der Glaubenskriege und überdies nicht zu gewinnen. Es kann immer nur um eine Konfliktlinie gehen: die demokratische gegen die nichtdemokratische Welt. Freiheit gegen Fundamentalismus.

Europa ist als Entfaltungsraum für Fundamentalisten und Terroristen besonders attraktiv, weil sie dort viel größere Freiheiten genießen, Anschläge zu planen und auszuführen, als in fast allen islamischen Ländern. Mohammed Atta, einer der Piloten, die am 11. September in das World Trade Center flogen, studierte an der Technischen Universität Hamburg-Harburg Stadtplanung. 1999 beendete er sein Studium, in dessen Verlauf er keinen Hehl aus seinem Hass auf Juden, Amerika, Marktwirtschaft und Globalisierung gemacht hatte, mit einem sehr guten Diplom. Bei der Planung des Anschlags haben die Attentäter aus Hamburg eine wichtige logistische Rolle für die eigentlichen Drahtzieher gespielt.

Der Islam-Forscher Bernard Lewis beklagt, dass es radikalen Muslimen gelungen sei, in Europa besonders viele Verbündete zu finden. Er vergleicht die Rolle des islamischen Fundamentalismus mit der Rolle, die einst Nationalsozialismus und Bolschewismus spielten: »Alle drei Gruppen haben viel gemein – und voneinander gelernt.« Vor allem eines, so Lewis, »ihre Fähigkeit, die Schwächen in unserer Gesellschaft zu entdecken und auszunutzen. Zum Beispiel unsere pluralistische Offenheit und den Mangel an Konsequenz in Zeiten, in denen Konsequenz besonders nötig ist.«

Sehr klar spricht Lewis aus, was in vielen deutschen Debatten immer noch als Panikmache abgetan wird – die Gefahr, dass Islamisten eines Tages Atomwaffen benutzen werden. Westliche Eliten glauben, ihre Feinde handelten nach derselben Logik, denselben Gesetzen, den gleichen Skrupeln wie sie selbst. Nach dem Motto: Wir würden doch auch keine Atombombe einsetzen, wenn dies Hunderttausende von Toten in der eigenen Bevölkerung fordert. Lewis prognostiziert dagegen: »Terroristen würden nicht zögern, nukleare Waffen zu benutzen. Für sie, mit ihrer apokalyptischen Vision, wirkt eine derartige Zerstörung nur noch viel verlockender.«

Der Schriftsteller Leon de Winter denkt ähnlich: »Reguläre Armeen können mit dem Terrorismus nicht fertig werden, und reguläre Gesetze taugen nicht für die Bekämpfung und Bestrafung der Terroristen. Die machen, was sie wollen, und wenn sie dabei erwischt werden, verlangen sie, dass man sie nach den Regeln behandelt, die sie verachten und die sie nie praktizieren würden, wenn sie das Sagen hätten. Das ist das große Handicap von Demokratien und Rechtsstaaten: Die Terroristen wissen, dass diese sich an die Spielregeln halten, auch im Extremfall.« Und de Winter stößt am Ende seiner Überlegungen gleichfalls auf das Dilemma der Freiheitsfalle: »Die Frage, die sich uns stellt, ist daher: Wie kann man überleben, wenn man sich an Regeln hält, die der Feind nicht akzeptiert?«

In Deutschland erschien 2007 die 500 Seiten umfassende Studie »Muslime in Deutschland«. Sie war vom Bundesinnenministerium in Auftrag gegeben und von den Hamburger Wissenschaftlern Katrin Brettfeld und Peter Wetzels am Institut für Kriminalwissenschaften der rechtswissenschaftlichen Fakultät der Universität Hamburg umgesetzt worden. 1750 Gläubige wurden in Telefoninterviews zu den Themen religiöse Einstellung, Verhältnis zum Rechtsstaat, Sprachkenntnisse, Bildung und Gewaltbereitschaft befragt. Dabei kam heraus, dass etwa 40 Prozent der Muslime hierzulande »fundamental orientiert« sind. Merkmale dafür sind: eine starke Ausrichtung an religiösen Regeln und Ritualen verbunden mit der Tendenz, Muslime auszugrenzen, die dem nicht folgen, sowie den Islam pauschal auf- und westliche, christlich geprägte Kulturen abzuwerten. 14 Prozent aller Befragten haben »problematische Einstellungsmuster« – das bedeutet nach der Studie, dass sie entweder eine hohe Distanz zur Demokratie und/ oder eine hohe Akzeptanz politisch-religiös motivierter Gewalt zeigen. Sechs Prozent aller befragten Muslime sind der Studie zufolge »gewaltaffin«. Knapp vierzig Prozent halten »physische Gewalt als Reaktion auf die Bedrohung des Islams durch den Westen für legitim«. Auf solche Zahlen und Zusammenhänge hinzuweisen ist keine »Panikmache«.

Ein gefährliches Missverständnis in der Deutung islamistischer Bedrohungen ist die weitverbreitete Auffassung, fundamentalistische Führer, insbesondere der iranische Präsident, drohten zwar immerzu mit der Vernichtung Israels und mit der Entwicklung von Nuklearwaffen, aber das seien nur taktische Drohungen, die niemals umgesetzt würden – nach dem Motto: Hunde, die bellen, beißen nicht. Für diese Ansicht gibt es nicht die geringste Evidenz. Im Gegenteil: Diktatoren tun in der Regel ziemlich präzise das, was sie öffentlich ankündigen.

Mao Tse-tung hatte am 13. August 1945 erklärt: »Für alles Reaktionäre gilt, dass es nicht fällt, wenn man es nicht niederschlägt. Es ist die gleiche Regel wie beim Bodenkehren – wo der Besen nicht hinkommt, wird der Staub nicht von selbst verschwinden.« In den Jahren von 1949 bis 1975 forderte Maos Diktatur über 70 Millionen Todesopfer. Mao übertrifft damit Hitler und Josef Stalin, die beiden anderen Tyrannen des 20. Jahrhunderts, um ein Vielfaches. Von Stalin stammt der Satz: »Wenn auch nur fünf Prozent der Getöteten wirkliche Feinde sind, dann ist das Ziel erreicht.« Das ist die Ankündigung des wahllosen Massenmords in der Annahme, durch pure Stochastik schon die Richtigen zu erwischen. Allein während der »Großen Säuberung« von 1937/1938 starben fast 700 000, jeden Tag gab es also mehr als 1900 Tote. Schätzungen ergaben, dass bis zu Stalins Tod 1953 zwischen 20 und 25 Millionen Menschen in den Tod getrieben wurden. Die Diktatoren der Geschichte, allen voran Hitler, Mao und Stalin, haben den Massenmord in ähnlicher Weise angekündigt wie heute Ahmadinedschad.

Es lohnt sich, in diesem Zusammenhang Hitlers »Mein Kampf« zu lesen. Hitler schrieb das Buch ab 1924, als er noch in der Festung Landsberg inhaftiert war – fast ein Jahrzehnt vor seinem alles umwälzenden Wahlsieg also. Umso frappierender ist, wie genau seine Ankündigungen mit den tatsächlichen späteren Ereignissen übereinstimmen. Er fordert dort unter anderem: den Austausch des Parlamentarismus durch einen »germanischen Führerstaat«, den Anschluss Österreichs an das Deutsche Reich, die Gewinnung der deutschen Arbeiterschaft durch »Rassenkampf statt Klassenkampf«, die Zerschlagung des Bolschewismus durch einen Eroberungs- oder Rassenkrieg gegen die Sowjetunion, (vergleichbar dem Religionskrieg des »Dschihad«), die Rückholung von Frauen in die Mutterrolle, heraus aus den Männerdomänen, und vor allem die Rechtfertigung seiner antisemitischen Vernichtungsideologie als gottgewollt: »So glaube ich heute im Sinne des allmächtigen Schöpfers zu handeln: Indem ich mich des Juden erwehre, kämpfe ich für das Werk des Herrn.« Ganz abgesehen von den inhaltlichen Wahlverwandtschaften zu islamistischen Terroristen, ist auch in Zukunft vorsichtshalber davon auszugehen, dass Diktatoren tun, was sie sagen.

Victor Klemperer schrieb: »Worte können wie winzige Arsendosen sein. Sie werden unbemerkt verschluckt; sie scheinen keine Wirkung zu tun – und nach einiger Zeit ist die Giftwirkung doch da.« Klemperers Tagebücher »Ich will Zeugnis ablegen bis zum letzten« aus den Jahren des Nationalsozialismus dokumentieren eindringlich, wie lange viel zu viele Juden viel zu gutgläubig in Deutschland ausgeharrt haben, weil sie Hitler nicht ernst nahmen. Sie wollten sich nicht vorstellen, dass seinen Worten Taten folgen würden. Sie konnten nicht glauben, dass »ihr« Deutschland das zulassen würde.

Es ist schwer nachzuvollziehen, warum der Islamismus und seine Gewaltkonflikte von Afghanistan über Pakistan bis Iran ausgerechnet in Deutschland verharmlost, wenn nicht in verständnisvollem Licht gesehen werden. Vor allem, warum in diesem Zusammenhang viele so befremdlich milde über etwas urteilen, das glücklicherweise sonst in unserer Gesellschaft längst als inakzeptabel gilt: die massive Diskriminierung von Frauen.

Als sich vor einigen Jahren eine Deutsche marokkanischer Herkunft wegen schwerer körperlicher Misshandlung von ihrem Mann trennen wollte, lehnte in Frankfurt eine deutsche Familienrichterin die Scheidung vor Ablauf des Trennungsjahres ab. Sie verwies auf den kulturellen Hintergrund der Ehe und das im Koran verankerte Züchtigungsrecht und bezog sich auf Sure 4 Vers 34, wonach die Männer über den Frauen stehen. Da heißt es konkret: »Und wenn ihr fürchtet, dass Frauen sich auflehnen, dann vermahnt sie, meidet sie im Ehebett und schlagt sie.« Die Richterin wurde daraufhin zwar wegen Befangenheit aus dem Verfahren ausgeschlossen, das Argumentationsmuster ähnelt aber Fällen, in denen deutsche Gerichte bei »Ehrenmorden« Verständnis für den kulturell-religiösen Kontext der Täter gezeigt und Nachsicht haben walten lassen. Inzwischen gelangen allerdings nicht wenige solcher Kriminalfälle in muslimischen Einwanderermilieus überhaupt nicht mehr vor staatliche Gerichte – sogenannte Friedensrichter, meist Imame oder Familienälteste, schlichten die Konflikte auf Basis der Scharia. Der Schiedsspruch ist dann häufig ein Machtdiktat des stärkeren Clans und wird nötigenfalls mit Gewalt oder Drohungen durchgesetzt. Diese islamische Paralleljustiz unterläuft das staatliche Gewaltmonopol und gefährdet den Rechtsstaat.

Wer in der Freiheitsfalle sitzt, setzt Toleranz so lange absolut, bis sie zur Toleranz gegenüber der Intoleranz wird. Das ist ein Fehler: Für die Intoleranz an sich, also für das Unfreiheitliche, darf es kein Verständnis geben. Nur Intoleranz gegenüber der Intoleranz bewahrt die Freiheit.

Bei der Suche nach Gründen für die merkwürdige deutsch-europäische Neigung zur Selbstaufgabe findet die Publizistin Ulrike Ackermann in ihrem Buch »Eros der Freiheit« eine interessante Spur: »Ein tiefsitzendes Schuldgefühl angesichts der europäischen Kolonialgeschichte speist den Multikulturalismus und schürt die westlichen Selbstzweifel, die sich bis zum Selbsthass steigern und die eigenen Werte und Traditionen radikal in Frage stellen. Die Mehrheitsgesellschaft bezichtigt sich dann der Schuld an der Selbstausgrenzung der Muslime und ihrem Rückzug in Parallelgesellschaften.«

Das erste Opfer des Heiligen Kriegs soll, so ist es mehrfach angekündigt worden, Israel sein. Der Holocaust-Forscher Jehuda Bauer stellte 2002 fest: »Die Sprache des Islamismus ist klar und deutlich genozidal. Eine Wiederholung des Massenmordes an den Juden wird angestrebt, das ist schwarz auf weiß nachzulesen.«

In der Charta der Hamas findet sich unter Artikel 7 folgende Schlüsselstelle: »Weil Muslime, die die Sache der Hamas verfolgen und für ihren Sieg kämpfen ... überall auf der Erde verbreitet sind, ist die Islamistische Widerstandsbewegung eine universelle Bewegung. ... Hamas ist eines der Glieder in der Kette des Dschihad, die sich der zionistischen Invasion entgegenstellt. ... Der Prophet – Andacht und Frieden Allahs sei mit ihm – erklärte: Die Zeit wird nicht anbrechen, bevor nicht die Muslime die Juden bekämpfen und sie töten; bevor sich nicht die Juden hinter Felsen und Bäumen verstecken, welche ausrufen: Oh Muslim! Da ist ein Jude, der sich hinter mir versteckt; komm und töte ihn!«

Die europäische Diplomatie zwischen Palästinensern und Israelis bemüht oft den Begriff »Äquidistanz«. Äquidistanz zu beiden Parteien sei die richtige Haltung Europas. Äquidistanz zwischen einem Aggressor, der das Mittel der Terroranschläge systematisch einsetzt, und einem demokratischen Verteidiger. In Israel, einem Rechtsstaat, wird der ehemalige Präsident Mosche Katsav wegen sexueller Belästigung zu einer Gefängnisstrafe verurteilt. In Israels Nachbarländern wird eine Frau, die sexuelle Belästigung zur Sprache bringt, selbst verurteilt, und wenn sie Pech hat, gesteinigt. Das ist die Realität. Das ist die rechtliche Lage. Da von Äquidistanz zu sprechen, mutet höhnisch an.

Es geht nicht darum, Israel von Kritik auszunehmen.

Im Gegenteil: Man kann und muss aktuelle politische Entscheidungen kritisieren. Aber: Es ist kein Zeichen von Chauvinismus, wenn wir unsere freiheitliche Grundordnung für besser halten. Es wäre zynischer Relativismus, wenn wir sagten: Die Wahrheit liegt in der Mitte. Das tut sie eben nicht. Die Unterstützung Israels ist im Interesse des Westens. Die Grenzen für die Methoden und Mittel der Auseinandersetzung zieht die Freiheit selbst: Wir können nicht im Namen der Freiheit Meinungen unterdrücken oder Nachrichten manipulieren, wir können nicht im Namen der Freiheit foltern. Aber wir können uns mit demokratischen, rechtsstaatlichen Mitteln wehrhaft zeigen, so intelligent und erfolgreich wie möglich.

Ich möchte nicht in zwei Jahrzehnten von meinen Kindern und Enkeln gefragt werden: Warum habt ihr damals nichts getan? Ihr habt doch sehen können und sehen müssen, welche Gefahren drohen. Ihr konntet doch alles in den Geschichtsbüchern nachlesen. Ihr wusstet doch, wohin Appeasement führt.

Der einzige Holocaust-Überlebende, der im 21. Jahrhundert dem israelischen Parlament, der Knesset angehörte, war Tommy Lapid. Ich fragte ihn eines Abends, warum er, der erfolgreiche Autor und Journalist, in die Politik gegangen sei. Der alte Mann mit einem Gesichtsausdruck, von dem man nie genau wusste, ob er verschmitzte Heiterkeit oder eine hinter einem Lachen versteckte Traurigkeit ausdrückte, antwortete mit einer Geschichte aus seiner Kindheit im Budapester Ghetto. Eines Tages kamen die Deutschen und begannen mit wahllosen Erschießungen. Sie richteten auch seine besten Freunde hin, Kinder wie er. Er selbst konnte sich in dem Durcheinander verstecken und überlebte wie durch ein Wunder. In diesem Moment habe ich mir vorgenommen, sagte Lapid, wenn ich je daran mitwirken kann, dass es auf der Welt einen sicheren Ort für jüdische Kinder gibt, dann werde ich alles dafür tun. Deshalb bin ich in die Politik gegangen, deshalb habe ich in Israel eine Partei erfolgreich in die Knesset geführt. Kurz vor seinem Tod im Jahr 2008 sah Lapid wenig Grund zum Optimismus. Wieder war ein Schulbus von einem palästinensischen Selbstmordattentäter in die Luft gesprengt worden. Es ist bitter, mitanzusehen, sagte Lapid, dass ausgerechnet Israel, das ich seit vielen Jahrzehnten für den Ort gehalten habe, an dem jüdische Kinder sicher sind, einer der Plätze der Welt ist, wo jüdische Kinder am unsichersten sind.

Es ist wahrscheinlich, dass die Atompolitik Irans in absehbarer Zukunft zu einer militärischen Auseinandersetzung in der Region führt. Entweder werden die Amerikaner – auch im Namen der arabischen Anrainer, die mit einer Nuklearmacht Iran am wenigsten leben können – aktiv, oder Israel wird aus Selbstschutz handeln. Es ist kaum zu erwarten, dass ein Volk, das durch den Holocaust beinahe vollständig vernichtet worden wäre, geduldig darauf wartet, von den aggressivsten Antisemiten der Gegenwart in dem Land vernichtet zu werden, das seine letzte Zuflucht ist. Wenn es überhaupt eine Chance gibt, diese Auseinandersetzung zu verhindern, dann nur durch eine präventive Politik der Geschlossenheit des Westens. Danach aber sieht es nicht aus.

Libyen ist ein ermutigendes Beispiel. Nicht jahrzehntelange Opportunismus-Diplomatie und große Deals haben Muammar al-Gaddafi zum Aufgeben gebracht, sondern einzig und allein die Intervention der Nato zur Unterstützung der Rebellen.

Die Deutschen scheinen aus dem Trauma des Dritten Reiches und aus dem Holocaust überwiegend die falsche außenpolitische Lektion für den Umgang mit der antisemitischen Gegenwart gelernt zu haben. Das Deutschland Hitlers war kollektivistisch, autoritär, ressentimentgeladen, neidgetrieben, rassistisch, nationalistisch, sozialistisch, nationalsozialistisch eben: Ein Volk und sein Diktator nahmen Kurs auf Vernichtungskrieg und Massenmord, ohne dass jemand rechtzeitig einschritt. Die Lektion dieser Erfahrung hätte sein müssen: nie wieder Unfreiheit, nie wieder Rassismus, nie wieder Diktatur. Und vor allem: Als Ultima ratio muss die Freiheit auch mit militärischen Mitteln verteidigt werden. Der beste Weg, die Ultima ratio nicht eintreten zu lassen, ist es, sie nicht auszuschließen.

Stattdessen scheinen die Deutschen ihre Lektion so zu interpretieren: nie wieder Krieg, nie wieder militärische Beteiligung, nie wieder irgendwo eine Führungsrolle übernehmen. Der gute Deutsche als interessenloser Pazifist, der sich aus allem heraushält. Henryk M. Broder schrieb unter dem Eindruck der Reaktionen auf den 11. September und den Tod Osama Bin Ladens über die Deutschen: »Aus dem Volk ohne Raum wurde ein Volk ohne Rückgrat. Eine WG, in der darüber diskutiert wird, ob man sich über den Tod eines Massenmörders freuen darf, hat nicht alle Tassen im Schrank. Ein Volk aber, das solchen Schabernack treibt, hat sich politisch und moralisch aufgegeben, ein Club der toten Seelen, getrieben vom Willen zur Ohnmacht. Alles, was es zu seinem Glück braucht, findet es bei Obi. Und wenn es mal auf die Barrikaden geht, dann nur, um den Abriss eines hässlichen Bahnhofs zu verhindern. Wolfgang Pohrt hat recht: ›Früher haben die Deutschen der Welt den Krieg erklärt, heute erklären sie ihr den Frieden.‹ Schwer zu sagen, was langfristig schlimmer ist.«

Der 11. September 2001 war das Menetekel eines Heiligen Kriegs gegen unsere westlich-freiheitliche Lebensform. Der 1986 gestorbene Architekt des World Trade Centers Minoru Yamasaki war von der politischen Dimension seines Werkes überzeugt: »Ein Welthandelszentrum ist ein Zeichen für den Weltfrieden.« Einstweilen ist dieses Zeichen eine Baustelle.

Am Vormittag des 12. September 2001 traf ich Ernst Cramer, den großen alten Mann des Verlages, die rechte Hand Axel Springers, um ihm einen Vorschlag zu unterbreiten. Wir sollten die vier Präambeln unseres Unternehmens um eine fünfte erweitern, sagte ich, die Solidarität mit den Amerikanern bei der Verteidigung der Freiheit. Die Amerikaner werden jetzt ein paar Tage lang bemitleidet, bald werden sie mit einem militärischen Gegenschlag reagieren, und spätestens dann wird eine Welle des Antiamerikanismus über sie hereinbrechen. Wir müssen jetzt etwas tun, wir müssen uns festlegen. Cramer, damals schon Ende 80, war sofort begeistert. Das wäre sehr im Sinne Axel Springers gewesen, sagte er, für ihn war das transatlantische Bündnis unverhandelbar. Wir feilten gemeinsam an den Formulierungen und schlugen noch am gleichen Tag dem Aufsichtsrat des Unternehmens folgenden Satz vor: »Die Unterstützung des transatlantischen Bündnisses und die Solidarität in der freiheitlichen Wertegemeinschaft mit den Vereinigten Staaten von Amerika.« Seit dem 13. September 2001 hat das Unternehmen eine fünfte Präambel.

Sprache der Freiheit – Thomas Mann: »Bekenntnisse des Hochstaplers Felix Krull«

»Sie sind ausgemustert«, sagte der Leiter der Musterungsstelle. Ich war 18 Jahre alt, spätpubertierend, und hatte mich vorbereitet, tagelang nicht geschlafen, viel Alkohol und Kaffee getrunken, um der Musterungskommission zu vermitteln, dass ich zwar eigentlich furchtbar gerne zur Bundeswehr gehen würde, aber leider ein Defekt in der Kniescheibe, Schwerhörigkeit, ein erblich bedingtes Leiden und ein insgesamt desolater Allgemeinzustand dazu führten, dass ich kein geeigneter Soldat sei. »Ich kann bestimmt zur Bundeswehr«, sagte ich, leicht verwirrt und apathisch immer dann, wenn wieder ein neuer Defekt zum Vorschein kam. »Ob Sie für den Wehrdienst tauglich sind, bestimmen wir!«, rief der Arzt, als es ihm zu bunt wurde. »Untauglich«, lautete schließlich sein Urteil. Erleichtert verließ ich das Gebäude. Seitdem ist »Felix Krull« mein Freiheitsbuch.

Vor allem für Thomas Mann selbst waren »Bekenntnisse des Hochstaplers Felix Krull« ein Freiheitsbuch – eine Befreiung. Nachdem der Autor in der Schlüsselszene des Romans seinen Helden die Musterungskommission davon hat überzeugen lassen, dass er ein schwerer Epileptiker und für den Militärdienst nicht geeignet sei, legt der Autor dem eben Ausgemusterten folgende Sätze in den Mund: »Denn wenn freilich kriegerische Strenge, Selbstbeherrschung und Gefahr die hervorstechendsten

Merkmale meines seltsamen Lebens bildeten, so beruhte es doch in erster Linie auf der Vor- und Grundbedingung der Freiheit – einer Bedingung also, die mit irgendwelcher Einspannung in ein plump tatsächliches Verhältnis schlechterdings unvereinbar gewesen wäre. Lebte ich folglich soldatisch, so wäre es doch ein tölpelhaftes Missverständnis gewesen, wenn ich darum als Soldat leben zu sollen geglaubt hätte; ja, wenn es gälte, ein so erhabenes Gefühlsgut wie dasjenige der Freiheit für die Vernunft zu bestimmen und zuzurichten, so ließe sich sagen, daß dies eben: soldatisch, aber nicht als Soldat, figürlich, aber nicht wörtlich, daß im Gleichnis leben zu dürfen eigentlich Freiheit bedeute.«

Das Musterungskapitel gilt als Schlüsselkapitel eines Schlüsselwerkes. Thomas Mann beschäftigte sich zum ersten Mal 1905 mit der Idee zu diesem Roman. Angeregt hatten ihn die Memoiren des Hochstaplers George Manolescu. Aber auch Johann Wolfgang von Goethes »Wilhelm Meister«, die Mutter aller Bildungs- und Entwicklungsromane, und natürlich »Till Eulenspiegel« haben Mann inspiriert. Von 1910 bis 1913 arbeitete er an dem Roman, ließ ihn dann nahezu vier Jahrzehnte liegen, um ihn schließlich von 1950 bis 1954 fertigzustellen. Oder besser: halb fertigzustellen, denn das Buch endet mit »Der Memoiren erster Teil«. Mitten in der Handlung. Einen zweiten Teil gab es nie und sollte es wohl nie geben. Thomas Mann schrieb dazu: »Wie, wenn der Roman weit offen stehen bliebe? Es wäre kein Unglück meiner Meinung nach.« Das Kunstwerk als Torso. Das Leben als Fragment. Nie fertig, ewig offen.

Felix Krull ist ein androgyner Beau aus einer etwas

heruntergekommenen Schaumweinfabrikanten-Familie im Rheingau. Schon als Kind entwickelt er seine chamäleonhaften schauspielerischen Fähigkeiten, mit denen er sich dem banalen Alltag und der Tristesse seines verzweifelt frohsinnigen Elternhauses entzieht. Er täuscht perfekt Krankheiten vor, um sich vor der Schule zu drücken, und später, nach dem Zusammenbruch der väterlichen Sektfabrik, simuliert er epileptische Anfälle, um der Wehrpflicht zu entgehen. Statt als Soldat zu dienen, arbeitet er als Liftboy in einem Hotel in Paris, lernt dort die exzentrische Gattin eines Klosettschüsselfabrikanten und Hobbyschriftstellerin, Madame Houpflé, kennen und lieben und führt aufgrund ihrer Zuwendungen ein Doppelleben: tagsüber als Kellner im Hotel, nachts als Dandy in den feinen Etablissements von Paris. Die Angebote, mit der Tochter von Mr. Twentyman, einem Neureichen aus Birmingham, oder als Butler und Galan des schottischen Adeligen Lord Kilmarnock ein materiell unbesorgtes Leben zu führen, schlägt er aus. Die vorgeschlagenen Lebensentwürfe erscheinen ihm zu unfrei.

Schließlich trifft er den reichen Marquis de Venosta, der ihn bittet, an seiner Stelle eine Weltreise anzutreten, um selbst ungestört seiner Pariser Liebschaft frönen zu können. Auf seiner Zugfahrt nach Lissabon trifft Felix Krull alias Marquis de Venosta den von Schopenhauer'schem Gedankengut durchwirkten Professor Kuckuck. Nach ausgiebigem Austausch über die Kosmologie und das »Wissen von Anfang und Ende« lernt Krull in Lissabon die reizende Tochter Kuckucks, Susanna, genannt Zouzou, kennen. Seine Verführungskünste werden schließlich brüsk von der Mutter, Senhora Maria Pia, unterbrochen, die den Hochstapler zunächst tadelt, um ihn am Ende selbst zu verführen.

Thomas Mann schrieb in der ersten Arbeitsphase im Jahr 1910 an seinen Bruder Heinrich: »Ich sammle, notiere und studiere für die Bekenntnisse des Hochstaplers, die wohl mein Sonderbarstes werden.« »Felix Krull« rahmt vier Jahrzehnte künstlerischen Schaffens seines Autors ein, ist zugleich jugendfrisch und altersweise, in jedem Fall der autobiographischste, persönlichste Roman Thomas Manns. Zudem der komödiantischste, humorvollste, ironischste, erotischste und – obwohl es um die Verlogenheit eines Hochstaplers geht – ehrlichste Text des Autors. Und vor allem: der frechste und freieste.

Das Thema Freiheit beschäftigte Thomas Mann ein Leben lang – in seinen Romanen, in seinem Tagebuch, in seinen politischen Schriften, in seinen Vorträgen. Zentral war dabei für ihn der Vorrang des Individuums vor allem Kollektivistischen, gegen das er eine tiefe Abneigung hegte. Darauf basierte auch seine tiefe Abscheu gegenüber dem Nationalsozialismus. In einem nicht gehaltenen Vortrag, verfasst für den 17. Internationalen PEN-Kongress in Stockholm im September 1939, schrieb er: »Der Gegensatz von Demokratie und Sozialismus ist der von Freiheit und Gleichheit – ein logischer Widerspruch ohne Zweifel, denn logisch und absolut genommen schließen Freiheit und Gleichheit einander aus, wie Individuum und Gesellschaft einander ausschließen. Freiheit ist die Forderung des Individuums, Gleichheit aber eine gesellschaftliche Forderung; und gesellschaftliche Gleichheit schränkt selbstverständlich die Freiheit des Individuums ein.«

Im »Felix Krull« nähert sich Thomas Mann diesem Thema zunächst stilistisch und ästhetisch. »Was hat es mit jenem Ton auf sich, den der Sechsundreißigjährige nicht durchzuhalten vermochte und der nun mit nie schwankendem Einsatz ein Buch von mehr als vierhundert Seiten beherrscht?«, fragt Erich Heller in seiner Studie »Thomas Mann – Der ironische Deutsche« und kommt zu folgendem Ergebnis: »Es ist der Ton der alles ergreifenden Parodie, die weiß, dass die Literatur unmöglich geworden ist, und zugleich eifrig dabei ist, ihre letzte Möglichkeit zu verwirklichen.«

Thomas Mann parodiert hier alles: den klassischen Bildungsroman Goethe'scher Prägung, die manierierte Sprache des narzisstischen Krull, womit er zugleich die Sprache parodiert, die er fünfzig Schriftstellerjahre lang zum eigenen Markenzeichen entwickelt hatte. Er parodiert das Künstlerdasein als Leben in der Hochstapelei, der Täuschung und verantwortungslosen Illusionskunst. Und er parodiert ständig sich selbst – gespiegelt nahezu im gesamten Personal des Romans. Hellers Buchtitel bestätigt sich im »Felix Krull«, dem ironischsten Buch des Schriftstellers, auf umfassende Weise: Mann ist nicht nur der ironische, er ist eben auch der selbstironische Deutsche.

Während seiner Arbeit am »Doktor Faustus« – jenem bildungsschwangeren, hochernsten Gegenstück zum »Felix Krull« – schrieb Thomas Mann, nachdem er eine Lesung des Schriftstellers Bruno Frank besucht hatte, in sein Tagebuch: »Begabt und schön ... Mir merkwürdig aber: Er benutzt den humanistischen Erzählstil Zeitbloms vollkommen ernst, als seinen eigenen. Ich kenne im Stilistischen eigentlich nur noch die

Parodie.« Deshalb hat er seit dem Joseph-Roman auch kein fiktionales Werk mehr in eigener Person verfasst, sondern im »Doktor Faustus«, in »Der Erwählte« und eben im »Felix Krull« von ihm erfundene Verfasser erzählen lassen.

Die Parodie, die Wahrheitsenthüllung im Unernsten, ist das ultimative Mittel der literarischen Freiheit. Der Gaukler, der Picaro, der Schelm darf alles. Wie der Narr in der Aristokratie. Der Hofnarr ist der einzige, der dem König ungeschminkt die Wahrheit sagen darf, und sei sie noch so frech und unangenehm. Die einzige Regel, die er dabei zu beachten hat: Er muss die Wahrheit unterhaltsam präsentieren. Die Parodie, der Scherz legitimiert selbst das Unangenehmste, Peinlichste, Respektloseste; das Lachen befreit den Herrscher von der Pflicht, verärgert zu sein. Auf »Felix Krull« gewendet könnte man sagen: Die Parodie legitimiert die Preisgabe des Persönlichsten, das Lachen befreit den Autor von der Pflicht, beschämt zu sein. »Thomas Mann«, so schreibt Hermann Kurzke in seiner Biographie »Das Leben als Kunstwerk«, »wollte vollkommen sein und empfand sich doch zugleich als verworfen.« Im Schelmenroman vom Hochstapler Felix Krull durfte Thomas Mann, gespiegelt in dem Personal seines persönlichsten Buches, endlich verworfen sein. So gesehen ist der Roman »Felix Krull« in vielerlei Hinsicht die satirische Summe eines Lebens, ein spätes Coming-out, eine Befreiung.

Im »Simplicius Simplicissimus« von Grimmelshausen heißt es: »Es hat mir so wollen behagen, mit Lachen die Wahrheit zu sagen.« Das Lachen selbst ist Ausdruck der Freiheit. Schon Aristoteles sagte, dass die Fähigkeit zu lachen den Menschen vom Tier unterscheidet. Doch in der frühchristlichen Kirche gab es die Auffassung, Lachen sei unchristlich. Ausgehend von der These, Jesus Christus habe auf Erden nie gelacht, war Lachen für Christen im Mittelalter verpönt, ja verboten. Eindrucksvoll dargestellt ist das in Umberto Ecos Roman »Der Name der Rose«, der schildert, wie Kirchenvertreter mit geradezu hochkrimineller Energie die Entdeckung eines Buches verhindern wollen, das den Leser zum Lachen bringt. Genauer: Der greise Bibliothekar Jorge von Burgos hütet in einem Labyrinth versteckt ein Exemplar des verlorengegangenen »Zweiten Buches der Poetik« des Aristoteles, das die Komödie behandelt. Jorge von Burgos ist überzeugt: »Lachen tötet die Furcht. Und ohne Furcht kann es keinen Glauben geben.« Wer den Teufel nicht mehr fürchte, brauche keinen Gott mehr: »Dann können wir auch über Gott lachen.«

Zu Beginn des 12. Jahrhunderts gelang es der Scholastik zwar, das Lachen zumindest teilweise zu rehabilitieren. Doch eingedenk der Tradition versagte sich etwa Ludwig IX. das Lachen an Freitagen – also an dem Wochentag, an dem Jesus der Überlieferung nach gekreuzigt wurde. Vor diesem Hintergrund wird deutlich, worin das Libertäre des Hofnarren, des Schelmenromans und – bei Thomas Mann – des Hochstaplers liegt. In der Unfreiheit ist Lachen verboten.

Thomas Mann setzt den Hochstapler, den Gaukler metaphorisch mit dem Künstler gleich. Über Krull schreibt er: »Von Natur fühlt er sich als bevorteilt und vornehm, ist es aber nicht seinem gesellschaftlichen Range nach und korrigiert diesen ungerechten Zufall durch eine seiner Anmut sehr leicht fallenden Täuschung, durch Illusion.« Damit schreibt er natürlich vor allem über den Künstler allgemein, dessen gesellschaftliche Rolle hofnarrenhaft außerhalb der sozialen Hierarchie steht. Der Künstler vermag es, durch Illusionskunst, in und neben allen gesellschaftlichen Milieus zu stehen, von der Aristokratie bis zum Rotlichtmilieu. Es ist das, was Mann in einer grotesk überhöhten Selbstverteidigung und Stilparodie ausschmückt, wenn Krull wortreich verteidigt, warum er im Frankfurter Bahnhofskiez für die Prostituierte Rosza gearbeitet hat – als Zuhälter: »Denn wenn ich aufzeichne, dass ich durch mehrere Monate, bis zu meinem Aufbruch von Frankfurt, mit Rosza in enger Verbindung stand, oft bei ihr weilte, auch auf der Straße die Eroberungen, die sie mit ihren schiefen, schimmernden Augen, mit dem gleitenden Spiel ihrer Unterlippe machte, unter der Hand beaufsichtigte, manchmal sogar verborgen zugegen war, wenn sie die zahlende Kundschaft bei sich empfing (wobei sie mir wenig Grund zur Eifersucht gab), und mir eine mäßige Teilhaberschaft an dem Gewinne nicht missfallen ließ, so könnte man wohl versucht sein, meine damalige Existenz mit einem anstößigen Namen zu belegen und sie kurzerhand mit der jener dunklen Galans zusammenzuwerfen, von denen oben die Rede war. Wer da glaubt, dass die Tat gleichmache, der möge sich immerhin eines so einfachen Verfahrens bedienen. Ich für mein Teil halte es mit der volkstümlichen Weisheit, dass wenn zwei dasselbe tun, es mitnichten dasselbe ist.« Selbst die Zuhälterei vermag der wortgewaltige Hochstapler-Künstler noch zu idealisieren. Das hat etwas Lächerliches, wenn wir wissen, wer hier spricht: der gescheiterte Spross eines Sektpanschers. Und es hat etwas Erhabenes, wenn wir uns vergegenwärtigen, wer hier schreibt: der Dichterfürst des 20. Jahrhunderts. Hierarchiefrei setzt er sich – alles parodierend – über gesellschaftliche Konventionen hinweg und verfährt mit der stolzen Willkür eines Aristokraten. Der Aristokrat, der Künstler und der Hochstapler nehmen sich, was sie brauchen. Sie nehmen sich die Begriffe, die sie brauchen. Sie nehmen sich die Freiheit. Wenn zwei dasselbe tun, ist es mitnichten dasselbe.

Der Künstler als Krimineller? Das ist nicht wörtlich zu verstehen. Aber der Künstler als Regelverletzer, als kreativer Outlaw hat große Plausibilität. In seiner Novelle »Tonio Kröger« thematisierte Thomas Mann diesen Zusammenhang zum ersten Mal. Dort dient der betrügerische Bankier, der im Gefängnis zum Schriftsteller wird, dem jungen Künstler als Vorbild. Thomas Mann schreibt: »Man könnte daraus mit einiger Keckheit folgern, dass es nötig sei, in irgendeiner Art Strafanstalt zuhause zu sein, um zum Dichter zu werden.«

Künstler Krull ist eben kein banaler Krimineller, selbst wenn er Rollen spielt und dabei betrügt. »Nein, er spielt seine wechselnden Identitäten nicht, sondern schafft sie jeweils aus der Tiefe der souveränen Künstler-Phantasie. Er schließt also mit komischer Virtuosität die altehrwürdige Kluft zwischen Kunst und Leben, und ist ein Betrüger nur, weil er die Kunst lebt«, schreibt Erich Heller und verweist auf Thomas Mann selbst, »der, während er Werke der Kunst hervorbrachte, sich stets beklagte, dass er sich damit um's liebe Leben betrog«.

Als Thomas Mann noch in einem frühen Stadium am »Felix Krull« arbeitete, sagte er, dass es »im wesentlichen die Geschichte eines Künstlers« sein werde.

Und dieser Künstler heißt: Thomas Mann. Tatsächlich sind die autobiographischen Elemente des Buches umfassend, bisweilen verblüffend direkt. Wenn Mann über den Künstler schreibt, direkt oder wie im »Krull« indirekt, dann schreibt er letztlich immer und vor allem über sich. Er beginnt sein literarisches Leben übrigens im ganz wörtlichen Sinne hochstapelnd. Nachdem er als Kind erste schriftstellerische, genauer: journalistische Gehversuche in der Schülerzeitung »Der Frühlingssturm« unternommen hat, unterzeichnet der 14-Jährige einen Brief mit »Thomas Mann. Lyrisch-dramatischer Dichter«. Das hätte Krull nicht besser gekonnt.

Autobiographisch sind auch Elemente des Elternhauses und die Wahrnehmung einer gesellschaftlichen Ächtung. Im »Felix Krull« lässt Mann den Hochstapler sagen: »Ich stamme aus feinbürgerlichem, wenn auch liederlichem Hause.« Feinbürgerlich ist ein interessantes Wort, eine Neukomposition: nicht kleinbürgerlich, nicht gutbürgerlich, nicht großbürgerlich, nein feinbürgerlich – die Wortschöpfung des Hochstaplers, dem die ganze Sache peinlich ist, denn liederlich ging es ja doch irgendwie zu. Das muss selbst er zugeben. Und zwar bei Krulls wie bei Manns. Der Hauptpastor Leopold Friedrich Ranke von St. Marien in Lübeck, Thomas Manns Geburtsstadt, hatte nach dem Tod eines Familienangehörigen der Manns etwas Schreckliches gesagt: Die verbliebenen Manns seien eine »verrottete« Familie. Für Thomas Mann muss das wie ein Bannfluch gewesen sein – und Ursprung eines lebenslangen Zwiespalts, das »liederliche«, »verrottete«, aber »freie« Künstlerleben – im Gegensatz zu Bruder Heinrich Mann – nie wirklich zu leben, sondern immer zu sublimieren. Die

Zerrissenheit zwischen großbürgerlich-repräsentativem Vorbild und dem freien Leben des unkonventionellen, frech-triebhaften Künstlers ist hier angelegt. (Nach dem Zweiten Weltkrieg wurde Thomas Mann sogar als erster Bundespräsident der Bundesrepublik Deutschland ins Gespräch gebracht. Mann war geschmeichelt und erschrocken und bemerkte: »Ich habe ein gewisses fürstliches Talent zum Repräsentieren – wenn ich einigermaßen frisch bin.« Eine Konkretisierung des Vorschlags aber hat er sofort kategorisch abgelehnt.)

Manns Mutter Julia, geborene da Silva-Bruhns, war halb brasilianischer Herkunft. Deren Mutter Maria Luiza da Silva wiederum entstammte einer reichen, portugiesisch-stämmigen Plantagenbesitzer-Familie. Das südamerikanisch Exotische, Mythische, Sinnliche, mitunter Wilde als Gegenpol zur Prägekraft des hanseatisch disziplinierten, asketischen Vaters spielte in Thomas Manns Kindheit und in seinem Selbstverständnis als Künstler eine zentrale Rolle. Das Künstlerische, betonte er immer wieder, sei von der Mutter auf ihn gekommen. Und genau diese Mutter, in Gestalt der Portugiesin Senhora Maria Pia, ist Hauptfigur einer Schlüsselszene am Ende des Buches. Und auch die zahlreichen homoerotischen Bezüge und Ambivalenzen des »Felix Krull« sind hochgradig autobiographisch.

Als letztes Beispiel biographischer Parallelen dient schließlich die eingangs erwähnte Musterungsszene. 1900 wurde Thomas Mann als »Einjährig-Freiwilliger« zum Dienst im Königlich-Bayerischen Infanterie-Leibregiment eingezogen. Seine militärische Laufbahn endete schon nach drei Monaten wegen deutlich dokumentierter Dienstuntauglichkeit. Man weiß nicht genau, wie er das angestellt hat. Aber sicher haben ihn auch eigene Erfahrungen zu der legendären Begegnung mit dem Militärarzt inspiriert. Und hier, in dieser Szene, manifestiert sich das Freiheitsmotiv des Romans in besonders offenkundiger Weise.

Der englische Germanist Ernest Schonfield schreibt in seiner Dissertation »Art and its Uses in Thomas Mann's Felix Krull«: »Das Einzige, was hier wirklich konsistent bleibt, ist sein Bekenntnis zur Freiheit. Als Charakter ist es Felix Krulls alleroberste Sorge, wirklich frei zu bleiben, eine Erscheinung in Freiheit abzugeben, was immer er tut. Wie er es am Ende der Musterungsszene selbst formuliert: ›So beruhte mein Leben doch in erster Linie auf der Vor- und Grundbedingung der Freiheit.‹«

Die Szene vor der Einberufungsstelle ist nicht nur deshalb so wichtig, weil sie eine der literarisch gelungensten Passagen eines insgesamt großartigen Werkes ist, sondern weil sie vieles in kondensierter Form enthält, was den Roman insgesamt ausmacht. Zum einen: das Spielen einer Rolle, das Sich-Hineinsteigern bis zur völligen Verschmelzung mit dem Dargestellten als zutiefst künstlerisches Verhalten, als Imitationsritual, das jeder künstlerischen Leistung innewohnt, vom Schreiben einer Geschichte über das Malen eines Bildes bis zur Darstellung auf der Theaterbühne (in Immendorfs Affenskulpturen wird das Imitieren und Nachäffen zum Leitgedanken eines Künstlers, der über die Kunst nachdenkt). Zum anderen: der Kontrast zwischen der militärischen Sphäre, dem Soldatischen mit seiner Disziplin, Ordnung und Rigidität einerseits und der freien, intuitiven, kreativen Welt des Künstlers, des freien, selbstbestimmten Menschen andererseits. Militär ist

Anti-Krull, Anti-Mann, Anti-Kunst. Hier prallen die zwei denkbar schärfsten Gegensätze aufeinander. Das Soldatische steht für Kollektivismus, Grobheit, Männlichkeit und bisweilen tödlichen Ernst. Krull steht für Individualismus, Ästhetik, Überfeinerung, Androgynität und für das Lachen. Manns Triumph liegt darin, dass das Lachen gewinnt. Der Künstler besiegt den Kommiss. Die Freiheit siegt über die starre Ordnung.

Ernest Schonfield erläutert: »Wenn Felix Krull sich entschieden hat, metaphorisch zu leben, in der konjunktivischen Stimmung der Imagination, dann deshalb, weil er ein unstillbares Bedürfnis nach Freiheit verspürte.« So ist auch zu erklären, dass Krull der Tochter von Mr. Twentyman nicht in ein behütetes Wohlstandsleben folgt, und nur so ist zu begründen, warum er das Angebot von Lord Kilmarnock ausschlägt. Krull selbst erklärt das mit folgenden Worten: »Die Hauptsache war, dass ein Instinkt … Partei nahm in mir gegen eine mir präsentierte und obendrein schlackenhafte Wirklichkeit – zugunsten des freien Traums und Spieles, selbstgeschaffen und von eigenen Gnaden, will sagen: von Gnaden der Phantasie. Wenn ich als Knabe erwacht war mit dem Beschluss, ein achtzehnjähriger Prinz namens Karl zu sein, und an dieser reinen und reizenden Erdichtung, solange ich wollte, in Freiheit festgehalten hatte – das war das Rechte gewesen.«

Der Schlusssatz des Musterungskapitels ist eine Art Leitsatz für den Lebensentwurf des Hochstapler-Künstlers: »soldatisch, aber nicht als Soldat, figürlich, aber nicht wörtlich, dass im Gleichnis leben zu dürfen eigentlich Freiheit bedeute.« Nichts ist wörtlich zu nehmen, alles ist figürlich, nichts ist so wie es scheint, alles hat eine weitere Bedeutung, nichts ist dinglich, alles ist metaphorisch – ein Leben im Gleichnis als Idealbild unbegrenzter Freiheit. Dies ist nicht irgendein Glaubensbekenntnis. Es ist für Thomas Mann das allerpersönlichste Credo. Weshalb es hier, im fiktionalen Kontext, nicht zum ersten Mal auftaucht. In den »Betrachtungen eines Unpolitischen«, jener hoch politischen Kampfschrift, die der vom Ersten Weltkrieg ergriffene Autor zwischen 1915 und 1918 geschrieben und von der er sich später distanziert hat, gibt es einen Satz, den er am Ende seines Schriftstellerlebens wieder aufgenommen und im »Krull« paraphrasiert hat. Im Original, in den »Betrachtungen«, las sich das so: »Es ist klar, dass der Geist es liebt, statt der Realität das Symbol zu setzen. Man kann soldatisch leben, ohne im mindesten tauglich zu sein, als Soldat zu leben. Der Geistige lebt im Gleichnis.«

Mit den »Bekenntnissen des Hochstaplers Felix Krull« hat Thomas Mann ein Buch über ein Leben im Gleichnis geschrieben. Und ein Leben im Gleichnis ist ein Leben in Freiheit. Zu dieser Freiheit aber gehört auch Thomas Manns lebenslange und in so vielen Romanen verarbeitete »Sehnsucht nach den Wonnen der Gewöhnlichkeit« oder, wie Heller es nennt, »sein Künstlerheimweh nach dem Leben in seiner verführerischen Banalität« – kurz: nach der Sphäre des Erotischen, der Thomas Mann in seinem letzten Roman zu einem furiosen Finale verhilft.

Eskapaden, Ekstasen und erotische Freiheitsphantasien prägen den Roman »Felix Krull« von Beginn an. »Ich schrie und glaubte gen Himmel zu fahren«, schreibt der noch ganz junge Held, nachdem er zum ersten Mal mit dem Dienstmädchen Genovefa geschlafen hat. Im Frankfurter Nachtleben sammelt dann der Jüngling – wie er selbst berichtet – reiche Erfahrungen in allen Varianten der körperlichen Liebe, gesegnet mit Angeboten aller Art, die ihm ausdrücklich auch »von gewisser männlicher Seite unterbreitet wurden – wahrlich kein Wunder bei dem anziehenden Lärvchen, das die Natur mir vermacht, und einer allgemein gewinnenden Kondition.« Hier wird erstmals explizit die Homosexualität des Hochstaplers, Künstlers und Autors thematisiert.

In der Thomas-Mann-Rezeption ist die Homoerotik und Homosexualität des Schriftstellers ein weites Feld. Nirgendwo – außer vielleicht in »Der Tod in Venedig« – aber werden die eigenen Neigungen so offenkundig verarbeitet. In einer Tagebucheintragung vom 25. November 1950 bezeichnet Thomas Mann selbst den »Krull« als homosexuellen Roman. Fast hat man das Gefühl, je älter er wird, desto beherrschender wird das Thema des Sexuellen und desto freier schafft er es, damit umzugehen. Das ganze Milieu, die ganze Ästhetik der Welt des »Felix Krull« hat etwas Schwüles, Parfümiertes, hochgradig Androgynes. Eindeutig ist hier gar nichts. Ein Leben im Gleichnis bedeutet eben auch ein Leben in erotischer Ambivalenz.

Selbst scheinbar heterosexuelle Schlüsselszenen, etwa die Amouren zwischen Krull und der exzentrischen Madame Houpflé, haben mindestens eine zweite Ebene. Die Kloschüsselfabrikantengattin schnappt sich den gut gebauten Liftboy und lässt ihn nicht mehr aus ihren fleischigen Armen. »Du Wunschbild, Traum meiner Sinne, Mignon in Livree, süßer Helot«, ruft sie noch, dann geht es los: »Damit nahm sie mich bei der

Hand und zog mich auf den Rand ihres Bettes nieder zu schrägem Kantensitz … Leicht gekränkt, wie ich zugebe, durch ihre immer wiederholte Erwähnung und Betonung meines niedrigen Standes – was hatte und wollte sie nur damit? – neigte ich mich statt aller Antwort vollends zu ihr hinab und senkte meine Lippen auf ihre. Nicht nur aber, daß sie den Kuß noch weitgehender ausgestaltete, als den ersten vom Nachmittag, wobei es an meinem Entgegenkommen nicht fehlte, – so nahm sie auch meine Hand aus ihrer Stütze und führte sie in ihr Décolleté zu ihren Brüsten, die sehr handlich waren, führte sie da am Gelenk herum auf eine Weise, dass meine Männlichkeit, wie ihr nicht entgehen konnte, in den bedrängendsten Aufstand geriet.«

Was Madame Houpflé an seinem niedrigen Stande findet? Nun, er erregt sie. Und so flüstert sie ihm ins Ohr: »Der Geist ist wonnegierig nach dem Nicht-Geistigen, dem Lebendig-Schönen dans sa stupidité.« Darauf stammelt sie noch von »Selbstentsagung« und wie es sie »berauscht, von ihm erniedrigt zu werden«. Und dann wird es noch einmal richtig interessant: »Ich verabscheue den Vollmann mit dem Vollbart, die Brust voller Wolle, den reifen und nun gar den bedeutenden Mann – affreux, entsetzlich! Bedeutend bin ich selbst, – das gerade würde ich als pervers empfinden: de me coucher avec un homme penseur.« Spricht da nur die von der eigenen Bedeutung ergriffene, exaltierte Gelegenheitsschriftstellerin Houpflé alias Diane Philibert? Oder spricht da nicht vielmehr Thomas Mann selbst, der immer wieder seine Sehnsüchte nach dem Einfachen, Animalischen bekannt hat, etwa nach dem Kellner Franz Westermeier, der späten amour fou aus Zürich?

Hier, im »Krull«, kann er endlich seinen Begierden freien Lauf lassen, denn er hat zwei Tarnhelme: Die Parodie als formales Alibi und den Rollentausch, den er mit der Dichterin aus seinem Roman vornimmt. »Indem er sich hinter Madame Houpflé versteckt, ... hat Thomas Mann eine Chance gefunden, seinen Wünschen noch freieren Lauf zu lassen«, schreibt der Mann-Biograph Hermann Kurzke. Und so lässt der Dichter die Dichterin schwärmen: »Wir Weiber mögen von Glück sagen, dass unsere runden Siebensachen euch so gefallen. Aber das Göttliche, das Meisterstück der Schöpfung, Standbild der Schönheit, das seid ihr, ihr jungen, ganz jungen Männer mit den Hermes-Beinen.«

Da ist es, das für Thomas Mann und diesen Roman so wichtige Hermes-Motiv, das in den bizarren Ekstasen zwischen Madame Houpflé und Krull eine ausschweifende Rolle spielt. Fortan wird der Hochstapler immer wieder mit seinem Viertelwissen über den griechischen Gott auftrumpfen und sogar Professor Kuckuck noch damit zu beeindrucken suchen. Hermes, Gott der Reisenden und der Diebe, erreicht wie Felix seine Ziele durch Gewaltlosigkeit, durch rhetorisches Geschick. Er bewegt sich zwischen den Welten, steht für Schönheit, vor allem aber hermaphroditische Zweideutigkeit. Er darf durchaus als weitere Metapher für die Homoerotik der gesamten Krull-Welt gelten.

Wie weit Thomas Mann seine Homosexualität ausgelebt hat – wir wissen es nicht und müssen es auch nicht wissen. Literarisch aktenkundig sind seine Schwärmereien für »Jünglinge« – in den »Buddenbrooks« (Hanno/Kai Graf Mölln), in »Tonio Kröger« (Tonio Kröger/Hans Hansen), im »Zauberberg« (Hans

Castorp/Pribislav Hippe) und vor allem natürlich in »Der Tod in Venedig« (Gustav von Aschenbach/Tadzio). Fest steht jedenfalls, dass bis ins hohe Alter Erotik ein beherrschendes Thema für Thomas Mann war. Je älter er wurde, desto expliziter wurden seine Tagebucheintragungen: »Erregte Nacht«; »Sehr starke sexuelle Potenz und Not neuerdings. Das endet nie« (1947). »Die Sexualität – unglaublich« (1950). »Lebhaft vorhaltende Männlichkeit erwies sich bei Nacht« (1951). Und schließlich, ein Jahr vor seinem Tod, am 29. August 1954, in ungewohnter Deutlichkeit, fast stolz: »Zur Nacht, nach einigem Schlaf masturbiert.« Von vergeistigter Ruhe, die da ein älterer Herr, ein Repräsentant des deutschen Geisteslebens findet, kann keine Rede sein.

Ausgerechnet jener »Großschriftsteller«, den Bertolt Brecht einen »regierungstreuen Lohnschreiber der Bourgeoisie« schimpfte und den Alfred Döblin als den Herrn verspottete, »der die Bügelfalte zum Kunstprinzip« erhebt – ausgerechnet er, der sich »ums Leben betrog«, erlebt mit seinem Satyrspiel »Felix Krull« eine Art späte sexuelle Befreiung. Die Prioritäten verschieben sich. Bildungserlebnisse, schöngeistige Durchdringung rücken in den Hintergrund. Je näher die Todesstunde kommt, desto drängender, desto unsublimierter wird das Sinnlich-Sexuelle. Im »Felix Krull« befreit und emanzipiert sich zuerst die Kunst und triumphiert über das Barbarisch-Kreatürliche, und schließlich befreit und emanzipiert sich das Kreatürlich-Sexuelle und triumphiert über den Geist. Das Fleisch ist schwach. Am Ende eines disziplinierten Lebens scheint sich Thomas Mann auch damit gerne abzufinden.

So wundert es nicht, dass der Autor die Schlussszene seines letzten Romans der körperlichen Liebe widmet. Genauer: einem Liebesakt mit der Mutter von Professor Kuckucks schöner Tochter Zouzou. Senhora Maria Pia, »das volle schwarze Haar in der Stirn zu einigen Löckchen geordnet«, »einschüchternd streng vor iberischem Rassestolz« und auf der Oberlippe einen Haarflaum wie Frida Kahlo, wird so beschrieben, wie man sich Thomas Manns Mutter aus brasilianischer Familie vorstellt. Keine Frage: Maria Pia ist Frau Senatorin Mann, geborene Julia da Silva-Bruhns. Mann und seine Mutter: »›Maria!‹ rief ich. Und: ›Holé! Heho! Ahé!‹ rief sie mit mächtigem Jubel. Ein Wirbelsturm urtümlicher Kräfte trug mich ins Reich der Wonne. Und hoch, stürmischer als beim iberischen Blutspiel, sah ich unter meinen glühenden Zärtlichkeiten den königlichen Busen wogen.« Das sind seine letzten Zeilen.

Auch diese Freiheit nimmt er sich.

Exzess der Freiheit – 15. September 2008

Alles sah dunkler aus als sonst in dieser Nacht im späten September 2008, selbst die Leuchtreklame auf den Türmen der Commerzbank und der Deutschen Bank, die sich wie in Entenhausen bei Dagobert Duck einen Wettkampf um die Höhe geliefert hatten. Damals, in guten Zeiten. Jetzt war es vorbei. Panik statt Potenz. In meinem Frankfurter Hotelzimmer roch es penetrant nach Reinigungsmittel. Riecht so der Untergang? Weltwirtschaftskrise. Wie Ende der 1920er Jahre. Da hatte Fritzi Massary noch gesungen: »Ich liebe das Geld, die Schönheit, die Kraft – ich liebe das Geld, weil es Freiheit mir schafft«. Und kurz darauf war es vorbei mit Geld und Kraft. Und irgendwann mit der Freiheit. Die Weltwirtschaftskrise dauerte von 1929 bis 1933, sie ereignete sich in mehreren Wellen.

So auch diesmal. Schwer zu sagen, wann genau die Finanzkrise des 21. Jahrhunderts begonnen hat. Noch unsicherer ist, auf dem Höhepunkt ihrer zweiten Welle im Sommer 2011, wie lange sie dauern wird und wie grundstürzend die Verwerfungen in Europa und Amerika sein werden. Klar ist nur, was ihr 9. November, ihr 11. September, was ihr symbolisches Datum ist: der 15. September, der Tag, an dem die amerikanische Investmentbank Lehman Brothers Pleite ging. Bedrohlich war die Lage schon 2006. In den USA platzte die Immobilienblase, zuerst in Miami (genau wie 1929, als der

Bauboom in South Beach kollabierte). Damit entstand ein Vakuum bei den hoch riskanten US-Hypothekenkrediten, die mit niedrigen Zinsen jahrelang einkommensschwache Hauskäufer angelockt hatten. Die waren jetzt in Massen zahlungsunfähig und brachten in einem Dominoeffekt Kreditinstitute ins Wanken. An der Wall Street brach mit der Nachricht von der Lehman-Insolvenz Panik aus. Die Kurse stürzten stärker als nach den Terroranschlägen vom 11. September 2001.

Finanzkrisen sind nichts Neues. Ihre Geschichte ist jahrhundertealt, älter noch als die moderne Marktwirtschaft. Exzesse und die folgenden Abstürze gibt es, seit es Geld gibt. Die erste große Krise entstand kurz nach der Erfindung des Papiergelds und des modernen Geldverkehrs.

Ein Urheber dieser fundamentalen Finanzkrise war zugleich der Erfinder und Vorläufer des modernen Kapitalismus. Wohlstand und Wachstum des Industriezeitalters, die Architektur des modernen Banksystems sind ohne ihn genauso undenkbar wie alle Finanzkrisen der jüngeren Geschichte. Jeder, der heute an der Wall Street oder sonstwo Geschäfte macht, sollte den Lebenslauf dieses Mannes kennen: John Law of Lauriston.

Seine Geschichte ist auch deshalb so faszinierend, weil sie sich in weiten Teilen wie eine Blaupause für die Geschehnisse der vergangenen Jahre liest. Der am 16. April 1671 als Sohn eines schottischen Goldschmieds geborene Law war Genie und Glücksritter zugleich. Schon in seiner Kindheit entwickelte er ausgeprägte Fertigkeiten als Kartenspieler. Sein ungewöhnliches Gedächtnis und seine Begabung im computerschnellen Kopfrechnen und vor allem in der Wahrscheinlichkeitsrechnung befähigten ihn, seine Gewinnchancen präzise zu kalkulieren und danach seine Einsätze und sein Spielverhalten zu planen. Dies machte ihn zu einem gefürchteten und gefeierten Spieler, der an den Höfen Europas wie in den Kaschemmen Londons seine Gegner beeindruckte. Law verdiente damit sein erstes Vermögen.

Schon in der Schulzeit in einem Internat beschäftigte sich Law mit revolutionären Ideen zu künftigen Finanz- und Geldsystemen. Die Grundidee war dabei nicht nur das Papiergeld, sondern vor allem der Gedanke, dass nicht nur Goldmünzen zur Deckung des Notenumlaufs dienen könnten, sondern auch andere Werte und deren in der Zukunft liegende Erträge. Damit sollte es gelingen, Handel und Gewerbe mit neuer Liquidität zu versorgen, Wachstum zu stimulieren und Deflation zu verhindern – das war Laws Vision. Er verfolgte sie über Jahrzehnte hinweg, trotz zahlreicher Rückschläge, mit der Beharrlichkeit eines Unternehmers, eines Künstlers, eines Besessenen.

Law galt als Parvenü, als Lebemann mit neiderweckendem Erfolg und einer Freizügigkeit des Denk- und Lebensstils, die provozierend und für viele bedrohlich wirkte. Law wagte, wovon andere nur träumten – und gewann. Er war reich, erfolgreich, gut aussehend, ein homme à femmes, der bei seinen beruflichen Feldzügen eine Affäre nach der anderen mit den Schönheiten der europäischen Höfe hatte. Er war vor allem eines: ein charmanter Hasardeur, unkonventionell und damit unberechenbar.

Als sein langjähriger Gönner, Philipp Herzog von Orléans, 1715 die Regierung Frankreichs übernahm, schlug Laws große Stunde. Angesichts des aussichtslos heruntergewirtschafteten Königreichs erlaubte Philipp II. dem Freund, seine geldpolitischen Ideen in die Praxis umzusetzen. Zunächst lösten Laws erfolgreiche Bank, das neue Geldsystem sowie die massive Ausweitung von Banknoten- und Aktienemissionen beispielloses Wachstum und Prosperität aus. Die Staatsfinanzen schienen saniert, der König und sein Volk bewunderten Law wie einen Popstar. Als Hauptaktionär der von ihm kontrollierten Gesellschaften, als Generalkontrolleur der Finanzen, vor allem aber als Direktor der Mississippi Compagnie, der ein Drittel des nordamerikanischen Kontinents gehörte, wurde Law zum reichsten Mann Frankreichs, Europas und zeitweise sogar der ganzen Welt. Seine Macht war unvorstellbar. Auf heutige Verhältnisse übertragen war er so etwas wie eine Kombination aus dem Investor Warren Buffet, dem Chef der Federal Reserve Bank und dem CEO von Goldman Sachs.

Doch dem Aufstieg folgten alsbald Hybris und Niedergang. Man vermutete damals Gold in der französischen Kolonie Louisiana. Law machte sich dieses Gerücht zunutze und verkaufte auf Rechnung des französischen Hofes Aktien der Mississippi Compagnie, bei der die Schürfrechte für Louisiana lagen – großzügig gewährt vom Hofe. Den Verkaufserlös der Aktien investierte Law allerdings nicht in die Goldsuche, sondern überwies ihn abzüglich seiner Provision an Philipp II. Dieser wiederum zahlte mit dem Geld die Zinsen seiner Schulden und behielt den Rest. Wurde die Kasse wieder knapp, ging die nächste Emissionsrunde an den Markt. Bald überstieg der Nominalwert der emittierten Papiere das Vermögen des Hofes bei weitem. Philipp II. konnte die Zinsen nicht mehr zahlen. Das empörte Publikum witterte Betrug und forderte sein Geld zurück. Law heuerte Tagelöhner und Bettler an und schickte sie mit Spaten und Spitzhacken auf dem Rücken zur Parade durch Paris, ganz so, als würde nun endlich eine Armee von Goldsuchern nach Amerika aufbrechen. Aber auch das war Täuschung. Gold gab es keines. Das Schneeballsystem brach zusammen. Die Gläubiger verloren ihr Geld, Frankreich glitt in eine tiefe Depression. Law erlitt einen Nervenzusammenbruch und flüchtete.

Der Schriftsteller und Politiker Saint-Simon schrieb, eine »verschwindend kleine Minderheit habe sich bereichert am Ruin der gesamten Bevölkerung«. Eine gebrannte Generation blieb zeitlebens skeptisch gegenüber der Hochfinanz. Doch schon ihre Söhne und Töchter glaubten den Erfahrungen der Alten nicht mehr und wiederholten deren Fehler.

Laws Idee schien gescheitert, der Exzess der Freiheit hatte allen Skeptikern Recht gegeben. Gescheitert aber war Law nicht an seinem finanzpolitischen Konzept, sondern an dessen illegaler Interpretation und Umsetzung, an der exzessiven Übertreibung einer an sich guten Idee. Dies erklärt, warum die Grundzüge seiner Theorie bis heute unser finanzpolitisches Koordinatensystem prägen. Und warum Laws Konzept auch in der jüngeren Geschichte viel Wohlstand und Freiheit bewirkte – und ganz nach dem Muster aus dem 18. Jahrhundert immer nur dann krisenhaft scheiterte, wenn es infolge von exzessiver Gier in die Illegalität umkippte.

Zum nachhaltigen Durchbruch gelangte Laws ihrer Zeit weit vorauseilende Idee erst im 20. Jahrhundert, etwa als man sich in der Weimarer Republik 1923 daran wagte, die neu ausgegebenen Noten (»Rentenmark«) durch Grundbesitz von Industrie und Landwirtschaft abzusichern. Wieder ein großer Erfolg. Wieder bis zur nächsten Übertreibung. Wieder bis zur nächsten Weltwirtschaftskrise, diesmal der von 1929. Und wieder etablierte man, kaum war die Krise überwunden, Laws System. Diesmal konsequenter denn je. Seit den Reformen des Weltfinanzsystems in den 1970er Jahren spielt die Deckung des Geldumlaufs mit Edelmetall weltweit kaum eine Rolle mehr.

In John Laws Geschichte sind fast alle wesentlichen Elemente enthalten, die auch die jüngste Finanzkrise ausmachen. Der Vater des globalen Kapitalismus hat zugleich die Mutter aller Finanzkrisen hervorgebracht.

Die Finanzkrise gilt als Entgleisung, als Exzess der Freiheit. Als Rache der Vernunft, die das amoralische Treiben gieriger Kapitalisten bestraft. Das stimmt und stimmt auch wieder nicht. Es stimmt, weil in der jüngsten Finanzkrise Bereicherungswillkür ebenfalls auf nicht funktionierende Kontrollsysteme traf. So gesehen: ein Exzess, ein Missbrauch der Freiheit. Und es stimmt nicht, weil es nicht allein die hemmungslosen Freiheiten privater Kapitalisten waren, die die Misere bewirkt haben, sondern – ganz wie damals bei John Law – missbräuchliche staatliche Steuerung und eine die Gesetze der Marktwirtschaft aus Eigeninteresse verzerrende Politik dazu beigetragen haben.

Seit Ende der 1990er Jahre hatte die US-Notenbank drastisch die Zinsen gesenkt, um das Wachstum anzufeuern und die »New Economy« mit Geld zu versorgen. Ihre Politik des billigen Geldes machte im Nebeneffekt Bankkredite günstig und ermöglichte vielen Amerikanern, ihren Traum vom Hauskauf wahr werden zu lassen. Notenbankchef Alan Greenspan bediente damit ein Ziel der amerikanischen Regierung: Möglichst jeder Amerikaner sollte Hauseigentümer sein. Menschen mit eigenen vier Wänden seien zufriedene Wähler, so die Erwartung. Präsident Clinton konnte sich rühmen, in den acht Jahren seiner Präsidentschaft der Volkswirtschaft stabiles Wachstum beschert und gleichzeitig die Staatsfinanzen saniert zu haben.

Seit dem 11. September 2001 war jedes Mittel recht, um die andauernde Rezession einzudämmen: Geld wurde frisch gedruckt, und Banken drehten die Kredithähne noch weiter auf. Um eine kurzfristige Krise zu vermeiden, wurde der langfristige Kollaps des Finanzsystems in Kauf genommen. Der 11. September war in gewisser Weise die Geburtsstunde der aktuellen Finanzkrise. Oder das, was Bin Laden sich immer gewünscht hatte: der schwerste denkbare Schlag gegen den westlichen Kapitalismus. Am 15. September 2008, dem Symboltag der Weltwirtschaftskrise, hatte der al-Qaida-Terrorismus das erreicht, was er am 11. September 2001 mit der Attacke auf das World Trade Center begonnen hatte: eine nachhaltige Destabilisierung des westlichen Kapitalismus.

Zunächst aber schien es trotz der Anschläge ökonomisch viele Gewinner zu geben. Fast jeder konnte nun einen Kredit bekommen. Mit der Zahl der Hauskäufe stiegen die Preise. Der Immobilienboom lockte in den folgenden Jahren internationale Banken an, darunter auch die Hypo Real Estate, die Landesbank Sachsen oder die Commerzbank. Banken aus aller Welt pumpten Milliarden in das amerikanische Kreditgeschäft.

2003 waren amerikanische Häuser mehr wert als je zuvor, die Geldleihe dafür so billig wie noch nie. Schon damals war das Risiko der Banken hoch, ihr Geld nicht mehr zurückzubekommen. Zusätzlich goss die Politik Öl ins Feuer. 2004 senkte die US-Regierung die Hürden bei der Kreditvergabe per Gesetz; die Banken hatten nun freie Bahn, ihre Kunden mit immer exzessiveren Anreizen zu locken.

Sogenannte Non-Recourse-Kredite verbreiteten sich zunehmend. Bei dieser Kreditform dient nur noch das beliehene Objekt als Sicherheit. Der Kreditnehmer muss nicht mehr sein restliches Vermögen als Sicherheit einsetzen. Das heißt im Klartext: Wenn eine Immobilieninvestition nicht läuft, wirft der Schuldner der Bank den Hausschlüssel auf den Tisch und zieht sanktionslos davon. Eine Kultur des Leichtsinns, ein tiefer Glaube an die ewige Wertsteigerung, an die Verheißungen des ganz schnellen Geldes breiteten sich aus. Wer keine Schulden hatte, galt als rückständig.

Auch den Unternehmen wurden immer höhere Verschuldungsfaktoren eingeredet. Ich erinnere mich noch gut, wie wir als Repräsentanten der Axel Springer AG in den Jahren 2005 bis 2007 bei unseren Investoren in New York, London und Frankfurt belächelt, ja teilweise massiv kritisiert wurden wegen unseres niedrigen Schuldenstandes. Ein sogenanntes »underleveraged balance sheet« diagnostizierten manche Bankiers, eine ineffiziente Kapitalstruktur, für Anleger nicht interessant. Wir sollten gefälligst höhere Schulden aufnehmen. Gesunder Menschenverstand hat uns davon abgehalten.

Aber auch in vielen europäischen Ländern entwickelte sich eine Kultur fröhlicher Verschuldung. Im Glauben an ewige Prosperität und vor allem daran, dass irgendjemand irgendwann die Rechnung schon bezahlen würde, erlaubten sich ganze Staaten das, was eine Bank jedem Kioskbesitzer verbieten würde: Sie lebten über ihre Verhältnisse und auf Pump. In Friedrich Dürrenmatts »Frank der Fünfte – Komödie einer Privatbank« heißt es: »Die Staatsbank hilft, zahlt deine Gaunereien. So kommen du und ich am besten weg.« Und wenn die eigene Staatsbank nicht mehr kann, dann sind eben andere Staaten dran.

Finanzkrisen sind gesellschaftliche Traumata, ein böses Erwachen aus einem sorgenfreien Rausch. Für die Subprime-Krise von 2008 gilt das ebenso wie für das Platzen der Internet-Blase 2000, für die Öl- und Wirtschaftskrisen der 1970er Jahre, für 1929 und erst recht für die aktuelle Euro-Krise. Finanzkrisen erzeugen Schwindelgefühle und Wirklichkeitsverlust.

Was gestern viel schien, ist heute plötzlich wenig. Es entsteht ein Kult der »großen Zahl«, von dem Elias Canetti in »Masse und Macht« spricht. Selbstentwertungsprozesse kommen in Gang. Gefährlich wird es, schreibt Canetti, wenn »Menschen und Geldeinheit ineinanderfließen. Eines steht fürs andere, der Mensch fühlt sich so schlecht wie das Geld, das immer schlechter wird; und alle zusammen sind diesem schlechten Gelde ausgeliefert und fühlen sich auch zusammen ebenso wertlos.«

Der Blick auf die Finanzkrise von 2008 bis heute bestätigt, dass Freiheit immer dann Unfreiheit erzeugt, wenn sie als Freiheit zu absolutem Egoismus missverstanden wird. Wenn sie die Leitplanken des Kategorischen Imperativs von Kant durchbricht: »Handle nur nach derjenigen Maxime, durch die du zugleich wollen kannst, dass sie ein allgemeines Gesetz werde.« Freiheit ist immer auch die Freiheit zur Übertreibung. Wirkliche Freiheit schließt die Möglichkeit eines gewissen Missbrauchs ein, denn genau dosieren lassen wird sich Freiheit nie. Problematisch wird es da, wo eigene Freiheiten die Freiheit anderer einschränken, wo anderen etwas zugemutet wird, was man selbst nicht zu ertragen gewillt wäre. Konkret also da, wo skrupelloses eigenes Verhalten andere schädigt. Etwa bei der Vermarktung unseriöser Finanzderivate.

Hauptauslöser der ersten Stufe der Finanzkrise waren die sogenannten »Mortgage Backed Securities« (MBS), die gefährlichsten unter den später sogenannten »toxischen Produkten«. Die Architekten der MBS kauften Tausende von Hypotheken von den Banken zu Abschlägen auf und bündelten sie zu Fonds.

Im Internet wurden dieses Geschäftsmodell und seine Folgen von einem unbekannten Autor so zusammengefasst: »Mandy besitzt eine leider nicht sehr erfolgreiche Kneipe in Berlin-Kreuzberg. Um den Umsatz zu steigern, beschließt sie, die Getränke der Stammkundschaft (hauptsächlich alkoholkranke Hartz-IV-Empfänger) auf den Deckel zu nehmen, ihnen also Kredit zu gewähren. Das spricht sich in Kreuzberg schnell herum und immer mehr Kundschaft drängt sich in Mandys Bar. Da die Kunden sich um die Bezahlung keine Sorgen machen müssen, erhöht Mandy die Preise für Bier und Schnaps und steigert damit auch massiv ihren Umsatz. Der junge und dynamische Kundenberater der lokalen Bank bemerkt Mandys Erfolg und bietet ihr eine unbegrenzte Kreditlinie an. Um die Deckung macht er sich keinerlei Sorgen, er hat ja die Schulden der Trinker als Deckung. Zur Refinanzierung – eine Bank muss ja ihr Geld irgendwo herkriegen – taufen top ausgebildete Investmentbanker die Bierdeckel in verbriefte Schuldverschreibungen um. Daraufhin werden sie von mehreren Rating-Agenturen mit ausgezeichneten Bewertungen versehen. Niemand versteht zwar, was genau diese Papiere beinhalten, aber dank steigender Kurse werden diese Konstrukte ein Renner für institutionelle Investoren. Vorstände und Investmentspezialisten der Bank erhalten Boni im dreistelligen Millionenbereich. Eines Tages, obwohl die Kurse immer noch steigen, stellt ein Risk-Manager (der später wegen seiner negativen Grundeinstellung selbstverständlich entlassen wurde) fest, dass es an der Zeit sei, die ältesten Deckel von Mandys Kunden langsam abzukassieren (fällig zu stellen nennen das die Banker). Überraschenderweise können weder die ersten noch die folgenden Kneipenkunden ihre Schulden, von denen viele inzwischen ein Vielfaches ihres Jahreseinkommens betragen, bezahlen. Die Schuldverschreibungen verlieren 98 Prozent. Mandys Kneipe geht pleite. Der Wein- und der Schnapslieferant gehen Konkurs. Die Bank wird durch den Staat mit Steuergeldern gerettet. Der Bankvorstand verzichtet für das abgelaufene Geschäftsjahr auf den Bonus.«

Wie bei Mandy so bei Lehman Brothers: Das Verdrängen, Vermarkten und Anonymisieren von Risiken hat Massenarbeitslosigkeit und De-facto-Staatsbankrotte ausgelöst, die Erwerbsbiographien von Millionen Menschen beschädigt und den ersten großflächigen Kreditzusammenbruch seit der Großen Depression bewirkt.

Schuld seien »die Banker«, heißt es. Das stimmt.

Auch wenn es nicht alle waren, es waren in diesem Fall sehr viele. Ihr Vorgehen hatte Methode und System. Dennoch: So wie Banken die Subprime-Kredite entsorgten, so entsorgen viele Kleinanleger die Verantwortung für die Krise, indem sie auf die Banker als alleinige Sündenböcke zeigen. Die Durchschnittskontobesitzer haben das kollektive Versagen durchaus selbst befördert: Wir alle haben als Sparer, Aktionäre, Lebensversicherte, Rentner oder Angestellte Renditedruck auf dem Kapitalmarkt erzeugt. Kapitalisten? Das sind wir alle, weil wir im Zweifel gerne die Augen zudrückten, wenn nur die Verzinsung stimmte. Das bedeutet Mitverantwortung. Die Hauptverantwortung tragen zweifellos die, die viel zu entscheiden und noch mehr zu gewinnen hatten und dabei in ihrer Maßlosigkeit das ganze System an den Abgrund geführt haben.

Jede Epoche bringt die Betrüger hervor, die sie verdient. Die Geschichten von Bernard Madoff und Jérôme Kerviel sind Lehrstücke über die Exzesse, die wir nicht sehen wollten. Geschichte wiederholt sich manchmal doch. Der Ökonom John Kenneth Galbraith, der die jüngste Finanzkrise nicht mehr erlebt hat, arbeitete in seinem Klassiker »A Short History of Financial Euphoria« wiederkehrende Muster von Finanzkrisen heraus. Neben der immer neuen Rechtfertigung von Schulden nennt er das übersteigerte Vertrauen, mit dem das Publikum der Finanzwelt begegnet. »Mit der Führung großer Banken und dem Besitz großer Reichtümer assoziieren wir intuitiv hohe Intelligenz. Je größer Umsatz und Vermögen, desto profunder setzen wir die finanzielle, wirtschaftliche und soziale Kompetenz an«, schreibt Galbraith. »Wer Geld zu verleihen hat, ist seit langem daran gewöhnt, mit einem besonders hohen Maß an Ehrerbietung behandelt zu werden, vor allem durch seine Schuldner. Wem dies täglich widerfährt, der übersetzt das nur allzu leicht in die Bestätigung überlegener Intelligenz. Wenn ich so behandelt werde, muss ich weise sein, denkt er sich. In der Folge sinkt seine Fähigkeit zur Selbstkritik. Diese ist aber Voraussetzung für gesunden Menschenverstand.« So geschah es im Fall des New Yorker Anlagebetrügers Bernard Madoff. Die grotesk übertriebene Intelligenzvermutung der Außenwelt traf auf schwindende Selbstkritikfähigkeit, die irgendwann in gigantischen Betrug umschlug. Madoff prellte seine Kunden um 65 Milliarden Dollar im größten Anlagebetrugsskandal der Geschichte.

Wie so etwas in der Praxis aussieht, erlebte ich im Apartment eines New Yorker Geschäftsmannes. Die Wohnung rund tausend Quadratmeter groß, Blick auf den herbstlichen Central Park, auf zwei Etagen Schlüsselwerke von Picasso und Manet, Roy Lichtenstein und Mark Rothko. Der Gastgeber erzählte mir beim Tee von den Verwerfungen bei seinen Zeitungen und Zeitschriften. Die düstere Lage der Finanzmärkte beunruhigte ihn damals nicht, denn konservative Juden wie er, sagte der Mann ganz entspannt, hätten zwei unerschütterliche Anlagen: Madoff und Mark Rothko. Dabei deutete er auf das Farbflächen-Großformat gegenüber, dessen Marktwert damals sicher zwischen 60 und 80 Millionen Dollar lag. Je schwieriger die Lage, desto besser performt Madoff, meinte mein Gastgeber. Wenige Wochen später verlor seine Stiftung ein Zehntel ihres gesamten Vermögens – bei Madoff. Und die Rothko-Preise gingen ebenfalls in den Keller. Auch auf der

Art Basel Miami Beach herrschte im Dezember 2008 Depression. Nirgendwo war die Konzentration von Madoff-Kunden so hoch wie unter den großen Sammlern Floridas. Für Kunst war jetzt kein Geld mehr da. Die Galeristen machten lange Gesichter.

Woher der Leichtsinn? Die Geschädigten sagten später, dass sie sich das Maß der staatlichen Nicht-Kontrolle nicht hatten vorstellen können. Das sagten jene, die sonst nur eines vom Staat erwarten: dass er sich aus marktwirtschaftlichen Prozessen heraushält. Wenn es um die Absicherung der eigenen Investitionen geht, ist es aber wieder der Staat, der Schlimmes verhindern und für den entstandenen Schaden eintreten soll. Paradoxer kann das Verständnis von Marktwirtschaft nicht sein. Die Deregulierer und Advokaten des Privatsektors werden zu Etatisten, wenn es darum geht, die eigene Haut zu retten. Ganz wie drei Jahre später, als Banken ganz überrascht sind, dass griechische Staatsanleihen abgeschrieben werden müssen, wenn die Politik nicht hilft. Das Urvertrauen sitzt tief: Die EU und der deutsche Steuerzahler werden es schon richten. Gut gehen kann das kaum.

Exzesse, Missbräuche der Freiheit gefährden die Freiheit. Bazon Brocks legendäres Schild in einem Berliner Galeriehof ruft: »Der Tod muss abgeschafft werden, diese verdammte Schweinerei muss aufhören. Wer ein Wort des Trostes spricht, ist ein Verräter.« Übertragen auf den Zorn der Sparer und Anleger, die ihre eigene Mitschuld am Crash erst gar nicht hinterfragen, müsste das Brock-Schild lauten: »Die Gier muss abgeschafft werden, diese verdammte Schweinerei muss aufhören. Wer sich auf die Freiheit beruft, ist ein Verräter.«

Die langfristig gefährlichste Konsequenz der Finanzkrise, aus der eine Euro- und eine Europa-Krise, eine Verschuldungs- und eine Amerika-Krise wurde, ist die Diskreditierung der Marktwirtschaft und der Freiheit insgesamt. Eine Ahnung von der nackten Wut, die vielerorts herrschte, vermittelt der bitterironische Text von Matthew Parris auf dem ersten Höhepunkt der Finanzkrise in der Londoner *Times*: »Ich möchte Finanzmanager nackt in der Manege kämpfen sehen, Bankiers mit Löwen im Stadion ringen, gescheiterte Bankaufseher bei den Alligatoren, Short-Seller in der Schlangengrube, und vermeintliche Finanzexperten mögen ihr Glück bei den Haien versuchen. Sie alle hatten ihre Blütezeit, ihre Boni, ihren Porsche, ihre edlen Tropfen und ihr ganzes einfältiges Gepränge. Sie hatten ihren Spaß. Jetzt sind wir an der Reihe. Ab mit ihnen zur Guillotine.«

In Deutschland sind es die in der »Linken« organisierte Trauergemeinde der DDR und viele andere Gegner der Marktwirtschaft, die seit langem auf diese Gelegenheit gewartet haben. Seit dem 15. September 2008 können sie behaupten: Das, was jetzt passiert, haben wir schon seit Jahren vorausgesagt. So sind sie eben, die Kapitalisten. So ist sie eben, die Marktwirtschaft. In einem von sozialen Unruhen begleiteten Umverteilungs-Wettkampf gegen Ende der Krise könnte die Stunde linker und rechter Extremisten schlagen, die sich in ihrem unfreiheitlichen, fremdenfeindlichen, protektionistischen, nationalsozialistischen oder sozialistisch-nationalen Weltbild beklemmend ähnlich sind. Finanzkrisen ziehen politische Krisen nach sich. 1933 war auch eine Folge von 1929.

Nach dem Höhepunkt der ersten Phase der jetzigen

Krise wollten manche so tun, als sei nichts gewesen, als könne man mit den gleichen Methoden einfach weitermachen. An der Wall Street galt schnell die Devise: back to business as usual. Andere sahen – auch in Amerika – ihre Stunde gekommen und plädierten für einen radikalen Wechsel des Modells. Mehr Staat, mehr Regulierung, weniger Privatwirtschaft, weniger Wachstum. In Europa herrschte überwiegend Konzeptionslosigkeit. Verdrängt wurde, während man um das Überleben des Euro kämpfte, dass über Jahre falsche Werte und Prinzipien gegolten hatten. Kaum einer diskutierte die entscheidende Frage der Strukturen: Systemische Bankriesen, die in der Krise die Steuerzahler Milliarden kosteten, hatte die Politik im Interesse der Bürger nicht verhindert. Sie hatte sie gefördert.

Der britische Historiker Niall Ferguson bringt es auf den Punkt: »Trotz vieler Diskussionen über Regulierung wird man sich dem größten Fehler in unserem Finanzsystem wohl nicht widmen. Er lässt sich in einem Satz ausdrücken: ›too big to fail‹ – die Banken sind zu groß, um unterzugehen. Leider gibt es keinen Hinweis darauf, dass Politiker in den USA oder Europa den ernsthaften Wunsch haben, das Existenzrecht dieser Institute in Frage zu stellen. Auch die Medien begreifen das Wesentliche nicht. Die Menschen beschäftigen sich lieber mit Gehältern von Bankern, weil es leicht zu verstehen ist, dass der Goldman-Sachs-Chef Lloyd Blankfein 2000-mal mehr verdient als der Durchschnittsbürger. Aber das ist nicht die Ursache des Problems. Die Banken, die zu groß sind, um unterzugehen, können wahnsinnige Summen zahlen, weil sie den Lohn der Risiken einheimsen, ohne die Kosten zu tragen: das Risiko pleitezugehen. Solange sie existieren, wird das internationale Finanzsystem nicht mehr sein als eine Parodie eines wirklich freien Marktes.«

In der Folge dieser Fehlsteuerungen entwickelte sich seit 2008 ein regelrechtes Domino an Bailouts – der Übernahme der Schulden durch den Staat. Das ist erstens ungerecht, denn belohnt wird immer der Erfolglose, bestraft der Erfolgreiche. Zweitens verschleppt es Krisen, anstatt sie zu lösen. Und drittens ist es gefährlich, denn irgendeiner muss am Ende die Rechnung bezahlen. Nachdem in der ersten Welle der Finanzkrise Staaten versuchten, erfolglose Großbanken und Industrieunternehmen vor dem Untergang zu bewahren, versuchten in der zweiten Welle erfolgreiche große Staaten erfolglose kleine Staaten zu retten. Aber wer rettet die Staaten, wenn sie andere Länder und sich selbst nicht mehr retten können?

Auf dem ersten Höhepunkt der Finanzkrise stellten allein in Amerika Notenbank und Regierung rund elf Billionen Dollar für Rettungs- und Stimulierungsmaßnahmen sowie Kredite und Garantien bereit, das entspricht etwa dem Wert aller US-Unternehmensgewinne nach Steuern im 21. Jahrhundert oder dem amerikanischen Bruttoinlandsprodukt. In der zweiten Welle wurde in Brüssel ein Paket von einer Dreiviertel Billion Euro beschlossen, um den Verfall des Euro und die Insolvenz Griechenlands mit allen befürchteten Dominoeffekten zu vermeiden. Weitere Stützungswellen folgten.

Mit Staatshilfen sollte das Gespenst von Staatspleiten und weiteren Bankpleiten um jeden Preis verscheucht werden. Das Szenario erinnert an ein Bild, das der Wirtschaftswissenschaftler Hans-Werner Sinn immer wieder in seinen Vorträgen verwendet. Er zeigt dann ein Foto, auf dem ein in den Fluss gestürztes Auto zu sehen ist, das von einem größeren Auto geborgen werden soll, woraufhin das noch größere Auto ebenfalls in den Fluss stürzt, bis schließlich der daraufhin bestellte riesengroße Rettungskran ebenfalls versinkt. Dreifach verloren, nichts behoben. Alles unter Wasser.

Das Prinzip, das auf diese Weise gleich mit versenkt wird, ist das Grundprinzip der Marktwirtschaft: Die Freiheit zum unbegrenzten Gewinn geht einher mit der Freiheit zum unbegrenzten Verlust. Es kann eben nicht sein, dass Gewinne Privatsache sind, Verluste hingegen Staatsangelegenheiten. Das ist die Freiheitsfalle der Finanzmärkte. Wer Gewinne privatisiert und Verluste verstaatlicht, setzt die Marktwirtschaft außer Gefecht.

Die globale Wirtschafts- und Finanzordnung steht vor einer Richtungsentscheidung. Die eine Möglichkeit besteht in immer weitergehenden Interventionen des Staates, um immer komplexere, immer schwerer nachvollziehbare Finanzprodukte und marktwirtschaftliche Mechanismen zu regulieren. Das bedeutet: Der Staat übernimmt immer mehr Verantwortung, was zugleich heißt, dass er immer häufiger für die Folgen krisenhafter Fehlentwicklungen einstehen muss. Ein Karussell von Rettungsaktionen, Bailouts, Stützungen oder Subventionen gescheiterter Unternehmen wird so in immer schwungvollere Bewegung gesetzt. Die finanziellen Folgen werden unbeherrschbar und führen zu immer willkürlicheren Interventionen. Gehälter, Boni, Dividenden, Gewinnmargen, Finanzprodukte, Aktienspekulationen – immer mehr müsste in diesem Szenario künftig staatlich geregelt werden, immer häufiger würde der Staat selbst zum Aktionär. Eine Verstaatlichungswelle, eine neue Staatswirtschaft, eine womöglich modernere, aber nicht weniger verheerende Planwirtschaft wären auf Dauer die Folge.

Das andere Szenario klingt simpel und wäre erfolgreicher, wenn es nicht schon zu spät ist, um es konsequent anzuwenden: Der Staat beschränkt sich auf die Rolle des Schiedsrichters, der die Regeln überwacht, aber nicht selbst mitspielt. Ludwig Erhard hatte dieses Prinzip zur Grundlage seiner erfolgreichen und international bewunderten Wirtschaftspolitik gemacht und in »Wohlstand für alle« im Jahr 1957 so formuliert: »Bei früherer Gelegenheit habe ich in diesem Zusammenhang einmal auf die Rolle des Staates als des obersten Schiedsrichters verwiesen. Ich möchte hierbei das vielleicht etwas banal erscheinende Bild eines Fußballspiels gebrauchen dürfen. Da bin ich der Meinung, dass ebenso wie der Schiedsrichter nicht mitspielen darf, auch der Staat nicht mitzuspielen hat. Eines ist bei einem guten Fußballspiel als wesentliches Merkmal zu erkennen: Das Fußballspiel folgt bestimmten Regeln, und diese stehen von vornherein fest. Was ich mit einer marktwirtschaftlichen Politik anstrebe, das ist – um im genannten Beispiel zu bleiben – die Ordnung des Spiels und die für dieses Spiel geltenden Regeln aufzustellen.«

Zu diesen Regeln werden neue Regeln für die Geldströme an den internationalen Kapitalmärkten gehören müssen, und einige alte Regeln müssen überprüft werden. Die wichtigste Regel aber bleibt, dass derjenige, der Risiken eingeht, auch scheitern kann. Mit anderen

Worten: Wer unbegrenzten Gewinn erwirtschaften kann, muss mit maximalem Verlust rechnen. Der Einsatz von Kapital kann die Vernichtung von Kapital bedeuten. Und derjenige, der vom Erfolg profitieren will – der Eigentümer, der Aktionär, der Investor, die Bank – muss im Fall des Scheiterns wirklich zur Kasse gebeten werden. Im Grunde ist dies nichts anderes als das uralte moralische Prinzip von Schuld und Sühne. Wer es aufhebt, hebt das Gesetz der moralischen Schwerkraft der Marktwirtschaft auf.

Regeln, mit denen Risiken abgewälzt werden. Rahmenbedingungen, in denen Schulden ohne persönliche Verantwortung aufgenommen werden dürfen. Regierungen, die im Fall des Scheiterns die Verluste verstaatlichen. Das alles ist Gift für eine wirklich freie und soziale Marktwirtschaft. Das Gift der Freiheitsfalle erscheint zunächst süß wie eine soziale Wohltat und wirkt später explosiv wie sozialer Sprengstoff. Wenn auf Dauer Verluste verstaatlicht, Gewinne aber weiter privatisiert werden, darf man sich nicht wundern, wenn Zocker ihr Glück versuchen, Betrüger ihre Chance wittern oder Erfolglose motiviert werden, ihre unterdurchschnittlichen Talente in die Waagschale zu werfen – denn zu verlieren ist ja nichts.

Die Marktwirtschaft lebt vom Wettbewerb, in dem sich die Besten durchsetzen. Wenn aus falsch verstandener Solidarität Länder und Unternehmen, die erfolglos gewirtschaftet haben, zum Nachteil ihrer erfolgreichen Nachbarn oder Konkurrenten gerettet, gefördert, subventioniert werden, verlängert dies das Leiden, lässt den Ehrgeiz erlahmen und führt im Ergebnis zwar kurzfristig zu einer gerechteren Verteilung der Armut, langfristig aber zum Kollaps von Initiative, Kreativität und Erfolg.

Die Konsequenzen einer im neuen globalen Maßstab der Billionen und Trillionen angewandten Umverteilungsideologie wären fatal, vor allem unsozial. Ludwig Erhard wusste: »Je freier die Wirtschaft, umso sozialer ist sie auch.« Das bedeutet im Umkehrschluss: Je unfreier sie ist, desto unsozialer sind die Folgen – die wirtschaftlich zerrüttete DDR ist ein warnendes Beispiel. Wer die Konsequenzen der populistischen Bailouts und Solidaritätsbillionen zu tragen hat, ist schon jetzt klar: Kindergärten, Krankenhäuser, Bildungseinrichtungen, Polizei – also die Träger der zentralen staatlichen Aufgaben. Und die Ärmsten der Armen: Sozialhilfeempfänger, Alte und Kranke, für die irgendwann einfach kein Geld mehr da sein wird.

Egoismus ist in der Marktwirtschaft immer noch das beste Regulativ. Wohlgemerkt ein Egoismus, der seine Grenzen kennt und sozial kompatibel ist. Das ist in der Theorie wunderbar, in der Praxis bleibt es oft schwierig. Denn der Unternehmer, der gestalten will, der gewinnen will, der erobern will, denkt naturgemäß nicht sofort an die, die von seinem Wirken in Mitleidenschaft gezogen werden könnten. Deshalb gilt: Chance auf unbegrenzten Gewinn mit dem Risiko des unbegrenzten Verlusts bleibt das beste Rezept im Sinne ausgleichender Gerechtigkeit der Marktwirtschaft. Wenn Hauskreditnehmer wissen, dass sie ihre wirtschaftliche Existenz verlieren können, werden sie bei der Finanzierung einer vielleicht zu großen Immobilie zurückhaltender agieren. Wenn Unternehmer wissen, dass ihr Investment in eine große Idee in einer noch größeren Pleite münden kann, werden sie einmal mehr nachdenken, bevor sie Millionen freizeichnen. Wenn die Kundenberater einer Bank wissen, dass sie mit dem Verkauf eines unseriösen Produkts ins persönliche wirtschaftliche Lohnrisiko gehen, werden sie diese Produkte nicht anbieten. Wenn Bankvorstände wissen, dass Staatsanleihen in marode Länder im Zweifelsfall zu Verlusten führen, weil kein anderer Staat für die Ausfälle bürgt, werden sie mit diesen hochriskanten Geschäften vorsichtiger sein – und die Schieflage eines Landes würde so früh deutlich, dass eine Regeneration aus eigener Kraft vielleicht noch möglich wäre.

Die Finanzkrise ist die wahrscheinlich letzte Warnung, dass es so nicht weitergehen kann.

Die größte Gefährdung der Freiheit kommt derzeit von ihren größten Verbündeten, den Kaufleuten. Wenn Kaufleute nur noch Trader sind, Investoren nur noch Zocker, wenn sie Freiheit falsch deuten und missbrauchen, erleichtern sie denen das Handwerk, die an Wettbewerb, Eigentum und individuellem Wohlstand nie wirkliches Interesse hatten und ihre Leitbilder und Gesellschaftsmodelle aus anderen Systemen beziehen. Die Freiheitsmissbraucher sind die nützlichen Idioten der Freiheitsbeschränker.

Der Soziologe Ralf Dahrendorf starb 2009 im Alter von 80 Jahren. Seinen letzten Essay widmete er dem Thema »Die verlorene Ehre des Kaufmanns«. Am Schluss des Textes erläutert er in vier Punkten, worauf es bei der Bewältigung der Finanzkrise ankommen wird – ein klares Plädoyer für die Werte des ehrbaren Kaufmanns in der globalisierten Wirtschaft des 21. Jahrhunderts, auf unternehmerischer wie auf staatlicher Ebene. Dahrendorf warnt nicht nur ausdrücklich vor den Gefahren der Verstaatlichung, sondern auch vor der illusorischen Sehnsucht nach einer internationalen Leitmacht wie den USA.

»Die wichtigsten Veränderungen«, heißt es im ersten Punkt, »die in den kommenden Jahren und Jahrzehnten nottun, betreffen Mentalitäten. Dass Unternehmer verantwortlich handeln, Entscheidungsträger stakeholder berücksichtigen, Aktionäre sich nicht von süßen Reden und Geschenken der Vorstände betören lassen und überhaupt der Pumpkapitalismus wieder einem Sparkapitalismus Raum gibt, ist nur sehr indirekt durch staatliches Handeln zu bewerkstelligen.«

Der neue Glaube an staatliche Regulierung sei verständlich, aber auch mit Vorsicht zu genießen, heißt es im zweiten Punkt: »Was muss reguliert werden? Und: Wer reguliert? Hier kommen die im Zusammenhang der staatlichen Überlebenshilfen erfundenen ›systemrelevanten‹ Wirtschaftszweige in Frage, wobei immer zu bedenken ist, dass die Regulatoren ein undankbares Gewerbe betreiben, das nur selten die Besten und Erfahrensten anzieht.« Auf mittlere Sicht sei daher Selbstregulierung der Staatsregulierung vorzuziehen.

In seinem dritten Punkt weist Dahrendorf darauf hin, dass »die raschen, wahrscheinlich nötigen staatlichen Maßnahmen zur Sanierung des Finanzsystems und zur Stimulierung der Konjunktur Nebenwirkungen (haben). Das gilt für die staatliche Beteiligung an Unternehmen, vor allem aber für die sagenhaften Staatsschulden, die in der frühen Krise angehäuft wurden. Ableitbares Wachstum wird diese nicht abtragen, und Steuererhöhungen werden an Grenzen stoßen.« Dann aber bleibe nur ein Inflationsschub von beträchtlichen Ausmaßen, »also der Preis, den die ›kleinen Leute‹ bezahlen«.

Es sei in mancher Hinsicht gut, dass die Krise eine neue Qualität der internationalen Zusammenarbeit gefördert habe, sagt Dahrendorf im vierten Punkt: »Auch hier ist jedoch vor Illusionen zu warnen. Die Krise ist zwar ein weltweites, aber nicht unbedingt ein globales Phänomen. Sie ist also etwas der Art nach anderes als der Klimawandel. Die Wahrscheinlichkeit ist daher groß, dass es internationale Einigung nur bei der Suche nach Schuldigen (›Steueroasen‹) und bei der Legitimierung nationaler Aktionen gibt. Ein neues Weltwirtschaftssystem würde nur entstehen, wenn es – wie 1945 – eine Garantiemacht gäbe, die dieses braucht und will. Nicht einmal die USA sind heute in dieser Lage.«

Dahrendorfs Vermächtnis, seine letzten Worte, haben ein Leitmotiv: die Eigenverantwortung des ehrbaren Kaufmanns. Die aber kann kein Staat der Welt verordnen, sie kann nur aus dem Kreis der Kaufleute selbst erwachsen. Der Begriff des »ehrbaren Kaufmanns« ist seit dem Mittelalter gebräuchlich. Er beinhaltet eine humanistische Geisteshaltung, wirtschaftliche Kompetenz, einen gefestigten Charakter und tugendhaftes Verhalten. Der ehrbare Kaufmann trägt Verantwortung auf Unternehmensebene (gegenüber den Mitarbeitern, Kunden und Lieferanten) und auf Gesellschaftsebene (gegenüber Konkurrenten, Gemeinschaft, Öffentlichkeit). Im weiteren Sinne trägt er Verantwortung für den Schutz des freien Marktes und für die Gesellschaft insgesamt.

Der 1445 geborene italienische Mathematiker Luca

Pacioli beschrieb in einem seiner Werke als die wichtigsten Kennzeichen des guten Kaufmanns die Rechenkunst und die doppelte Buchführung. Sie dienten der Einhaltung des wichtigsten ökonomischen Grundsatzes, die Einnahmen stets größer zu halten als die Ausgaben. Dazu komme jedoch die Fähigkeit, »allen Erscheinungen des politischen, wirtschaftlichen und sozialen Lebens mit Verständnis zu folgen.«

Der Kaufmann ist also mehr als der gute Rechner. Seine Geschäfte stehen im Vordergrund, aber sie sind kein Selbstzweck. Bemerkenswert bei dieser alten, fast antiquiert wirkenden Definition ist, dass sie eine Balance pflegt. Heute wie damals trifft zu: Gewinn ist zwar nicht alles, aber ohne Gewinn ist alles nichts. Grundlage des erfolgreichen Wirkens des Kaufmannes ist immer noch: Gewinne erwirtschaften und Werte schaffen. Werte schaffen aber bedeutet mehr als Cash-flow. Wer zu lange nur kurzfristig denkt, verliert am Ende alles. Werner von Siemens, Andrew Carnegie, Robert Bosch oder auch Werner Otto und Berthold Leibinger sind Beispiele erfolgreicher und verantwortungsbewusster, integrer Unternehmer. Ehrbarer Kaufmänner.

Es gibt die echten und die falschen ehrbaren Kaufleute. Die falschen sind die, die stets den guten Onkel geben, mit politischem Bewusstsein, gesellschaftlicher Verantwortung und einem Sinn für die Menschen. In Wirklichkeit sind sie oft misstrauisch, unehrlich und vor allem am Ende erfolglos. Wer eine nötige Restrukturierung verschiebt, weil er die Kritik scheut, wer bei schlechter Geschäftslage die Gehälter erhöht, nur weil er Applaus will, wer der Politik nach dem Mund redet, weil er den Windschatten der Macht genießt oder einfach eitel ist – der ist kein ehrbarer Kaufmann. In der Mediengesellschaft kann es sein, dass er damit auch noch durchkommt. Wahrnehmung und Wirklichkeit klaffen oft drastisch auseinander. Zu oft habe ich es erlebt, im Geschäft, in der Politik, in der Kunst, dass der »einfühlsame Querdenker« ein eiskalter Zyniker ist und der »knallharte Machtmensch« ein verletzlicher, feiner Kerl.

Der ehrbare Kaufmann kann ganz anders aussehen als sein Klischee. Zum Beispiel Warren Buffett. Als ich den drittreichsten Mann der Welt traf, lud er mich in ein Hotel in Manhattan ein. Man würde mich in der Lobby abholen. Ich wartete am Tresen, und »man« war Warren Buffett selbst. Da stand er plötzlich. »Sind Sie Mathias Dophner? Dann kommen Sie mit.« Ich erwartete eine ganze Etage mit dienstbaren Geistern, Bodyguards, Sekretären, Analysten, Assistenten, im Dienste des »Orakels von Omaha« in seiner 200 Quadratmetersuite. Doch Warren Buffett führte mich in ein Standardzimmer. Ein Bett, kleiner runder Tisch, zwei Stühle. Da logierte er. Da empfing er. Da sprachen wir, eine Stunde, übers Geschäft, die deutsche Politik, über Axel Springer, über Zeitungen und das Internet im Allgemeinen.

Es gibt Bescheidenheit, die gespielt ist, inszeniert, kokett. Buffetts Bescheidenheit ist echt. Sein legendärer Reichtum dient weder seinem Lebensstil noch seinem Geltungsbedürfnis. Er investiert. Sein Gewinn ist der Erfolg. Und die Bestätigung seiner Begabung als Kaufmann. Außerdem ist Warren Buffett der Meinung, dass jeder Milliardär mindestens die Hälfte seines Vermögens zurückgeben sollte. An die Gesellschaft. Er selbst hält sich daran, so uneitel wie wenige. Statt einer Buffett-Stiftung gibt er seine Milliarden einer Organisation, die nicht seinen Namen trägt: der Bill & Melinda Gates Foundation.

Als Gegenbild zum ehrbaren Kaufmann gilt in Deutschland Haim Saban. Der Private-Equity-Investor aus Los Angeles, der Inbegriff der Heuschrecke. Unsere erste Begegnung findet 2002 im Hamburger Hotel »Vier Jahreszeiten« statt. In der Lobby sitzt ein Mann mit hellwachen dunkelbraunen Augen und einem drahtigen, merkwürdig alterslosen Körper. Er will mich kennenlernen, denn der Axel Springer AG gehören rund zwölf Prozent der TV-Senderfamilie ProSiebenSat.1. Und diese Sendergruppe würde er gerne kaufen, sagt er, ungefähr im dritten Satz, nachdem ich Platz genommen habe. Mich verblüfft die Aufrichtigkeit und Schnelligkeit, mit der er zum Punkt kommt. Deutsche Kollegen hätten eine Stunde über das Wetter und Politik parliert, bevor sie sagen, was sie im Sinn haben. Saban tut es direkt und sagt, was er will: Sie können verkaufen, oder dabeibleiben. Wenn Sie dabeibleiben, was ich mir wünsche, werde ich sagen, wo es lang geht. Aber ich werde Sie nicht behandeln wie einen Finanzinvestor, sondern wie einen strategischen Partner. Ich möchte ein paar Jahre dabeibleiben und dann mit Gewinn verkaufen. Ich werde Sie fair behandeln.

Genau das tut er, in jeder Phase. Saban ist erbarmungslos, er kümmert sich um jedes Detail, schreckt das Management nachts um drei Uhr aus dem Bett, weil er eine Frage zum Programmschema hat, er ist ein harter Hund, wenn es darum geht, hier oder da noch ein paar Euro zu sparen und den operativen Gewinn zu verbessern. Vor allem: Er ist erfolgreich. Die Firma wird vom Sanierungsfall zur vielbeneideten Wachstumsmaschine.

Als die Axel Springer AG sich entscheidet, die Senderfamilie selbst zu übernehmen, lerne ich Saban erst richtig kennen. Wir äußern Interesse zu kaufen, er bekundet Desinteresse zu verkaufen. Wir bieten einen Preis pro Aktie, er will das Doppelte. Wir ziehen uns zurück, er läuft uns nach. Wir wollen dies, er will das. Wochen, Monate geht das so. Zwischendurch immer wieder ein Lachen. Viel Taktik, aber niemals Lügen. Dafür ist das Leben zu kurz, es kommt alles raus, sagt Saban. It's only money.

Am Ende kommt es zum Showdown in München. Wir stehen nach Wochen der Buchprüfung kurz vor dem Abschluss. Es geht nur noch um Details. Plötzlich fordert die andere Seite, dass wir 200 Millionen Euro zahlen sollten, falls das Kartellamt die Transaktion nicht genehmigt (was später eintritt). Eine solche »break up fee« ist nicht unüblich. Unsere Berater nehmen mich zur Seite: Sie sollten das jetzt akzeptieren, sonst scheitert der Deal. Saban muss das fordern, er ist es seinen Aktionären schuldig, sagen unsere Juristen. Ich weigere mich dennoch. Haim Saban bricht die Verhandlungen ab, ruft am Flughafen an und bittet den Piloten des Privatjets, den Abflug nach Los Angeles vorzubereiten. Einschüchterungspoker. Ich ziehe aus meiner Jacketttasche eine für alle Fälle vorbereitete Pressemitteilung über den Abbruch der Verhandlungen. Schade, aber wenn es nicht sein soll, dann soll es nicht sein. Dann werden das morgen aber auch alle erfahren. Die Börsenregeln verpflichten uns dazu. Die nächste Stunde verbringen wir in einem Münchener Hotel. Wie Boxer im Ring. Oder wie Tänzer. Es muss eine Lösung geben. Nein. Dann eben nicht. Doch. Hin oder her. Dead oder Deal. Business kann sein wie Tango. Zum Schluss willigt er ein. Keine 200 Millionen. Gar nichts. Wir unterschreiben.

Als das Kartellamt Monate später die Transaktion untersagt, höre ich kein einziges Wort des Vorwurfs, der Reue, der Rechtsansprüche von Haim Saban. Er hätte es versuchen können. Übliche Praxis. Man nimmt, was man kriegen kann. Und versuchen kann man es immer. Aber er wollte es nicht. Wir hatten eine Vereinbarung. Und die galt. Ehrensache.

Nicht nur wir, auch andere haben das erlebt. Dem Management der Senderfamilie überwies er später, als alles vorbei war, einen Bonus, zu dem er rechtlich nicht verpflichtet war. Aus privatem Vermögen. Weil er es versprochen hatte. Und weil er fand, dass die Leute es verdient hatten. Ein geschäftliches Interesse gab es nicht mehr. Er musste es nicht, es brachte ihm nichts, aber er wollte es einfach. Im Geschäft ist Saban gnadenlos genau, privat grenzenlos großzügig. Acht Millionen für Bill Clintons Wahlkampf, ein paar hunderttausend Dollar für einen in Schwierigkeiten geratenen Freund aus Santa Monica, zig Millionen für ein Kinderkrankenhaus in Israel: Fast verschwenderisch spendet der Junge aus Alexandria, der als Bassgitarrist in einer israelischen Band seine ersten Schekel verdient hat, Millionen, die er mit seinen präzise geplanten Investitionen verdient. Haim Saban ist geizig und großzügig zugleich. Geizig, wenn es um Geschäft geht. Großzügig, wenn es um Demokratie und Verständigung im Nahen Osten geht. Wenn irgendein Think

Tank in Washington Geld braucht. Wenn man mit einer intelligenten Idee Gutes tun kann. Eine ehrbare Heuschrecke? Ein Kaufmann.

Zusammenfassend werden in der Literatur die Eigenschaften eines ehrbaren Kaufmanns so beschrieben: Er muss Weitblick besitzen und in der Lage sein, billig einzukaufen und teuer zu verkaufen, ohne dabei Wucher zu betreiben. Anstand, Redlichkeit, Ehrlichkeit und Dankbarkeit gehören zu seinen Tugenden; ebenso wie ein ausgeglichenes Verhältnis von Risiko und Sicherheit. Ein ehrbarer Kaufmann trägt Verantwortung für ein größeres soziales Umfeld: sein Unternehmen und dessen Mitarbeiter, und zugleich für die Gesellschaft, die das Unternehmen nährt. Der soziale Frieden, der Wirtschaftsaustausch und Wachstum sichert, ist der oberste Grundsatz der gesellschaftlichen Verantwortung des ehrbaren Kaufmanns. Freiwillig wirkt er auf die gesellschaftlichen Strukturen ein, dass nicht nur er und sein Unternehmen profitieren, sondern auch die Gesellschaft als Ganzes etwas davon hat. Wenn eine Gesellschaft auseinanderdriftet, wenn der Gegensatz zwischen Arm und Reich, zwischen Oben und Unten immer größer wird und als ungerecht empfunden wird, dann ist das ein Indiz, dass Kaufleute nicht mehr ehrbar sind. Dann kann das nicht gut gehen. Soziale Verantwortung ist keine Phrase. Sie ist für eine Marktwirtschaft und für eine Gesellschaft Erfolgsvoraussetzung.

Man kann sie nicht verordnen. Kein Gesetz kann sie verfügen, kein Politiker erzwingen. Die freie Marktwirtschaft bietet den Rahmen – die Vorteile des freien Marktes einerseits, die Pflicht zur gesellschaftlichen Verantwortung andererseits. Der Kaufmann, und nur er selbst, kann auf der Suche nach seiner verlorenen Ehre diese Spielräume nutzen: als Garant der Freiheit – indem er den Exzess der Freiheit, den Freiheitsmissbrauch verhindert.

Das alles klingt archaisch, altertümlich. Anders als bei Madoff, Hypo Real Estate und Lehman Brothers. Unzeitgemäß? Der ehrbare Kaufmann – vielleicht liegt genau in diesem scheinbar altmodischen Leitbild die Zukunft unserer freien Marktwirtschaft.

Bild der Freiheit – Gustave Courbet: »L'Origine du monde«

Als ich das Metropolitan Museum of Art betrat, um die große Gustave-Courbet-Ausstellung zu sehen, hatte ich nur ein Ziel: »L'origine du monde«, den Ursprung der Welt. Ungeduldig lief ich durch die Räume der umfassenden Retrospektive des französischen Begründers des »Realismus«. Links und rechts große Formate, Riesenleinwände, Landschaften, Porträts, Tiere, Menschen, Genreszenen – ich sah sie kaum. Denn das Ziel war der Raum mit den weiblichen Akten, genauer: dieser eine Akt. Als ich den Saal endlich erreicht hatte, sah ich statt des Bildes einen schwarzen Samtvorhang. Davor ein Schild: »Kinder unter 18 Jahren haben keinen Zutritt.« Ich schob den Vorhang zur Seite und betrat den abgeteilten Raum. Und da hing es dann. Eines der bedeutendsten Bilder der Kunstgeschichte in einem der bedeutendsten Museen der Welt – verklemmt versteckt und inszeniert wie das Fenster in der Kabine einer Peepshow. Ein Skandal.

»L'Origine du monde« ist 46 Zentimeter hoch und 55 Zentimeter breit, gerahmt in vergoldeten, aufwändig ornamentierten Gründerzeitschnörkeln. Zu sehen ist: ein weiblicher Körper, ohne Kopf und ohne Füße, reduziert auf die Partie vom Oberschenkel bis zu den Brüsten, konzentriert auf eine schwarz behaarte Scham in der Bildmitte, die sich zu einem dunkelrötlichen Spalt öffnet. Der linke Schenkel ist leicht gespreizt, auf der hellbronzefarbenen Haut sieht man die blauen Äderchen mäandern, der Bauch ist etwas gewölbt, üppig oder – wie die Interpreten seit einigen Jahren vermuten – in einer frühen Phase der Schwangerschaft. Über der rechten Brustwarze am oberen Bildrand beginnt der Stoff einer weißen Bluse oder eines Bettlakens, das den Torso, in Wellen fallend, einrahmt. Alles in diesem Bild konzentriert sich auf das schwarze Dreieck in der Mitte, in dem man jedes Härchen einzeln ausmachen kann wie auf einem Foto. Das Dreieck reizt und droht dunkel wie ein Schlund, in den alles drängt und aus dem alles kommt: »L'Origine du monde«, der Ursprung der Welt.

Gustave Courbets 1866 eher mit minutiöser denn mit schwungvoller Peinture gemaltes Bild, die fotografisch genaue und naturwissenschaftlich präzise Darstellung des weiblichen Geschlechts, ist nicht nur ein lange verschollenes Hauptwerk des französischen Realismus – es ist bis heute der Inbegriff des Kunstskandals. Seine Rezeptionsgeschichte ist eine Chronik der Grenzüberschreitungen und Verklemmungen, der Provokation und der Prüderie. Es hat bis heute zahllose Künstler zu Kopien, Adaptionen, Paraphrasen inspiriert. Es hat Verbote, Empörung und Zensur provoziert. Es hat Debatten über Feminismus, Sexismus, Pornographie ausgelöst und vor allem Diskussionen darüber, was Kunst darf und was nicht. »L'Origine du monde« ist der bildgewordene Skandal an sich.

Warum eigentlich? Das Bild zeigt doch nur einen Teil des weiblichen Körpers, wenngleich mit einer solch präzisen fotografischen Genauigkeit, dass man es aus der Ferne tatsächlich für ein Foto hält. Was ist es? Die anatomische Darstellung des weiblichen Geschlechtsorgans, wie sie schon Leonardo da Vinci ein paar Jahrhunderte zuvor versucht hatte? Oder Pornographie, wie sie der Pariser Fotograf Auguste Belloc 1860 in praktisch identischer Bildanordnung produzierte? Für Anatomie spricht die Genauigkeit, der Realismus der Malerei. Für Pornographie der Bildausschnitt, der den Körper durch seine Kopflosigkeit anonymisiert und so auf das rein Geschlechtliche reduziert. Doch »L'Origine du monde« ist weder das eine noch das andere. Courbets Arbeit ist Kunst.

Indem er das Naturwissenschaftliche und das Pornographische, das scheinbar Selbstverständliche, das Natürlichste schlechthin in einen Kontext rückt, in dem es bisher nichts zu suchen hatte, in einen Bilderrahmen, gehängt an die Wand eines Sammlers oder eines Museums, erzeugt der Künstler den Skandal. Genau in dieser kreativen Grenzüberschreitung, im Tabubruch, befreit sich die Darstellung zur Kunst. »L'Origine du monde« ist die künstlerische Freiheit in ihrer archaischsten Form, der Inbegriff dessen, was man offenbar bis heute nicht zeigen und nicht sehen darf. Das gilt selbst bei Facebook.

»Skandalon« bezeichnete im Altgriechischen das Hölzchen im Schnappmechanismus einer Falle. Die übertragene Bedeutung verdanken wir einem Komödiendichter: Bei Aristophanes ist Skandalon das aufsehenerregende Ärgernis, der empörende Vorgang – die moralische Falle. »Sie brauchen drei Elemente, um sinnvollerweise von einem Skandal sprechen zu können: zuerst eine Normverletzung, irgendeine Form von Normübertretung, eine moralische Verfehlung; dann jemanden, der davon berichtet, einen Verräter, einen Informanten, einen Journalisten, der eine Enthüllung bekannt gibt; und schließlich ein Publikum, das sich empört. Die kollektive Empörung des Publikums ist das dritte Wesenselement des Skandals, erst dann macht es Sinn, von einem Skandal zu sprechen«, schreibt der Medienwissenschaftler Bernhard Pörksen, Herausgeber des Buches »Skandal! Die Macht öffentlicher Empörung«. Kürzer hat es Dario Fo formuliert: »Der Skandal ist die Katharsis der bürgerlichen Gesellschaft.« Und genau diese Rolle spielt Courbets Radikal-Akt von der Mitte des 19. Jahrhunderts bis heute.

Der 1819 geborene Gustave Courbet sagte einmal über sich: »Sie nennen mich den sozialistischen Maler. Ich akzeptiere diesen Titel mit Freude. Ich bin nicht nur Sozialist, sondern auch Demokrat und Republikaner, in einem Wort Partisan aller Revolutionen dieser Welt und vor allem bin ich Realist. Realist bedeutet: ein aufrichtiger Liebhaber der ehrlichen Wahrheit.«

Courbet verachtete die akademische Doktrin, den bürgerlichen Künstlertyp genauso wie den Ausstellungsbetrieb der Pariser Salons. 1855 stellte er daher nicht im offiziellen Salon aus, sondern veranstaltete seine Ausstellung selbst. Der Titel seiner 40 Bilder umfassenden Werkschau: »Le Réalisme«. So führte Courbet den Begriff »Realismus« in die Kunst ein. Was er darunter genau verstand, erläuterte er 1861: »Der Kernpunkt des Realismus ist die Verneinung des Ideals. ... Indem ich das Ideal sowie alles ablehne, was daraus folgt, gelange ich zur vollen Selbstbefreiung des Individuums bis hin zur Verwirklichung der Demokratie. Der Realismus ist seinem Wesen nach die demokratische Kunst.«

Idealisierung, Schönfärbung, Allegorie, religiöse und metaphysische Entrückung sind Courbets Sache nicht. Als er einmal gefragt wurde, warum er Frauen nicht wie Engel male, soll er gesagt haben: »Bringt mir einen Engel ins Studio. Dann male ich ihn.«

Es ging Courbet nicht um Genauigkeit, sondern um Erkenntnis. Der Wahrheit ins Auge zu sehen kann sehr verstörend sein. Indem der schöpferische Akt etwas Vorhandenes, eine Sehgewohnheit etwa, zerstört, provoziert er die Empörung und damit den Skandal. Und genau das tat »L'Origine du monde«. Courbet löste den weiblichen Akt aus seinem üblichen Kontext. Nicht der nackte weibliche Körper an sich schuf den Skandal. Skandalös war, dass der nackte Frauenkörper keine Göttin, keine Figur aus mythologischen, historischen oder biblischen Geschichten war. Eine nackte Venus war kein Skandal. Ein nackter Engel auch nicht. Aber eine nackte Frau, ein Gemälde, das nichts als einen unbekleideten weiblichen Körper darstellt, ohne Kopf, ohne Gesicht, ohne Individualität, das war neu und ungehörig. »L'Origine du monde« zeigt das Geschlechtsorgan einer Frau. Es ist, wie es ist – und es ist doch mehr als der nackte Körper. Es ist die nackte Wahrheit. »So konkret, dass es fast schon wieder abstrakt wird«, sagt der Maler Markus Lüpertz.

Die Geschichte des Bildes ist eine Geschichte der Empörung und der Befreiungsversuche – des Künstlers und der Betrachter. Leitmotiv bei der Betrachtung des Bildes war über 150 Jahre hinweg die Verhüllung, das verschämte Verstecken des Gemäldes hinter einem Vorhang. Courbet selbst hat über diese Schlüsselarbeit wenig hinterlassen, in seinen Briefen und Schriften wird das Werk so auffällig ignoriert, als dürfe es nicht existieren. Auch hier wird der Tabubruch, der künstlerische Befreiungsversuch schamvoll versteckt. Der Bedeutung dieser Arbeit indes war sich Courbet voll bewusst. Dokumentiert wird das in einem Bericht des Schriftstellers und Librettisten Ludovic Halévy, der am 27. Mai 1882 mit dem Politiker Léon Gambetta zu Abend isst. Gambetta erzählt dabei von einer Begegnung im Haus des türkischen Diplomaten Khalil Bey: »Wir waren bei Khalil Bey, der dieses berühmte Bild besaß. Eine nackte Frau, ohne Füße, ohne Kopf. Nach dem Abendessen schauten wir sie voller Bewunderung an. Unsere enthusiastischen Reaktionen wollten kein Ende nehmen: Es ist großartig, offenkundig ein Meisterwerk. Das ging zehn Minuten so. Courbet konnte nicht genug davon kriegen. Dann hielten wir inne, es gab nichts mehr hinzuzufügen, und da sagte Courbet in seiner kehligen, schleppenden Sprechweise: ›Sie finden es schön – und damit haben Sie recht. Ja, es ist schön, und hören Sie: Tizian, Veronese, Raphael und ich – wir haben nichts Schöneres gemalt als das.‹«

Khalil Bey, türkisch-ägyptischer Diplomat und vormaliger Botschafter in Athen und Sankt Petersburg, lebte seit Mitte der 1860er Jahre wieder in Paris und war als Spieler, Frauenheld und Kunstsammler bekannt. Ob er Courbet zu dem Werk anstiftete oder ob er es lediglich als Erster erwarb, ist bis heute nicht bekannt. Fest steht, dass er die Arbeit in einem Separée hinter einem grünen Vorhang versteckte und nur für gute Freunde enthüllte.

Was Khalil Bey seinen Freunden damals zeigte, provozierte nicht nur seine muslimischen Besucher, es stieß auch bei Nichtmuslimen überwiegend auf Ablehnung und moralische Empörung. So berichtete der Schriftsteller Maxime du Camp: »Es war eine Gefälligkeit für einen wohlhabenden Moslem, der seine Phantasien in Gold aufzuwiegen bereit war und in Paris eine gewisse Bekanntheit für seine verschwenderische Lebensweise genoss. Courbet – derselbe, dessen anmaßend erklärtes Ziel es war, die französische Malerei zu revitalisieren – malte ein weibliches Porträt, das alles andere als einfach zu beschreiben ist. Im Ankleidezimmer der ausländischen Person, auf die ich eben anspielte, konnte man ein kleines Bild verdeckt von einem grünen Tuch sehen. Wenn man dieses anhob, sah man zu seinem Entsetzen die Vorderansicht einer Frau, außerordentlich, ja fast zu Krämpfen erregt, bemerkenswert gemalt. ›Con amore‹, wie die Italiener sagen würden, wobei hier in der realen Bedeutung des Wortes. Aber durch ein unglaubliches Versehen hatte der kundige Handwerker, der von einem lebenden Modell kopiert hatte, die Füße, Beine, Schenkel, Bauch, Hüfte, Busen, Hände, Arme, Schulter, Nacken und Kopf vergessen. ... Es gibt ein Wort für Leute, die fähig sind, solchen Schmutz zu produzieren, der die Bücher eines Marquis de Sade illustrieren könnte. Aber ich nenne das Wort nicht, weil es nur im Schlachterhandwerk benutzt wird.«

Zu Krämpfen erregt war wohl vor allem du Camp selbst. Oder ein anderer anonymer Zeitzeuge, der sich später empörte: »Was waren wohl Courbets Motive, so außerordentlich unsittliche Arbeiten für den Türken Khalil Bey zu malen? Um viel Geld zu verdienen, denke ich mir, denn Khalil Bey zahlte extrem gut. Aber wie war es um Courbets Selbstachtung bestellt? ...

Ich spreche von einer Monstrosität, die hinter einem kleinen Vorhang verborgen war. Seine Exzellenz Khalil Bey schlug den Vorhang zurück, und man sah – nein, ich kann nie aussprechen, was man sah. Dieses Etwas passte in ein erotisch-klinisches Museum auf dem Boulevard Bonne Nouvelle, das für Frauen und Männer unter zwanzig nicht zugänglich ist. Und als er den Vorhang zurückschlug, meinte Khalil Bey: Es ist ein Courbet. Nun, da frage ich Sie: Wo bleibt die Selbstachtung, solch erregende Bilder einem Türken zu verkaufen?«

Nach Khalil Beys Tod im Jahr 1879 tauchte das Courbet-Werk erst zehn Jahre später wieder in der Hinterstube eines Händlers auf. Und wieder: versteckt hinter einem anderen, vergleichsweise bedeutungslosen Bild von Courbet, das wie eine Art Schutzleinwand vor das eigentliche Bild gespannt war. Dabei blieb es, als »L'Origine du monde« nach vielen Eigentümerwechseln in den Händen von Jacques Lacan landete. Einen passenderen Besitzer hätte es nicht geben können. Als einer der führenden Psychoanalytiker Frankreichs konzentrierte sich Lacan bei seiner Neuinterpretation Freuds vor allem auf die erotische Sublimation. Dabei spielten Scham und Enthüllung eine zentrale Rolle.

Auch Lacan verhüllte das Bild, wie ein Besucher berichtete: »Rechts vom Flur, in einem schweren Goldrahmen, hing eine abstrakte Arbeit von Masson, breite Pinselstriche auf dunklem Grund. Und dann sagte Lacan, er sprach mich überhaupt zum ersten Mal an: ›Jetzt zeige ich Ihnen etwas Außergewöhnliches.‹ Der Masson war auf einer dünnen Platte aufgebracht, die aus dem Rahmen glitt und eine detaillierte, wunderbar ausgeführte Nahaufnahme von den Genitalien einer prallen, fast beleibten Frau zeigte.« Massons »Cache sexe« war mit weißer Farbe auf braunen Grund gemalt und stilisierte in einer an japanische Kalligraphie erinnernden Pinselführung die Formen des Körpers zu einer Art Seerosenlandschaft. Für Lacan definierte gerade die Verhüllung, der Vorhang die Ikonographie von »L'Origine du monde«. Die Tarnung, die ablenkende Ersatzleinwand, das verschämte Verstecken gehört für ihn untrennbar zum Werk. Er schreibt: »Die Abdeckung, der Vorhang ist immer noch die beste Möglichkeit, uns in die Lage zu versetzen, die fundamentale Situation der Liebe zu imaginieren.«

Der Vorhang steht wie die Bekleidung des nackten Körpers nicht nur für Scham, sondern – in der Entkleidung, der Enthüllung, der Befreiung – auch für Schamlosigkeit. Er ist Teil des erotischen Spiels. Der Vorhang minimiert die Sexualisierung des Motivs nicht, er verstärkt sie. Dessen war sich schon der erste Besitzer des Bildes, Khalil Bey, genauestens bewusst. Er führte ja das Verhüllungsmotiv als untrennbaren Teil der Inszenierung des Werkes ein. Es mutet aus heutiger Sicht wie eine ironische Pointe an, dass ausgerechnet ein Muslim rezeptionsgeschichtlich für immer mit der radikalsten Enttabuisierung und Enthüllung der Kunstgeschichte verbunden bleibt – ein Vertreter jener Religion also, die wie keine andere das Weibliche und Sexuelle tabuisiert, versteckt und verhüllt. In der Sure 33,59 heißt es: »O Prophet, sag deinen Gattinnen und deinen Töchtern und den Frauen der Gläubigen, sie sollen etwas von ihrem Überwurf über sich herunterziehen.« So gesehen wird »L'Origine du monde« erst erträglich, wenn das

Geschlecht verschleiert und verhüllt ist wie von einer Burka.

Khalil Bey war in verschiedener Hinsicht ein bemerkenswerter Mann: Er wurde später zum Staatssekretär im Außenministerium und Justizminister berufen, trat aber auch als Schriftsteller politischer Essays in Erscheinung, in denen er ein modernes Türkei-Bild propagierte. Er setzte sich für die Umwandlung des Sultanats in eine konstitutionelle Monarchie westlichen Stils ein, forderte gleiche Rechte für Muslime und Christen sowie insgesamt eine liberale, freiheitliche Türkei. Der Tabubruch, die Provokation wurde also nicht aus verklemmter Doppelmoral heraus in den eigenen vier Wänden inszeniert, sondern von einem, der die moderne Zeit und ihre Möglichkeiten schätzte, der eine fortschrittlichere Türkei wollte und heute wie ein Vorläufer Atatürks anmutet. Die Geste erotischer Freizügigkeit und Befreiung war also auch gesellschaftspolitisches Programm.

Umso aufregender ist deshalb die Vermutung, dass die Farbe des Vorhangs von dem ersten Besitzer von »L'Origine du monde« nicht zufällig gewählt wurde: Grün. Khalil Bey, erfahren in der Ikonographie des Islams wie des Christentums, dachte bei seiner Verhüllungs-Inszenierung möglicherweise nicht nur an den Schleier der Muslimin. Grün ist die Farbe des Islam, da der Prophet Mohammed sich bevorzugt in Grün gekleidet haben soll. Aber Grün hat noch einen weiteren Bedeutungszusammenhang. Vorbild soll vor allem die »Sixtinische Madonna« von Raphael gewesen sein, eine Ikone des Katholizismus. Hier wird das wolken- und engelgerahmte Heiligenbild hinter einem gemalten tiefgrünen Samtvorhang in der oberen Bildhälfte enthüllt.

Der Tabubruch wird durch diese Inszenierung zur muslimischen und christlichen Provokation. Indem Khalil Beys grüner Samtvorhang nicht mehr die heilige Maria mit Kind, sondern die Scham einer Frau ver- und enthüllt, potenzieren sich die beiden zentralen Kategorien des Kunstskandals. »L'Origine du monde« wird so zum parareligiös-sexuellen Metaskandal.

Die Darstellung geistlicher Motive und die Darstellung des weiblichen Körpers gehören zu den häufigsten und zugleich bis heute skandalträchtigsten Themen der bildenden Kunst. Sexuelle und religiöse Tabubrüche sind seit Jahrhunderten zuverlässige Auslöser von Kunstskandalen. Martin Kippenbergers gekreuzigter Frosch, von dem es Fassungen unter den Titeln »Zuerst die Füße« und »Was unterscheidet Casanova und Jesus am Kreuz? Ihr Gesichtsausdruck beim Nageln« gibt, sorgt mit schöner Regelmäßigkeit für Skandale. So machte er 2004 Schlagzeilen, als der Kulturmanager Veit Loers im Rahmen der Bewerbung Regensburgs zur Kulturhauptstadt Europas 2010 mehr Mut zur Provokation forderte und auf Kippenbergers gekreuzigten Frosch verwies. Und tatsächlich: Die katholische Kirche äußerte postwendend, Provokation könne sinnvoll sein, aber doch nicht über den Weg, christliche Symbole zu beleidigen. 2008 erhitzte der Frosch in Bozen die Gemüter. Sogar der Papst empörte sich über diese Form der künstlerischen Blasphemie. Ein Vertreter der Südtiroler Volkspartei schlug vor dem Bozener Museum für Moderne Kunst sein Zelt auf und trat in den Hungerstreik. In der Folge geriet die Direktorin des Museums unter Druck und musste gehen.

Weitere zwei Jahre später wirkte die Provokation

noch immer: Als wir 2010 in unserem privaten Potsdamer Museum »Villa Schöningen« im Rahmen der von Harald Falckenberg kuratierten Ausstellung »Wahrheit ist Arbeit« Kippenbergers Frosch zeigten, empörten sich die Besucher, als habe es die früheren Skandale gar nicht gegeben. In einem Leserbrief an die Potsdamer Lokalzeitung schrieb ein Besucher: »Freiheit der Kunst? Auch bei Verhöhnung des für andere Heiligen? Toleranz für alles? Wie wäre es dann mit einem Bild über Auschwitz: Unter dem Motto ›Arbeit macht frei‹ ein Leichenhaufen (vielleicht jüdischer) aufgespießter Frösche? – Aha!« Ich antwortete ihm an gleicher Stelle: »Der Frosch am Kreuz ist frech, respektlos und vor allem zutiefst antiautoritär. In einer Gesellschaft, in der so etwas geht, ist kein Platz für Konzentrationslager. Vielleicht ist das genau die entscheidende Botschaft der Ausstellung.«

Skandal und Kreativität sind untrennbar ineinander verschränkt. Indem der schöpferische Akt etwas Vorhandenes, eine Sehgewohnheit etwa, zerstört, provoziert er die Empörung und damit den Skandal. Der Skandal wird zum Echo kreativer Kraft. Der Psychologe und Intelligenzforscher Joy Paul Guilford hat darauf hingewiesen, dass kreatives Denken immer ein Denken außerhalb von Regeln ist. Es vollzieht sich oftmals nicht als gewollter Akt, sondern als das Zulassen von aufsteigenden Ideen oder veränderter Wahrnehmung. Niemand sagt: Ich mache eine Idee, sondern: Mir kommt eine Idee. Doch dann setzen wieder selektive Prozesse der Auswahl und Wertung ein. Das kreative Erleben ist also ein Prozess der Bewusstwerdung: Befreit von den unbewussten Schranken gewohnter Normen beachtet man das Neue.

Kreativität ist immer auch ein Gedankensprung, ein aus üblichen Assoziationsmustern herausbrechender Akt. Eine Übersprungshandlung. Normalerweise denkt ein Mensch, wenn er die Schalenstücke einer geschälten Orange betrachtet, an Obst. Der Architekt Jørn Oberg Utzon aber dachte beim Betrachten dieser Schalenstücke nicht an Obst, sondern an eine Oper. Genauer: an die Oper von Sydney, die er entwerfen durfte. Daraufhin gestaltete er den Bau, der noch heute als Ikone revolutionärer zeitgenössischer Architektur gilt, wie aneinandergestellte Schalenstücke einer Orange. Er wurde, wie es Mahatma Gandhi bei jedem Erneuerer beobachtet hat, zuerst belacht, dann bekämpft, dann bewundert.

In der Kunst erfordert der im 19. Jahrhundert verschärfte Innovationszwang, dass Kreativität mit Normenbruch, also dem Verstoß gegen tradierte Normen einhergeht. In der Schöpfung des Neuen liegt immer die Zerstörung des Alten. Friedrich Schiller hat das in seinem Gedicht »Das Lied von der Glocke« zum Sprichwort verdichtet: »Wenn die Glock' soll auferstehen,/Muß die Form in Stücken gehen./Der Meister kann die Form zerbrechen/Mit weiser Hand, zur rechten Zeit;/Doch wehe, wenn in Flammenbächen/Das glüh'nde Erz sich selbst befreit!«

Künstlerische Kreativität ist von zwei Grundimpulsen geprägt: der Sehnsucht nach dem Religiösen und der Sehnsucht nach dem Erotischen. Zwei Urmotive der Kunst sind Gott und Weib. In beiden Fällen geht es darum, die Angst vor dem Tod zu überwinden. Die Endlichkeit, mitunter auch die Banalität des biologischen Seins, des Lebens an sich, lässt sich nur überwinden mit dem Trost des Göttlichen, der Hoffnung auf das Jenseits. Oder mit dem Trost des Triebhaften, des Dionysischen, das im ekstatischen Moment der organischen Vergänglichkeit entflieht. Auf der Flucht vor dem Tod wird der eine Eremit, der andere Ekstatiker. Der Einzige aber, der beim Davonrennen zumindest eine Chance hat, erfolgreich zu sein, ist der Künstler. Ein Antrieb für sein Werk ist, ob er es zugibt oder nicht, die Hoffnung auf Unsterblichkeit.

Wenn man heute in der Wachau an dem idyllischen Ufer der Donau entlangfährt, stößt man irgendwann zwischen Weinbergen und Bauernhäusern auf das kleine Dörfchen Willendorf. 1908 fand man dort auf der Kuppe eines Weinbergs bei Bauarbeiten eine elf Zentimeter hohe Skulptur aus Kalkstein. Ihr Alter wurde auf 25 000 Jahre bestimmt – sie stammt also aus der jüngeren Altsteinzeit. Die »Venus von Willendorf« stellt eine nackte Frauenfigur dar. Ihre Hüften sind kräftig, ihr Bauch steht vor und ihr Gesäß ist ausgeprägt. Brust, Bauch und Schenkel sind durch tiefe Gravuren modelliert. Die Schenkel sind besonders üppig. Detailliert sind die Geschlechtsmerkmale ausgeformt. Das Steinzeitkunstwerk stellt damit eine auf das geschlechtlich Wesentliche reduzierte Frau dar. Eine Frau aus Brüsten, Schenkeln und einer überdimensionalen, sorgfältig modellierten Vagina.

Im September 2008 wurde in der Karsthöhle Hohler Fels am Südhang der Schwäbischen Alb eine noch ältere Figur gefunden, wieder eine Frau. Die sogenannte »Venus vom Hohlen Fels« ist eine aus Mammut-Elfenbein geschnitzte, etwa sechs Zentimeter hohe Figur. Ihr Alter wird auf 35 000 bis 40 000 Jahre geschätzt, womit sie die älteste bekannte Darstellung eines Menschen ist. Auch hier gibt es wieder überdimensionierte Brüste, ein akzentuiertes Gesäß und einen deutlich ausgeformten Genitalbereich. Auch hier also geht es, ganz wie bei Courbets »L'Origine du monde«, um die auf das Geschlechtliche reduzierte Frau, ein Symbol der Fruchtbarkeit. Die Kunstgeschichte begann mit der sexuellen Überhöhung des weiblichen Körpers.

Die erste lebensgroße Darstellung des nackten weiblichen Körpers in der Antike war wohl die Aphrodite von Kos, geschaffen etwa 350 v. Chr. von Praxiteles. Er fertigte, nachdem er von den Bürgern der Stadt den Auftrag erhalten hatte, zwei Versionen an: eine bekleidete und eine völlig nackte Aphrodite. Der erste Kunstskandal war da. Die schockierten Einwohner von Kos wiesen die Nackte empört zurück und wählten sittsam die bekleidete Version. Deren Aussehen ist nicht bekannt, schon damals scheint sich keiner wirklich für sie interessiert zu haben. Das unbekleidete Götterbild aber, die Skandalarbeit, wurde von einigen Einwohnern von Knidos erworben und in einem eigens dafür errichteten Tempel aufgestellt. Die Statue wurde weltberühmt, oft kopiert und schon damals zu einer Art Touristenattraktion.

Wer heute durch die Gemächer des Vatikans wandelt und in der Sixtinischen Kapelle das wohl berühmteste Deckenfresko aller Zeiten bewundert, der wird in der Figuren- und Farbenpracht von Michelangelos »Das Jüngste Gericht« jede Menge spärlich bekleidete Figuren, vor allem junge Männer entdecken. Michelangelo Buonarroti hatte sie ursprünglich nackt gemalt. Der Künstler war wohl homosexuell, und die Darstellung nackter Knaben erschien möglicherweise damals auch deshalb besonders anstößig. Entsprechend heftig waren die Reaktionen der Zeitgenossen. Der Zeremonienmeister Biagio da Cesena etwa schrieb, dass »die vielen nackten Körper, die ihre Scham zur Schau stellten, für einen so ehrwürdigen Ort wie die Papstkapelle unschicklich und eher für eine Badestube oder ein Wirtshaus geeignet seien«. Irgendwann hatte Michelangelo die missgünstige Prüderie satt und versah in seinem Fresko einen Teufel mit den Gesichtszügen des Kritikers, verlieh ihm Eselsohren und stellte ihn ebenfalls nackt dar. Die Polemiken gegen das Fresko rissen nicht ab, und so kam es schließlich im Jahr 1564 zu der Entscheidung des Konzils von Trient, einige der Figuren des Jüngsten Gerichts, die man für obszön hielt, zu bedecken. Der Auftrag, die sogenannten »Höschen«, also abdeckende Stoffstücke, zu malen, erging an Daniele da Volterra, der unter dem Spottnamen »braghettone« (Höschenmaler) in die Geschichte eingegangen ist.

Ärger mit der katholischen Kirche bekam auch Francisco de Goya mit seinem Bild »Die nackte Maja«, das eine nackte, auf einem Kissen ruhende Frau zeigt. Als ähnlich anstößig wurden schon Tizians »Venus von Urbino« von 1538 oder die besonders skurrilen Renaissance-Akte von Lucas Cranach – vor allem die »Drei Grazien« von 1530 und die abgründigen Gemälde der nackten oder halbnackten »Lucretia« – empfunden. Goyas »Maja« aber wird von dem Kunstkritiker Robert Hughes insofern als revolutionär angesehen, als hier die erste Darstellung von Schambehaarung in der westlichen Kunst verwirklicht worden sei. Seine Wirkung hat dieses Detail nicht verfehlt. Der Kunstskandal wurde kritisch, als man Goya vor die Inquisition zitierte. Man wollte herausfinden, wer ihn beauftragt hatte, das »obszöne« Bild zu malen. Seine Aussage ist nicht überliefert. Er kommt mit dem Schrecken davon und begibt sich – gesundheitlich schon lange angeschlagen und innerlich zerrissen durch die Kriegswirren – ins Exil nach Frankreich.

Einen noch größeren Skandal löste der 1863 entstandene Akt »Olympia« von Edouard Manet aus. Das Schlüsselwerk für die Entwicklung moderner Malerei wurde zum ersten Mal 1865 im Pariser Salon gezeigt. Es zeigt eine auf einem Bett ausgestreckt liegende nackte junge Frau mit rotbraunem Haar. Ihr Oberkörper ist halb aufgerichtet gegen einige weiße Kissen gelehnt. Nicht nur ihren Oberkörper, sondern auch ihr Gesicht wendet sie offen dem Betrachter zu. Beim breiten Publikum und den Kunstkritikern löste das Bild gleichermaßen heftige Reaktionen aus. Jules Claretie schrieb in *L'Artiste*: »... diese schrecklichen Leinwände, an den Pöbel gerichtete Herausforderungen, Possen oder Parodien, was weiß ich? ... Was soll diese gelbbäuchige Odaliske, dieses billige, ich weiß nicht wo aufgelesene Modell?« Paul de Saint-Victor berichtete: »Wie im Leichenschauhaus drängt sich die Menge vor der verruchten Olympia des M. Manet.« Als immer mehr Besucher das Bild verspotteten und mit Spazierstöcken und Schirmen bedrohten, wurde es schließlich zu seinem Schutz in Deckenhöhe aufgehängt.

Auch bei der nach Manet wichtigsten Wende der modernen Malerei hin zum Kubismus und in die Abstraktion gab es einen Skandal – und wieder ging es um einen weiblichen Akt. Das 1907 von Pablo Picasso geschaffene Gemälde »Les Desmoiselles d'Avignon« zeigt fünf Prostituierte in einem Bordell. Das Bild, ein Wegweiser für die Kunst des 20. Jahrhunderts, wurde von vielen, selbst engen Freunden Picassos, als unmoralisch angesehen und heftig kritisiert. Picasso sagte: »Die Kunst ist niemals keusch.« Guillaume Apollinaire, Georges Braque und Henri Matisse sowie Sammler und Galeristen lehnten das Gemälde ab. Sie konnten es nicht deuten oder einordnen. Die verstörende Kraft des Formalen, die sich auflösende Gegenständlichkeit wurde durch das Sujet, durch nackte weibliche Körper, durch unverhohlen nackte weibliche Prostituierte, verstärkt. Mit der Freiheit der Form kam die Freiheit des Inhalts – und beides zusammen wirkte besonders unheimlich.

Selbst die Wiederkehr der gegenständlichen Malerei, die Geburtsstunde des deutschen Neoexpressionismus, wurde in der zweiten Hälfte des 20. Jahrhunderts durch einen Sexskandal eingeleitet. »Die große Nacht im Eimer« lautet der Titel eines Ölgemäldes von Georg Baselitz. Es entstand 1963 und zeigt einen masturbierenden Mann. Der männliche Akt, der überdies noch sexuell aktive Mann, wirkte offenbar aufwühlender als die Nacktheit einer Frau. Das gilt noch heute bei Mapplethorpe, Lucian Freud, John Currin oder Jonathan Meese – die verlässlicheren Empörungen lösen die männlichen Akte aus. Im Oktober 1963 wurde Baselitz' Werk, das in einer West-Berliner Galerie ausgestellt war, von der Staatsanwaltschaft wegen Unsittlichkeit beschlagnahmt. »Die *Bild*-Zeitung erschien mit dem Bild auf der Titelseite und einer Skandal-Schlagzeile«, erinnert sich Baselitz (es war die ».B.Z.«, Anm. d. Verf.). »Die Situation war so aggressiv, daß ich, als ich die

Zeitung gelesen hatte, an der Haustafel die Namensschilder abmachte in der Joachim-Friedrich-Straße, wo wir damals wohnten. Ich wollte nicht, daß jeder wußte, wo wir hausten.«

Worum geht es in all diesen Werken? Um sexuelle Befreiung? Um die Sprengung von Schamgrenzen? Wohl kaum. Es geht um den Ursprung der Welt, es geht um die letzten Dinge. Der nackte Körper ist das archaischste Thema der Kunst.

Natürlich gehört Scham unverzichtbar zur Rezeption eines Aktes. Mehr noch: Scham spielt eine zentrale Rolle im Spannungsfeld sexueller und gesellschaftlicher Freiheiten. Alle Gesellschaften kennen Schamgefühle, aber die Menschen schämen sich ganz unterschiedlicher Dinge. Am häufigsten entsteht Schamgefühl in Verbindung mit Nacktheit. Drei Bibelstellen aus dem Alten Testament illustrieren das gut. Heißt es im paradiesischen Zustand noch: »Beide, Adam und seine Frau, waren nackt, aber sie schämten sich nicht voreinander« (Genesis 2, 25), so bedeutet der Sündenfall auch, dass die Geschlechter ein Schamgefühl voreinander entwickeln: »Da gingen beiden die Augen auf und sie erkannten, dass sie nackt waren. Sie hefteten Feigenblätter zusammen und machten sich einen Schurz« (Genesis 3, 7). Und als Gott nach Adam rief: »Wo bist Du?«, antwortete dieser: »Ich habe Dich im Garten kommen hören; da geriet ich in Furcht, weil ich nackt bin, und versteckte mich« (Genesis 3, 9).

Interessant ist, wie relativ das Mindestmaß an körperlicher Bedeckung ist. In der säkularisierten jüdisch-christlichen Kultur genügt eine Schnur – oder eben ein Lendenschurz – zur Bedeckung der Geschlechtsorgane, um dem tradierten Schamgefühl gerecht zu werden. In einer traditionell-orthodoxen muslimischen Kultur dagegen bedarf es der völligen Bedeckung zumindest des weiblichen Körpers. Doch auch in der islamischen Welt herrscht keine Einigkeit, in welcher Form sich Frauen in der Öffentlichkeit verhüllen müssen. In manchen muslimischen Gesellschaften trägt man den Tschador, in anderen die Burka, in einigen trägt man nur Kopftuch, in anderen nicht mal das. Und in christlichen Kulturen, zumal in den christlich-orthodoxen, spielt der Schleier ebenfalls noch eine gewisse Rolle. Man bezieht sich auf Apostel Paulus, der in seinem 1. Brief an die Korinther vom Tragen des Schleiers in den Gottesdiensten schreibt.

In seinem 1939 erschienenen Werk »Über den Prozess der Zivilisation« hat Norbert Elias das »Vorrücken der Schamschwelle« als ein wesentliches Element der Entwicklung von Zivilisation bezeichnet. Hans Peter Duerr wendet sich in seinem Werk »Der Mythos vom Zivilisationsprozess« explizit gegen Elias und versucht nachzuweisen, dass eine niedrige Schamschwelle gerade einen sehr hohen Zivilisierungsgrad voraussetzt. In intellektuellen Milieus unserer Tage gehört es geradezu zum guten Ton, sich nicht durch Schamgefühle irritieren zu lassen. Der moderne westliche Mensch ist vergleichsweise schamlos – das gilt beim Nacktsonnen im Stadtpark, beim Besuch einer Theateraufführung, in der man cool den Auftritt nackter Schauspieler quittiert, und besonders natürlich bei der Besichtigung einer Kunstausstellung.

Als ich vor zwanzig Jahren, im Oktober 1991, im Museum Boijmans Van Beuningen in Rotterdam unter dem Titel »The Physical Self« eine von dem britischen Filmregisseur Peter Greenaway kuratierte Ausstellung besuchte, die sich mit dem nackten menschlichen Körper beschäftigte, liefen die Besucher noch verunsichert und teilweise offen empört durch die Säle. Insbesondere vor einer Vitrine mit lebenden menschlichen Nacktmodellen war das Entsetzen groß. Als im Herbst des Jahres 2008 im Museum Kunstpalast in Düsseldorf unter dem Titel »Diana und Actaeon« 300 Werke von Peter Paul Rubens, Pieter Brueghel und Rembrandt über Courbet, Lovis Corinth, Pablo Picasso und Gustav Klimt bis zu Cindy Sherman, Robert Mapplethorpe und Marlene Dumas gezeigt wurden, die alle eines gemeinsam hatten: den nackten menschlichen Körper. Da war von Empörung, gar von Skandal nichts mehr zu spüren. Und als im Frühjahr 2010 das Museum of Modern Art in New York eine Gesamtschau der Performance-Künstlerin Marina Abramović zeigte, bei der sich eine nackte Frau und ein nackter Mann so zwischen den Rahmen der Eingangstür stellten, dass man sich nur mit Körperkontakt an ihnen vorbeizwängen konnte, da galt das nur noch als cool. Aufgeregt hat sich keiner mehr.

Haben Courbet und Hunderte andere Künstler vom Steinzeit-Bildhauer der Venus von Willendorf bis zu Jeff Koons und seinen Porno-Performances mit »Cicciolina« die Enttabuisierung von Nacktheit und Sexualität so erfolgreich betrieben, dass die Mechanismen von Scham und Skandal heute nicht mehr wirken? Oder ist es nur so, dass Schämen nicht mehr schick ist und man sich in aufgeklärten Kreisen nicht mehr die Blöße geben will, Kunst zu skandalisieren? Unter Menschen, die modern sein wollen, gilt: Scham ist peinlicher als Schamlosigkeit. Und dennoch: Ende der 1990er Jahre wurde ein Buch des Autors Jacques Henric aus den französischen Buchläden aussortiert, weil es Courbets »L'Origine du monde« auf dem Titel zeigte, und noch 2009 wurde ein Buch der Autorin Catherine Breillat aus gleichem Grund in Portugal von der Polizei konfisziert. Courbet und seine Sprengkraft wirken weiter. Die Subversion der zum Schämen nackten Scham hat auch im frühen 21. Jahrhundert nichts von ihrer Kraft verloren.

Im Hinblick auf die künstlerische Freiheit ist Courbets »L'Origine du monde« eine Art Synthese aus Richard Wagners »Meistersingern« und Thomas Manns »Felix Krull«. In den »Meistersingern« befreit sich die Kunst durch den Regelverstoß. Stolzing fragt: »Wie fang ich nach der Regel an?« Sachs antwortet: »Ihr stellt sie selbst und folgt ihr dann.« Die Folge ist der Skandal. Im »Krull« befreit sich der Künstler durch die Wendung ins Archaisch-Sinnliche. Madame Houpflé und der Hochstapler Krull wählen als letzte Zuflucht die körperliche Trieberfüllung. Das ganze Buch endet mit einer Kopulation. Courbets »Ursprung der Welt« steht für beides: für den Skandal und die Sexualität als Fixsterne künstlerischer Freiheit.

Der Skandal gehört zur künstlerischen Freiheit wie das Licht zum Feuer. Die Kunst ist frei. Sie lebt von der Freiheit, auch wenn sie unter unfreien Umständen entsteht. Sie erprobt die Freiheit. Kunst will ständig wissen, wie weit sie gehen kann, will ausprobieren, wie frei sie wirklich ist. Der Skandal soll der Freiheit eine Grenze ziehen. Der Skandal sagt: Das war eine Grenzüberschreitung. Das gehört sich nicht. Ab hier empört sich das bürgerliche Gewissen. Im Skandal wird der Regelverstoß, der Traditionsbruch sanktioniert. Der freie Künstler, der Neues schafft, geht weiter. Er provoziert den Skandal. So lange, bis die erkämpfte Freiheit zu einem neuen Gefängnis wird. Wenn alles geht, wenn alles möglich und nichts mehr tabu ist, gibt es keinen Skandal mehr. Aber: Erst der Skandal zeigt dem Künstler, dass er mit seiner schöpferischen Zerstörung etwas erreicht hat. Neuland. Terra incognita. Innovation. Schöpfung. Das ist die eine Lektion vom Ursprung der Welt.

Die andere ist: Der Ursprung der Welt ist Körperlichkeit und Sinnlichkeit, nicht Intellekt. Der Geist ist schwach, das Fleisch ist stark – und nicht umgekehrt. Archaischer Trieb steht vor jeder Erkenntnis – der Trieb als Antrieb zum künstlerischen Schaffen. Auch in dieser Hinsicht ist »L'Origine du monde« ein Opus summum.

In Courbets zentralem Bild herrscht Archaik – als Realismus der maximalen Natürlichkeit. Um Natur, um Ursprünglichkeit geht es immer in Courbets Werk. Er selbst beschreibt das so: »Das Schöne ist in der Natur, und es wird unter den verschiedensten Formen der Wirklichkeit angetroffen. Sobald es gefunden wird, gehört es der Kunst oder eher dem Künstler, der es entdeckt.«

Zentral für Courbets Werk sind einerseits die großen Landschaftsszenen, etwa »Die Dorfmädchen geben einer Kuhhirtin ein Almosen in einem Tal bei Ornans« von 1853 oder »Felsiges Flusstal« und »Schattiger Bach« von 1865, andererseits die großen, lasziven Akte, etwa »Der Schlaf« von 1868, der zwei Frauen zeigt, erschöpft von einer lesbischen Liebesszene, oder »Frau mit den weißen Strümpfen« von 1861, die neben »L'Origine du monde« wohl frechste und aufreizendste

Darstellung Courbets. Hier ist er in seinem realistischen Element. Und zum Realismus gehören eben auch: Laszivität, Sinnlichkeit, eine schwüle Triebhaftigkeit, die mitunter seinen Akten ebenso eigen ist wie seinen Landschaften.

Doch die Sujets stehen nicht nebeneinander, sie sind ineinander verschränkt. Sie meinen das Gleiche. Einmal ist die Naturdarstellung, die Landschaft selbst zum Akt geworden. In der 1864 geschaffenen »Felsengrotte der Loue« hat Courbet eine Art Parallelwerk zu »L'Origine du monde« geschaffen. Der Kunsthistoriker Günter Metken beschreibt das Bild so: »Das Relief der Landschaft prägt auch Sicht und Malweise Courbets: Schluchtartige Täler, dunkle Gründe und lichter Himmel darüber, Helldunkelkontraste, die Blickführung von unten nach oben. Sie vermittelt das Hinabsteigen auf die Talsohle, das Eintauchen in schattige Wälder, das Vordringen zu den Quellen von Lison und Loue. Man wird von einer geöffneten, oben vorspringenden Felsstirn empfangen; die Flanken sind moosig bewachsen. Zentral die dunkle Öffnung, aus der Wasser wie von weither und aus einem unerschöpflichen Reservoir strömt: Entstehen der Welt im Feuchten.« Auch der Schriftsteller Jack Lindsay sieht die Parallele zwischen der Landschaft einer Felsengrotte und der Landschaft des weiblichen Körpers, die bis in die Bildproportionen hinein parallelisiert sind: »Wenn wir den Bildaufbau betrachten und davon eine Skizze anfertigen, welche die Anordnung im Wesentlichen beibehält, aber die menschlichen Partien in Felsen, Gebüsch und dergleichen umverwandelt, so erhalten wir eine der typischen Landschaften, wie sie Courbet so tief bewegten: Die Vagina bildet den Eingang zur Höhle und den unterirdischen Wasserläufen, die sich in seinen Naturszenerien finden. Diese Analogie verdient Beachtung, denn sie hilft uns verstehen, wie er diese wunderbar kompakte weibliche Figur geschaffen hat und dass in vielen seiner Landschaften ein bestimmter Symbolismus enthalten ist.«

Dieser Symbolismus enthält nur eine zentrale Botschaft: Kunst ist das Gegenteil von Natur. Und doch kann Natur die größte Kunst sein. Die letzte Provokation der Kunst ist es, das eigentlich Natürliche zu betrachten. Der größte Skandal ist der direkte, »realistische« Blick auf die ersten und letzten Dinge. Das war vor 40 000 Jahren bei der ersten Venus-Skulptur so. Das ist heute noch so. Und das war so bei Courbets »L'Origine du monde«.

Das letzte der letzten Dinge ist das weibliche Geschlecht. Dort entsteht Leben. In der triebhaften Sehnsucht, in der Empfängnis, in der Geburt. In der Kreation. Am Ende ist der Trieb, die Sexualität der Ursprung der Menschheit. Und der Ursprung der Kunst. Dort, in diesem geheimnisvollen schwarzen Dreieck zwischen Scham und Schamlosigkeit, entstehen die Kreatur und die Kreativität. So einfach, so klar, so frech ist »L'Origine du monde«. Ein Skandal? Freiheit.

IV. Im Netz der Freiheit

Aus der Sicht eines Journalisten sind die vier wichtigsten Entwicklungen der Menschheitsgeschichte eindeutig: die Sprache, die Schrift, der Druck und die Digitalisierung.

Eben nicht Rad, Motor, Auto, Flugzeug. Das wäre vielleicht die Perspektive der Ingenieure. Und erst recht nicht Pulver oder Pistole. Das ist hoffentlich nicht die Sicht von Historikern und Politikern. Fest steht: Ohne Sprache kein Austausch von Ideen und Erfahrungen. Ohne Schrift keine Bewahrung von Wissen. Ohne Druck keine massenhafte Verbreitung von Wissen. Und ohne Digitalisierung?

Wir ahnen es nur. Aber wir sehen schon jetzt, am Beginn der digitalen Epoche, wie das Internet die Globalisierung von Wissen befördert und soziale Beziehungen verändert hat. Und wir spüren: Wir stehen erst am Anfang dieser vierten großen Zivilisationsrevolution, die eine Revolution für die Freiheit, aber auch ein Coup der Unfreiheit sein kann.

Der französische Sozialphilosoph Jean Fourastié schrieb mit Blick auf die industrielle Revolution: »Nichts wird weniger industriell sein als die aus der industriellen Revolution resultierende Kultur.« Könnte das für die auf der Idee der Freiheit basierende digitale Revolution bedeuten: Nichts wird weniger freiheitlich sein als die aus der Freiheitsrevolution resultierende digitale Kultur?

Ein symbolisches Datum ist der 4. November 2008. An diesem Tag wird Barack Obama zum ersten afroamerikanischen Präsidenten der Vereinigten Staaten gewählt.

Anderthalb Jahre zuvor, bei einem Mittagessen mit überwiegend amerikanischen Gästen, bat ich die Runde darüber abzustimmen, wer wohl der nächste Präsident von Amerika werden würde. Klare Mehrheit für Hillary Clinton. Auf Platz zwei: der frühere New Yorker Bürgermeister Rudolph Giuliani. Auf Platz drei: John McCain. Ein einziger Gast glaubte, dass Barack Obama zum Präsidenten gewählt würde – der Dirigent Ingo Metzmacher. Überlegenes, leicht spöttisches Lächeln der anderen. Ein Musiker, keine Ahnung von Politik, raunen die amerikanischen Profis. Ein Schwarzer als Präsident, niemals, das sei in Amerika nicht durchsetzbar, darin waren sich alle einig.

Obama verdankt den Sieg seinem Charisma, einflussreichen Wahlkampfspendern und vor allem: dem Internet. Es ist die erste politische Kampagne, die vor allem auf die viralen Effekte des Internets ausgerichtet ist und seine Mechanismen versteht. Der Kandidat erobert die sozialen Netzwerke. Wähler werden online mobilisiert. Millionen nutzen das Internet, um zu spenden, um von ihrem Kandidaten zu schwärmen und ihre Freunde an die Wahlurne zu treiben. Es ist der erste multimediale Wahlsieg. Aber es ist gleichfalls das Internet, das zwei Jahre später die Unzufriedenheit, die Enttäuschung über den wie einen Heilsbringer verklärten Präsidenten zuerst verbreitet. Mit Obamas Präsidentschaft ist das World Wide Web zum Netzwerk der Demokratie geworden.

Immer häufiger nutzen Bürgerrechtler oder andere Regimekritiker das Netz als Organisationsraum. Die autoritären Systeme versuchen verzweifelt, sich durch Restriktionen und Verbote gegen den virtuell bedingten, aber gleichwohl sehr realen Autoritätsverlust zur Wehr zu setzen.

So wird am 1. November 2008 Hossein Derakhshan, genannt Hoder, der bekannteste Blogger Irans, in Teheran verhaftet. Man wirft ihm Spionage für Israel vor. Sein Vergehen: Er war nach Israel gereist und hatte von dort aus gebloggt, um für Verständnis zwischen beiden Ländern zu werben. Im Januar 2009 wird in Südkorea ein Blogger verhaftet, der unter dem Pseudonym »Minerva« geschrieben hatte, die Regierung habe die Banken des Landes angewiesen, keine Dollar mehr zu kaufen. Die Panik, die der Bericht auslöst, zwingt die Notenbank zu einer milliardenschweren Rettungsaktion. Der Vorwurf gegen »Minerva« lautet: »Verbreitung falscher Gerüchte«. Im Dezember 2009 wird der russische Medizinstudent Iwan Peregorodjew verhaftet, weil er in seinem Blog darüber spekuliert hatte, ob ein großer Teil der Stadt Saratow mit Schweinegrippe infiziert sei. Die Staatsanwaltschaft wirft ihm vor, »falsche Informationen mit Bezug auf einen terroristischen Akt« verbreitet zu haben.

Zum Symbol der digitalen Freiheit ist vor allem die sogenannte Twitter-Revolution im Iran geworden. Nach den Präsidentschaftswahlen im Juni 2009, bei denen der gemäßigte Herausforderer Mussawi nach offizieller Zählung dem Hardliner und Amtsinhaber Ahmadinedschad unterlegen war, gingen Tausende Regimegegner auf die Straße. Sie protestierten gegen die naheliegende Wahlfälschung. Es kam zu Straßenschlachten, bei denen nach Angaben der Opposition 300 Menschen getötet wurden. Mehrere tausend Demonstranten wurden verhaftet, ausländische Journalisten ausgewiesen oder ebenfalls inhaftiert. Das amerikanische Magazin *Time* nannte Twitter das »Medium der Bewegung«. Der erst 2006 gegründete Microblogging-Dienst war zugleich Protestmedium und Koordinationswerkzeug der Opposition. Ein Videofilm, der zuerst bei Twitter und Facebook auftauchte, gab den Opfern des brutalen Regimes ein Gesicht und einen Namen: Neda. Die junge Iranerin war in Teheran auf offener Straße ermordet worden. »Ich bin Neda« wurde über Nacht zum Leitsatz der Protestbewegung. Die italienische Ausgabe der Zeitschrift *Wired* wollte das Internet angesichts seiner Bedeutung für die iranische Protestbewegung auf die Vorschlagsliste für den Friedensnobelpreis setzen lassen.

Bei den großen Freiheitsrevolutionen in Tunesien und Ägypten im Frühjahr 2011 spielte vor allem Facebook eine entscheidende Rolle. Die ersten Aufrufe zu Protesten in Kairo waren im Internet zu lesen – das ehemalige Studenten-Netzwerk wurde dabei zu einer Art Organisationszelle. Das nahm schon drei Jahre zuvor während der Fußball-Afrikameisterschaft seinen Anfang. Eine Fangruppe der ägyptischen Nationalmannschaft zählte in kurzer Zeit 45 000 Mitglieder, und nach ein paar Monaten hatten rund eine Million Ägypter ihr Profil eingerichtet. Als dann für den 6. April 2008 in Mahalla al-Kubra im Nildelta ein (in Ägypten verbotener) Streik von Textilarbeitern anstand, war Facebook wieder die Plattform, die das Ereignis landesweit bekannt machte. Innerhalb kurzer Zeit zählte die am 23. März gegründete Jugendbewegung »6. April« mehr als 40 000 Mitglieder, der Streik wuchs sich aus zu einer weithin sichtbaren politischen Demonstration für mehr Demokratie in Ägypten. Keine staatliche Intervention, keine Stilllegung der Server konnte die einmal in Gang gekommene Bewegung aufhalten. Bis zum Rücktritt von Präsident Mubarak blieb das Internet, blieben vor allem Twitter und Facebook der Organisationsraum der Demonstranten und Aufständischen. Die digitale Vernetzung war ein zentraler Erfolgsfaktor der Regimegegner in Ägypten oder in anderen Staaten Afrikas und des Mittleren Ostens.

Das Netz als Medium der Freiheit hatte im Sommer 2010 einen besonderen Helden: Unter der Überschrift »War Diary« veröffentlichte das Internet-Informantennetzwerk Wikileaks, hinter dem eine Non-Profit-Organisation namens »The Sunshine Press« steht, Zehntausende von Dokumenten amerikanischer Militärs aus dem Afghanistan-Krieg. »Den Mächtigen in die Suppe spucken« sei das Motiv dafür gewesen, sagte der Gründer, Menschenrechtsaktivist, Journalist und verurteilte Computer-Hacker Julian Assange.

Die Publikation gestohlener Dokumente steht in einer großen freiheitlichen Tradition. Das Bundesverfassungsgericht hat immer wieder bekräftigt: Die Veröffentlichung rechtswidrig beschaffter oder erlangter Informationen ist von der Pressefreiheit gedeckt, wenn die Bedeutung der Informationen für die öffentliche Meinungsbildung die Nachteile für die Betroffenen überwiegt.

Wenn jetzt im Internet ausgerechnet Militärgeheimnisse gelüftet werden, entbehrt das nicht einer gewissen Ironie. Die Revolution frisst ihre Väter. Das US-Militär selbst hatte das Internet seit den 1960er Jahren als »Arpanet« aufgebaut und gab es erst später für die zivile Nutzung frei. Nicht nur US-Militärs und -Diplomaten, sondern auch einige deutsche Politiker dürften angesichts ihrer Kritik an der Veröffentlichung vertraulicher Depeschen und Regierungsdokumente in Erklärungsnot geraten: Erst kurz zuvor hatten sie es begrüßt, dass dem Staat illegal erlangte, steuerlich relevante Bankdaten in digitaler Form angeboten wurden. Hier war der Fiskus Profiteur von Lecks in Liechtensteiner und Schweizer Banken. Darüber, dass der Staat gewissermaßen zum Hehler wurde, sah man angesichts von Steuernachzahlungen in Millionenhöhe gern hinweg. Nun ist der Staat selbst löchrig geworden. Die digitale Revolution macht zwischen Bankgeheimnis und Amtsgeheimnis keinen Unterschied.

Das »War Diary« war ein neuer Höhepunkt, aber möglicherweise auch ein Wendepunkt in der Wahrnehmung des Internets als Garant für Meinungsfreiheit und Informationsvielfalt. Der journalistische Superscoop entpuppte sich letztlich als Enttäuschung. Es waren zwar Unmengen von Informationen, die den von vielen unerwünschten Weg in die Öffentlichkeit fanden. Aber waren sie aussagekräftig, waren sie wirklich wichtig, gab es von jetzt an tatsächlich eine neue Sicht auf den Krieg in Afghanistan? Wohl kaum. Zu viel Information ist keine Information. Berührt wird damit die Grundsatzfrage, ob in einer Demokratie alles auf den Tisch muss, jede Information der Öffentlichkeit zugänglich sein sollte. Ich meine: Nein. Auf den Tisch muss, was wichtig ist und wofür es ein berechtigtes öffentliches Interesse gibt. Vollständigkeit und Verfügbarkeit jeder Information für jedermann befördern Scheintransparenz. Man glaubt alles zu kennen und hat nichts verstanden. Gerade im Fall der »War Diaries« wurde deutlich: Ohne erfahrene Journalisten, in diesem Fall des *Spiegel*, des *Guardian* und der *New York Times*, die die Überfülle an Material sichteten und aufbereiteten, wären die Wikileaks ziemlich aussagelos geblieben.

Hinzu kommt: Wikileaks veröffentlicht vorzugsweise aus geheimen diplomatischen Dossiers freier, vergleichsweise transparenter Demokratien. Totalitäre, diktatorische Regime bleiben meistens unbehelligt. Wo war Wikileaks in Ägypten, Tunesien, Syrien oder Libyen? Und vor allem: Wo sind die Enthüllungen aus Iran, aus Kuba, Nordkorea, Weißrussland? Vielleicht kommt man an deren Geheimdokumente beim besten Willen nicht heran. Aber wäre nicht genau das dann der viel größere, der eigentliche Skandal? Als sich schließlich die norwegische Zeitung *Aftenposten* Zugang zu den kompletten Datensätzen von Wikileaks verschafft hatte und gemeinsam mit der deutschen *Welt* daraus zitierte, hörte bei Wikileaks der Sinn für ultimative Transparenz schlagartig auf. Für das Leak vom Leak hatte man wenig Verständnis. Und spätestens als Wikileaks-Gründer Julian Assange mit seinem offenen Engagement für den Holocaust-Leugner Israel Schamir auf sich aufmerksam machte, bröckelte der Mythos von der Neutralität und Integrität des Informantennetzwerkes endgültig. Auch die digitalen Kämpfer für unbeschränkte Freiheit haben nicht immer nur das Gute im Sinn, sondern oft vor allem eine eigene Agenda.

Dennoch: Das Internet stärkt die Meinungsfreiheit. Willkürlich ausgeübte Autorität, Repression, Zensur haben es schwerer im Netz. Es befördert eine antiautoritäre Informationskultur. Wer etwas mitteilen möchte, findet im Internet einen Weg. Das gilt für das neue Gedicht des unbekannten Poeten ebenso wie für einen Do-it-yourself-Popsong, produziert am Computer, für den Kommentar eines Bloggers genauso wie für eine spektakuläre journalistische Enthüllung. Die Hürden sind geringer. Während man in der analogen Welt noch einen Chefredakteur benötigte, der von der Stichhaltigkeit der eigenen Meinung oder Recherche überzeugt war, während man früher noch einen Verlag brauchte, der das eigene lyrische Talent erkannte, oder eine Schallplattenfirma, die an das Hitpotential glaubte und deshalb zu erheblichen Investitionen bereit war, braucht es in der digitalen Welt nur noch die Idee oder die Information an sich. Ist sie überzeugend, wird sie ihren Weg der viralen Verbreitung finden.

Ein gutes Beispiel ist der berühmte Videoclip, den ein paar Spaßvögel drehten, als sie Mentos-Kaubonbons in Cola-light-Flaschen steckten. Die chemische Reaktion verursachte hohe Fontänen, die sie zu einer Art Cola-Wasserspiel-Ballett choreographierten. Das Video war so überraschend und komisch, dass es innerhalb weniger Wochen zwölf Millionen Mal auf YouTube geklickt wurde. Der Konzern Coca-Cola hatte seine Rechtsabteilung schon wegen einer Markenmissbrauchsklage in Bewegung gesetzt, als man im letzten Moment begriff, dass der Clip der Laien die seit langem erfolgreichste und billigste Werbung für das Erfrischungsgetränk war und sich die Firma gerade auf dem besten Weg befand, aus einem unverhofften Werbeerfolg ein PR-Desaster zu machen.

Das Netz schwächt den Einfluss traditioneller Meinungsmacher und Hierarchien. Es ist insofern ein Freiheitsmedium. Nicholas Negroponte, Leiter des Media Lab am Massachusetts Institute of Technology, fasst die freiheitlich-anarchische Rolle des Netzes so zusammen: »Es gibt keine Kontrolle im Internet. Man kann darin Entwicklungen verzögern, aber nicht verhindern – weil es immer Wege gibt und die Kreativität der Nutzer, diese zu finden.«

In meinem Büro hängt ein Plakat mit dem Satz: »Wäre es mir überlassen zu entscheiden, ob es eine Regierung ohne Zeitungen oder Zeitungen ohne eine Regierung geben soll, würde ich keinen Moment zögern, Letztes vorzuziehen.« So Thomas Jefferson im Jahr 1787. Das World Wide Web hätte Jefferson vermutlich noch besser gefallen als Zeitungen.

Nirgendwo wird der klassische Gegensatz von Freiheit und Macht so deutlich wie im Internet. Das autoritätskritische Bürgerrecht der freien Presse wird im Netz verstärkt, indem die Macht der Hierarchie gebrochen oder sogar umgekehrt wird. Grob vereinfacht könnte man die jüngere Geschichte des Journalismus in drei Abschnitte unterteilen:

1. Das 19. Jahrhundert. Der Journalist ist der Vorgesetzte des Lesers. Er bestimmt, was wichtig ist. Er verkündet in Leitartikeln, wie seine Leser die Welt zu sehen haben. Journalismus hat pädagogische Wucht, er doziert, von oben herab. Verstärkt wird diese Haltung durch die Präsentation der Texte. Das

Layout ist karg und unsinnlich, der Leser muss sich durch eine kleingedruckte Bleiwüste kämpfen. Überschriften verraten selten, was das Thema des Textes ist. Der Leser hat sich – um zur verkündeten Wahrheit zu gelangen – wie ein geduldiger Untertan durch die Zeitung zu »arbeiten«. Der Redakteur erhebt den Zeigefinger und weist seinen Lesern den rechten Weg. Der Journalist ist der Chef, der Leser sein Untergebener.

2. Das 20. Jahrhundert. Journalisten und Leser sind weitgehend gleichberechtigt. Redakteure erkennen, dass mit einer Zeitung als Belehrung und Exerzitium kein Geschäft mehr zu machen ist. Sie fangen an, sich am Lesergeschmack zu orientieren. Nachrichten werden emotionalisiert, personalisiert, kurz: boulevardisiert, auch in den sogenannten Intelligenzblättern. Das Layout spielt eine immer größere Rolle – Optik, Fotos, Karikaturen, Zeichnungen, Infographiken sollen dem Leser die Lektüre erleichtern. Überschriften haben möglichst gewinnend, hier und da durchaus reißerisch zu sein. Es geht darum, die Aufmerksamkeit des Lesers zu erringen, der genauso gut Radio hören oder fernsehen könnte. In der zweiten Hälfte des Jahrhunderts steht zudem immer häufiger auch der sogenannte »Nutzwert« im Vordergrund, Service-Informationen, die für die Leser einen praktischen Nutzen haben. Der Redakteur gibt seine Position in der Kanzel oder auf dem Katheder auf. Er wird zum Gesprächspartner des Lesers. Man begegnet sich auf der gleichen Hierarchieebene.
3. Das 21. Jahrhundert. Im Online-Journalismus wird der Leser zum Vorgesetzten des Redakteurs. Der

User sagt dem Journalisten, was ihn interessiert. Die mitlaufende Auswertung der Klickraten wird zur Marktforschung in Echtzeit. Sofort weiß der Redakteur, welche Prioritäten sein Publikum setzt, wovon es mehr lesen will und wovon weniger. Der Leser sagt dem Redakteur interaktiv die Meinung, und nicht selten richtet sich die Redaktion danach. Der Redakteur und der Reporter werden Dienstleister des Users. Der Leser bestimmt per Knopfdruck, wohin sich der Blick des Journalisten zu richten hat. In der digitalen Welt hat sich das alte Hierarchieverhältnis umgekehrt. Der Leser ist der Chef, der Redakteur sein Angestellter.

Aus dieser Entwicklung wird von Kulturpessimisten gerne der Untergang eines ganzen Berufsstandes abgeleitet. Den Journalisten als professionellen, speziell ausgebildeten Rechercheur und Geschichtenerzähler brauche es gar nicht mehr, das erledigten jetzt die User selbst. User Generated Content, Blogs und Bürgerjournalismus werden dabei zum neuen Leitbild einer Branche stilisiert, die vor allem eines ist: verunsichert. Und deshalb zu falschen Schlüssen kommt. Das Internet sei der Tod des Zeitungsjournalismus. Die Qualität der Texte werde in der digitalen Welt – in der jeder einfach daherreden und -schreiben kann, wie er will – schlechter. Inhalte von Nutzern machten professionelle Reporter überflüssig. Ich glaube das alles nicht. Laien und Leser bereichern den Journalismus. Den Profi ersetzen können und wollen sie nicht. Das Internet hat den Leser vielleicht noch mündiger, kritischer gemacht. Durch die Intelligenz, Erfahrung und Spezialkenntnisse vieler

Nutzer sind Informationsangebote besser geworden. Man spricht von »Schwarmintelligenz«. Aber es gibt eben auch Schwarmdummheit. Und je größer die Flut von Informationen wird, desto größer wird der Bedarf an Auswahl und Orientierung. Wenn jede Information jedermann jederzeit und überall zugänglich ist, dann ist die Navigation durch diesen Informationsdschungel, das Kuratieren dieser Angebote umso zwingender. Die vom Leser selbst zusammengestellte Zeitung ist da keine Alternative. Es ist schön, dass Computerprogramme die individuelle Vorauswahl von Themen ermöglichen, dass sich sozusagen jeder selbst seine eigene Zeitung zusammenstellen kann, aber es will nun einmal nicht jeder jederzeit sein eigener Chefredakteur sein. Bei allem Freiheitsdrang, bei aller Befriedigung, auf einem Billionen-Berg an Daten zu sitzen – das Bedürfnis, qualifiziert informiert zu werden und von Experten recherchierte und aufgeschriebene Geschichten zu lesen, besteht seit Jahrhunderten, ist verlässlich und wird bleiben. Man mag sich angesichts von Smartphones, Tablet-PCs und faltbaren Folienbildschirmen in den Entwicklungslabors zu Recht Gedanken um die Zukunft des Papiers machen, genauer: des Papiers aus Holz und Zellstoff. Die Sorge um die Zukunft des Journalismus in der digitalen Welt ist unbegründet. Der Geist bestimmt die Materie. Und nicht umgekehrt.

Das Internet ist auch ein sozialer Befreiungsmotor, es ist neben der modernen Transporttechnik der größte Antreiber der Globalisierung. Anders als von Attac und ähnlichen Lobby-Organisationen beständig dargestellt, erweist sich die digital beflügelte Globalisierung als größte soziale Errungenschaft der letzten hundert Jahre. Sie ist eine gewaltige Umverteilungsmaschine von oben nach unten. Im analogen Zeitalter spielte die Verbreitung von Know-how eine wettbewerbsentscheidende Rolle. Wer mehr wusste, wer früher etwas wusste, wer schneller und kompetenter über technologische, biologische, chemische und andere wissenschaftliche Zusammenhänge informiert war, erntete Wachstum, Wohlstand und Sicherheit. Die Rothschild-Familie hatte ihren epochalen Erfolg als Bankdynastie vor allem zwei Faktoren zu verdanken: ihrem grenzüberschreitenden Denken und Handeln (Bankgründer Mayer Amschel Rothschild schickte seine Söhne in fünf europäische Länder) und einem Informationssystem, das mit berittenen Boten von allen wesentlichen Schlachtfeldern Europas meist zuerst über die jeweilige Lage berichtete.

»Information is power«, sagte der frühere US-amerikanische Außenminister Colin Powell. Das gilt für Politik und Militär genauso wie für die Wirtschaft. Know-how war ein Machtfaktor und wurde folglich äußerst zurückhaltend verbreitet und nur mit Verbündeten geteilt. In der digitalen Welt gilt: Wer etwas wissen will, wird es finden. Information, Know-how ist kein elitäres Unterscheidungsmerkmal mehr. Jeder Inder, jeder Deutsche, jeder Äthiopier, jeder Pole, jeder Isländer und jeder Amerikaner, der Zugang zum Netz hat, findet das Gleiche, weiß das Gleiche, kann potentiell das Gleiche. Mit dem umverteilten Wissen wird auch Wohlstand umverteilt oder genauer: gerechter, breiter, besser verteilt.

Etwa zwei Drittel der Menschheit kommen heute zwar noch nicht in den Genuss der Wissensumverteilung durch die Datenwolke, weil sie nicht online sind. Aber: Die Entwicklung von 100-Dollar-Computern und der Markterfolg preiswerter Smartphones mit Internetzugang stehen erst am Anfang und verlaufen rasant. Bald werden auch ärmste Menschen an der digitalen Informationsverbreitung teilhaben.

Selbst heute schon ist die Lage besser denn je: So breit, so sozial ausgewogen war Wissen in der Menschheitsgeschichte noch nie gestreut. Noch im Jahr 1900 lasen nur zehn Prozent der Deutschen eine Zeitung. Im Jahr 2000 waren es 73 Prozent. Und im Jahr 2011 nutzen – neben den Zeitungslesern, Fernsehkonsumenten und Radiohörern – rund 53 Millionen Deutsche oder 75 Prozent der Deutschen über 14 Jahre das Internet. Im Jahr 1995 gab es weltweit 16 Millionen Internet-Nutzer, vier Jahre später waren es schon 248 Millionen. Von 2000 bis Frühjahr 2011 gingen etwa 1,3 Milliarden Menschen ans Netz. Heute sind zwar »nur« gut dreißig Prozent der Weltbevölkerung online. Doch in Europa sind es schon mehr als 58 Prozent, in Deutschland 80 Prozent und in Nordamerika mehr als 78 Prozent. China ist zur Online-Großmacht geworden: Mit 477 Millionen Nutzern liegt es nach absoluten Zahlen deutlich vor den USA (272 Millionen), Indien (100 Millionen) und Japan (99 Millionen).

Die beim Weltwirtschaftsgipfel in Davos, dem jährlichen Hochamt der Wirtschafts-Gutmenschen, immer wieder mit moralischem Betroffenheitsblick beklagte digitale Kluft (»Digital Divide«) wird in hohem Tempo überbrückt. Im Jahr 1997 gab es in den OECD-Ländern noch achtzigmal so viele Online-Nutzer wie im Rest der Welt, 2005 waren es nur noch sechsmal so viele. Zwei von drei Menschen, die heute online gehen, kommen aus Entwicklungs- oder Schwellenländern.

Die Ausgesperrten von damals bekommen Zugang zu Information, Bildung, Wissen, Kommunikation und Unterhaltung. Ihre Chancen steigen, zur digitalen Elite der Zukunft zu gehören. Das World Wide Web ist die erfolgreichste Wissensvermittlungs- und Bildungsverbreitungsaktion aller Zeiten.

Noch rasanter wächst das mobile Internet. Der Mobilfunk sei die am schnellsten wachsende Technologie in der Geschichte der Kommunikation, schreibt der frühere Berkeley-Professor Manuel Castells in seinem Buch »The Rise of the Network Society«. Vor zwanzig Jahren hatten weltweit erst 16 Millionen Menschen ein Handy, heute sind es gut fünf Milliarden und damit fast drei Viertel der Weltbevölkerung. Bis zum Jahr 2013 werden es laut Portio Research knapp 6 Milliarden sein, von denen dreißig Prozent Smartphones mit schnellem Internetzugang haben werden. Bald wird es weltweit so viele Smartphones geben wie heute Internetanschlüsse. Dabei erweist sich die IT-Evolution nicht nur als Rationalisierungsbeschleuniger. Sie schafft gleichzeitig neue Wirtschaftszweige und damit neue Jobs. Und sie ist so eine Hilfe bei der Armutsbekämpfung. Beispiel Indien: 1990 hatte eine halbe Milliarde Menschen weniger als einen Dollar am Tag zur Verfügung, 2001 waren es 380 Millionen, und nach jüngsten Schätzungen sind es nur noch 250 Millionen. Umgekehrt steigen jährlich 25 Millionen Menschen in die Mittelschicht auf. Im Mai 2011 gab es mehr als 840 Millionen Mobiltelefone in Indien.

Die Digitalisierung, die größte Sozialrevolution der jüngeren Geschichte, hat mehr erreicht als jede Gesetzgebung. Der praktische Erfolg zeigt: Das Internet ist eine Befreiungsmaschine der weniger Privilegierten, das World Wide Web ist ein Umverteilungsinstrument zwischen Know-how-Besitzern und Know-how-Bedürftigen, zwischen Wohlstandsbewahrern und Wohlstandseroberern. Das liegt aber nur daran, dass wir selbst das Netz dazu gemacht haben. Denn das Netz selbst ist weder sozial noch unsozial. Unsozial sind nur die, die es missbrauchen. Das Netz ist frei. Freiheitsfeindlich sind nur die, die es für manipulative Zwecke nutzen. Davon aber gibt es viele.

Ein Testfall mit hoher Symbolwirkung und ungewissem Ausgang ist der Konflikt zwischen Google und der chinesischen Regierung. Hier prallt der Algorithmus der grenzenlosen Suche auf das Zensur- und Kontrollbedürfnis eines nichtdemokratischen Staates.

Im Juli 2005 startet Google China. Die Dependance steht unter der Leitung des ehemaligen Microsoft-Managers Kai-Fu Lee. Sechs Monate später ist Google.cn online, Suchergebnisse werden entsprechend den chinesischen Gesetzen zensiert. Peking blockiert konsequent alle Suchanfragen nach heiklen Begriffen wie »Tibet« oder »Platz des himmlischen Friedens«. Ein Jahr später gibt Google zu, dass der Launch der zensierten Seiten die Reputation des Unternehmens beschädigt habe. Im September 2009 tritt Kai-Fu Lee überraschend zurück. In den Medien wird spekuliert, der Druck der chinesischen Regierung sei zu groß gewesen. Im Januar 2010 gibt es Hinweise, dass staatliche Hacker aus China gegen US-Firmen wie Google vorgegangen seien. Google kündigt an, sich den Zensurbestimmungen Chinas nicht länger beugen zu wollen.

Am 23. März 2010 schaltet die amerikanische Konzernzentrale die chinesischsprachige Seite Google.cn ab. Wer die Adresse eingibt, wird automatisch umgeleitet zu Google.com.hk, der Webseite des Konzerns in Hongkong. Doch Peking hat vorgesorgt: Während man in Hongkong wirklich Zugang zu systemkritischen Texten bekommt, bleibt der Bildschirm im restlichen China leer. Angezeigt werden zwar die Trefferlisten, doch die Texte öffnen sich nicht. Im Staatsfernsehen CCTV verliest eine Sprecherin die offizielle Erklärung Pekings in der Sache: »Chinas Regierung unterstreicht, dass ausländische Firmen sich an die Gesetze halten müssen. Google hat seine schriftlichen Versprechen gebrochen, die es abgegeben hat, als es auf dem chinesischen Markt startete. Wir sind kompromisslos dagegen, dass kommerzielle Themen politisiert werden.« Im Juni 2010 wird die Umleitung nach Hongkong aufgehoben, da Google befürchtet, die Lizenz in China zu verlieren. Die neue China-Seite ermöglicht immerhin, auf die unzensierte Seite zu wechseln.

China gegen Google, da kämpft nicht ein großer Böser gegen einen kleinen Guten, da treten zwei Giganten gegeneinander an, die beide durch ihre Vormachtansprüche und Machtakkumulation erschrecken: Google als marktbeherrschende Such- und Vermarktungsmaschine, die in manchen Ländern bis zu 65 Prozent des Online-Werbemarktes kontrolliert und nicht wenige Internet-Geschäftsmodelle gleichsam auf Knopfdruck zerstören könnte – die Veränderung eines Google-Algorithmus löst in der Branche regelmäßig Angst und Schrecken aus. Öffentliche Kritik wird vorsichtig geäußert, man will es sich mit dem Konzern nicht verderben. Auf der anderen Seite China als größter nichtdemokratischer

Staat. Ausgerechnet dieses Land unternimmt nun den Versuch, das dezentrale Netz zentral zu steuern.

Im April 2011 veröffentlichte das Freedom House die Sonderstudie »Freedom on the Net« zur Medienfreiheit in 37 ausgewählten Ländern. Als Benutzer des freien Internets im Westen kann man sich schwer vorstellen, wie radikal viele Regimes die Freiheit im Netz aus- und abschalten. Unbestrittener Meister mit dem raffiniertesten Kontrollmechanismus ist China. Das System ist so ausgefeilt, dass selbst die Freedom-House-Projektgruppe, die viel gesehen hat, von den Ergebnissen erschrocken war.

Unbemerkt kann im chinesischen Internet niemand irgendetwas schreiben. Die Zensoren zapfen nicht mehr an, sie sitzen als Spinne im Netz. Spezielle Spitzelprogramme durchsuchen versteckt im Hintergrund die Computer von Privatleuten und Firmen, aber auch die Server der Computerdienstleister und Telekommunikationsunternehmen.

Die meisten Internet-Provider und Mobilfunkunternehmen unternehmen nichts gegen die Zensursoftware auf ihren Systemen. Die Firmen sind entweder Staatseigentum oder fürchten als freie Unternehmen den Verlust der Lizenz. Seit Oktober 2010 gelten noch schärfere Gesetze. Jetzt haften die Unternehmen für »Geheimnisverrat« in ihren Netzen. Sie sind verpflichtet, Verstöße zu melden und sofort zu blockieren. Das ist etwa so, als würde der Chef der Deutschen Telekom mit Haft bedroht, wenn zwei Diebe sich per SMS zur Tat verabreden.

Je mehr der Westen sich um China bemüht, desto dreister geht das Regime gegen die Freiheitsrechte vor.

Für die These vom Wandel durch Handel kann man in der jüngeren Entwicklung Chinas jedenfalls kaum Belege finden. Die schikanöse Behandlung des Friedensnobelpreisträgers Liu Xiaobo sowie die Festnahme (und dann die taktisch motivierte Freilassung) des Künstlers Ai Weiwei sind Pranger-Beispiele, gedacht als Warnung für Kritiker und Dissidenten.

Die Websites ausländischer Eigentümer mit Sitz in China hat das State Council Information Office fest im Griff. Damit überflügelt China alle Geheimdienste kommunistischer oder faschistischer Diktaturen. Die lückenlose Kontrolle des komplexesten Kommunikationsmittels der Menschheitsgeschichte ist in Angriff genommen – das Vorhaben erscheint mindestens so aufwändig wie die Errichtung des Netzes selbst. Der Unterschied ist aber: Bei der Entwicklung des Netzes war das Ziel mehr Freiheit. Bei der Kontrolle des Netzes ist das Ziel weniger Freiheit.

Das alles erinnert an George Orwells Roman »1984« – die chinesische Kontrollbehörde entspricht dem Wahrheitsministerium in Orwells Fiktion. Dort versteigt sich die Partei immer tiefer in die Fälschung der Wirklichkeit. Erstes Opfer in Orwells Welt ist die Sprache. Nichts heißt so, wie es ist. Alle Verbrechen verschwinden hinter einem Schleier wohlklingender Verharmlosung. Auch in dieser Hinsicht hat die chinesische Regierung viel von Orwell gelernt. So lautet die offizielle Aufgabenbeschreibung: »Gewährung von Anleitung und Koordination zum Aufbau und zur Verwaltung einer Web-Kultur.« Gemeint ist das Gegenteil. Die Beamten haben den Auftrag, eine freie Kultur im Internet zu verhindern.

»Ein neuer Informationsvorhang senkt sich über einem großen Teil der Welt herab – ein Eiserner Vorhang wie die Berliner Mauer«, sagte US-Außenministerin Hillary Clinton bei einer viel beachteten Rede am 21. Januar 2010. »Wir treten für ein offenes Internet ein, zu dem die gesamte Menschheit gleichen und ungehinderten Zugang genießt, um Wissen und Ideen auszutauschen.« Unmissverständlich machte sie klar, in wessen Richtung sie sprach: China, Iran, Saudi-Arabien, Ägypten und andere Länder, die das Internet zensieren und Blogger verfolgen. »Wer elektronische Barrieren errichtet oder Suchergebnisse unterdrückt, verstößt gegen die Menschenrechtserklärung der Vereinten Nationen, in der Informationsfreiheit festgeschrieben ist.«

Sicher ist es nicht, dass China Erfolg haben wird. Ausländische Experten unterstützen die chinesischen Freiheitsaktivisten. So stellt das »Global Internet Freedom Consortium«, ein Zusammenschluss von Software- und Computerfirmen, Programme zur Verfügung, die die Identität der Surfer verschleiern. »Unsere Mission ist es, eine neuartige Online-Plattform zu bauen, um die Große Firewall zum Einsturz zu bringen und Informationen ungehindert in geschlossene Gesellschaften wie China oder Iran hinein- und aus ihnen herausfließen zu lassen«, schreibt das Konsortium.

Nicht nur totalitäre Regime sind im World Wide Web als Freiheitsbegrenzer unterwegs. Immer häufiger sind es auch die Online-Jünger selbst, die das Orwell'sche Prinzip der Gedankenpolizei befördern und das Internet zur großen Überwachungs- und Kontrollmaschine entwickeln. Zum Beispiel durch Facebook.

Soziale Netzwerke sind großartige Einrichtungen.

Jeder, der einmal auf Facebook Erfahrungen gesammelt oder sein Kind bei der Nutzung beobachtet hat, weiß, wie faszinierend, praktisch, zeitsparend die Möglichkeiten sind, sich mit seinem Freundeskreis, seinen Kollegen oder einer anderen Interessengemeinschaft auszutauschen. Teenager erschließen sich das Internet über Facebook. Man braucht keine Suchmaschine als Navigator mehr. Facebook verteilt Informationen, stiftet Freundschaften, organisiert Verabredungen, beeinflusst Konsumverhalten, erschließt Bildung, geschäftliche Erfolge und private Kontakte. Facebook ist virtuelles Sozialleben, das reales Sozialleben befördert und erleichtert.

Doch es gibt auch eine andere, weniger erfreuliche Seite. Die Nonchalance, mit der sich Facebook-Gründer Mark Zuckerberg auf der international wichtigsten Medienkonferenz in Sun Valley in den Jahren 2010 und 2011 präsentiert, erinnert auf den ersten Blick an den Pop-Star einer Boygroup. Ein Milliardär mit der Klarheit einer Kinderseele. Zuckerberg ist das neue Wunderkind der New Economy. Seine Rhetorik aber verrät das Understatement der wirklich Mächtigen. Wie bescheiden und leise er da in Turnschuhen und Schlabber-T-Shirt auf dem Podium die Fragen pariert: Kommt bald der Börsengang? Aber nein. Entwicklung des Geschäftsmodells? Es gebe doch Wichtigeres als Geldverdienen. Und Datenschutz? Schutz der Privatsphäre? Missbrauch der verfügbaren Informationen? Ja, das nehme man sehr ernst, aber nein, da drohe keine Gefahr, der Nutzer entscheide selbst, was er wem zur Verfügung stelle. Und dann sagt er schneidig einen Satz, der jede weitere Debatte erledigt: Wer nichts zu verbergen hat, meint Zuckerberg, braucht Transparenz nicht zu fürchten. So spricht kein präpotenter Startup-Unternehmer, der allen zeigen will, dass er der Beste ist. So spricht eine Weltmacht. Oder besser: ihr Geheimdienst.

Rund hundert Milliarden Fotos sollen im Jahr 2011 auf Facebook hochgeladen worden sein. Und alle Informationen, die über Facebook einmal im Netz sind, sind für immer im Netz. Bei Drucklegung dieses Buchs im Septmber 2011 kündigt Mark Zuckerberg auf einer Entwicklerkonferenz an, Facebook mit den neuen Anwendungen »Timeline« und »Open Graph« zum multimedialen Echtzeit-Tagebuch und Lebensarchiv auszubauen, in den vom Foto der ersten Freundin bis zur zuletzt zurückgelegten Joggingstrecke alles verzeichnet ist und automatisch mit dem eigenen Netzwerk geteilt wird. Welche Freunde man hat, wann man sich wo mit ihnen trifft, welche Musik man im Moment hört, welches Buch man gerade liest, welche Jeans man gerne trägt, was man glaubt, was man kauft, wen man liebt – je nach Freizügigkeit des Nutzers steht in Facebook alles. Die Website hilft, Gleichgesinnte kennenzulernen und Produkte für die eigenen Vorlieben zu finden. Der gläserne Mensch entsteht nicht, weil andere spionieren – wie in China –, sondern weil die Menschen sich selbst gläsern machen. Was aber, wenn sie es später bereuen? Was, wenn andere die Informationen missbrauchen? Harmlos ist der gängige Weg der kommerziellen Verwertung. Der Nutzer möchte ja, dass man ihm hilft. Weniger harmlos ist es, wenn politische und wirtschaftliche Konkurrenten oder kriminelle Kräfte sich den Missbrauch des gläsernen Menschen zum Ziel setzen. Dass Facebook auch Karrieren beenden kann, bewies in Deutschland im Spätsommer 2011 die Affäre Christian von Boetticher – der aufstrebende Politiker musste von allen Parteiämtern zurücktreten, als seine auf Facebook begonnene und dokumentierte Liebe zu einer 16-Jährigen publik wurde.

Im April 2010 stahl ein Hacker 1,5 Millionen Zugangsdaten von Facebook, die er in diversen Hackerforen – nach den Usancen dieses illegalen Marktes – zu relativ günstigen Preisen anbot. Im Mai 2011 machte die IT-Antivirensoftwarefirma Symantec darauf aufmerksam, dass Werbekunden von Facebook jahrelang auf die Anwenderprofile der User zugreifen, deren Fotos ansehen und Chats mitlesen konnten. Das übersteigt selbst Orwells Phantasie.

David Gelernter, Professor für Informatik an der Universität Yale, zählt zu den wichtigsten Theoretikern des Internets. Auf Gelernter verübte der »Unabomber« Theodore Kaczynski einen Briefbombenanschlag, weil er in ihm die treibende Kraft für die Technisierung der Gesellschaft sah. In einem 2010 für die *Frankfurter Allgemeine Sonntagszeitung* verfassten Manifest zur Zukunft des Netzes warnte Gelernter vor der totalen Transparenz: »Unsere eigenen Daten, alle unsere Mitteilungen, Dokumente, Fotos, Videos – einschließlich netzwerkübergreifender Daten wie Telefongespräche, Sprach- und Textnachrichten – werden ein Lebensstrom in der Wolke sein; ein Strom, den man einschalten kann wie einen Fernseher oder Computer … Das Wort ›Lifestreaming‹ ist zu einem neuen Oberbegriff geworden, und Ströme sind der wichtigste neue Trend im Netz.« Und er stellt die Schlüsselfrage, »ob der Schaden, den unser Privatleben schon genommen hat, uns resigniert aufgeben oder vielmehr energischer um das kämpfen lässt, was noch von ihm übrig ist«.

Gelernter ist ein intelligenter Bewunderer der digitalen Welt. Vielleicht sieht er deshalb auch ihre Schwächen. Dazu gehört, dass das Netz zwar alles transparent macht und jede Information jedermann zur Verfügung stellt, dabei aber wie eine Vorurteilsverstärkungsmaschine wirken kann: »Das Netz gewährt uns die Befriedigung, nur Meinungen zur Kenntnis zu nehmen, mit denen wir bereits konform gehen, nur Fakten (oder angebliche Fakten), die wir schon kennen. In einer herkömmlichen Zeitung können wir zehn Texte zu zehn verschiedenen Themen lesen, während im Netz viele Menschen genau die gleiche Zeit dafür aufwenden, zehn Texte über ein und denselben Gegenstand zu lesen.«

Wir fühlen uns geborgen auf Webseiten, die unsere vorgefassten Meinungen bestätigen. Untersuchungen zeigen, dass der Ton radikaler wird, je homogener eine Gruppe ist. Wenn niemand mehr widerspricht, wenn andere Meinungen ausgeblendet werden, gedeihen Selbstgewissheit und Ressentiment. Und das geht schnell im Netz: aufregen, aufschreiben, absenden – im Internet sind das nur ein paar Sekunden. Forenbeiträge im Web sind deshalb meist schriller als Leserbriefe in Zeitungen.

Der klassische Zeitungsjournalismus ist ein Horizontal-Medium, das suchgetriebene Internet ist ein Vertikal-Medium. Die Zeitung zeigt die Breite des Horizonts und erweitert ihn. Sie konfrontiert den Leser mit Themen und Sichtweisen, von denen er nie geahnt hätte, dass sie ihn interessieren könnten. Eine Auswahl, die andere getroffen haben, erweitert den eigenen Wissens- und Meinungshorizont – Widersprüche und Überraschungen inklusive. Das Internet dagegen funktioniert vertikal. Man vertieft eine Information und sein Wissen über ein Thema. Das geht im Netz schneller und effizienter als irgendwo sonst. Man sucht das, woran man schon vorher interessiert war. Das Internet vertieft und verstärkt das Wissen, das Urteil – und das Vorurteil.

Der Amerikaner Eli Pariser hat das in seinem Buch »Filter Bubble« erklärt. Pariser stellte irgendwann fest, dass Facebooks Algorithmus die Links seiner Republikaner-Freunde komplett ausgeblendet hatte, auf die er, politisch eher links von der Mitte, offenbar seltener geklickt hatte als auf die seiner Demokraten-Freunde. Facebook hatte weder darüber informiert noch um Erlaubnis gefragt. Als weiteres Beispiel für die Filterwirkung des Netzes führt er eine Google-Suche mit dem Begriff »Ägypten« an, die zwei Freunde mit unterschiedlicher Suchhistorie, in unterschiedlichen Bundesstaaten, in Vierteln mit unterschiedlicher Soziographie durchführten. Der eine erhielt Nachrichten zur ägyptischen Freiheitsbewegung als Top-Treffer, der andere Pauschalreisepakete an den Nil. Parisers Schlussfolgerung: Algorithmen sorgen dafür, dass wir Informationen gar nicht mehr ausgesetzt werden, die unsere Weltsicht erweitern oder auch herausfordern könnten. Seine Horrorvision: Jeder von uns ist in einem »Filter Bubble«, seinem eigenen kleinen Interessenkosmos, wie in einem Käfig gefangen. Mittel- und langfristig sei das schädlich für die Demokratie. Die Zeitungen seien bessere Filter und Gatekeeper, weil es – anders als bei Computer-Algorithmen – bei Journalisten eine individuelle Verantwortlichkeit für die Auswahl der Informationen gebe.

Zu viel ungeordnete Information ist keine Information oder sogar Desinformation. Der Soziologe Richard Sennett schreibt: »Die durch moderne Technologien erzeugte Informationsflut droht deren Adressaten in Passivität versinken zu lassen. Eine Überfülle an Information ist kein nebensächliches Problem. Große Mengen an Rohdaten bilden eine politische Tatsache. Die wachsenden Datenmengen führen zu einer Zentralisierung der Kontrolle.« Zentralisierung der Kontrolle ohne konkurrierende Alternative bedeutet nichts anderes als eine Form von Deutungsdiktatur und vor allem: weniger Freiheit.

Zum Problem wird dabei nicht nur die Menge der Informationen, sondern der Hang zur hysterisch-panischen Inszenierung. Das Internet verstärkt eine Entwicklung, die auch in den gedruckten Zeitungen der vergangenen Jahre zu spüren war: den Trend zur seriellen Apokalypse. Wenn Boulevardzeitungen zuspitzen und emotionalisieren, dann ist das ihre Rolle. Eine Stimme unter vielen. Im Internet aber spricht fast jeder in der Tonlage des Boulevards. Alles, was schiefgeht, hat das Zeug zur Katastrophe, jedes Missgeschick ist schnell eine Affäre, jeder schlimmere Unfall ein GAU. Die virale Verbreitung, die Emotion der User verschärfen jede nüchterne Nachricht zur »breaking news«. Im Wettbewerb um maximale Leser-Aufmerksamkeit (und Werbebudgets) sowie im Strudel der Emotionen der User wird alles immer lauter, schlimmer, schriller. Die Katastrophen-Inflation aber bewirkt das Gegenteil von dem, was sie erreichen will. Wenn jedes Hochwasser zur Jahrhundertflut wird, hört man am Ende nicht mehr zu, wenn die Deiche wirklich brechen. Daueralarmismus erhöht nicht die Wachsamkeit, er stumpft ab.

In der klassischen Theaterdramaturgie gibt es das Prinzip der Fallhöhe. Ein Protagonist ist in seinem Scheitern nur interessant, wenn er vorher erfolgreich war, ein Schurke nur, wenn er auch andere Seiten hat, wenn es eine Höhe gibt, aus der er fallen konnte. Wenn Politiker alle korrupt sind, interessiert der Betrug mit Steuergeldern eines Tages nicht mehr. Wenn alle von vorneherein im Sumpf sitzen, findet die Schlammschlacht irgendwann unter Ausschluss der Öffentlichkeit statt. Die serielle Apokalypse unterschätzt den Leser, beschädigt die Akteure – und erstickt auf die Dauer das Interesse des Publikums.

Doch möglicherweise kommt die Korrektur dieser Entwicklung nicht aus der alten analogen Sphäre, sondern aus der digitalen Welt selbst. Mit den sogenannten Apps sind geschlossene journalistische Angebote entstanden. Sie haben, wie eine Zeitung, Zeitschrift oder Fernsehsendung, einen Anfang und ein Ende. Sie haben einen Namen, die Marke. Sie haben einen Preis. Und sie haben vielleicht wieder mehr Maß. Im eigenen Interesse. Intelligente Erklärung ist auf die Dauer attraktiver als hysterische Schwarm-Panik. Der Journalist, der eine App komponiert, entscheidet sich für eine Reihenfolge, er setzt Prioritäten, manche Themen sind kurz, andere länger, viele kommen gar nicht vor, manches wird opulent, anderes sehr zurückhaltend gestaltet. Nicht der Empfänger, sondern der Absender einer App ist der Programmdirektor. Der Empfänger delegiert die Auswahl und Inszenierung der Information oder Unterhaltung bewusst an den Profi. Sichtung und Gewichtung sind für ihn eine Dienstleistung.

Chris Anderson, der Chefredakteur von *Wired*, hat

in einer Titelgeschichte über den spektakulären Erfolg der Apps prognostiziert: »Das Web ist tot!« Tatsächlich scheinen Apps den menschlichen Konsumgewohnheiten mehr zu entsprechen als das Informationsüberangebot des Word Wide Web. Apps auf mobilen Lesegeräten sind die Zeitungen und Zeitschriften der Zukunft. Ich glaube jedoch nicht, dass die Apps je das Web ersetzen werden, so wenig wie User Generated Content Profijournalismus ersetzen kann. Es wird langfristig beides geben: das suchmaschinengetriebene Internet und die geschlossene, von Profis aufbereitete Welt der Apps.

Die digitale Transformation hat gerade erst begonnen. Und niemand weiß, wohin sie führt. Im Jahr 1970 machte Alvin Toffler mit seinem Buch »Zukunftsschock« Schlagzeilen. Toffler stellt eine interessante Rechnung auf: Teilt man die vergangenen 50 000 Jahre der Menschheitsgeschichte in Lebensspannen von 62 Jahren auf, dann hat die Menschheit seitdem rund 800 Lebensspannen erlebt. Von diesen haben 650 Generationen ihr Leben in Höhlen verbracht. Erst seit 70 Generationen ist es möglich, schriftliche Mitteilungen an die Nachfahren weiterzugeben, ohne auf die ungenaue mündliche Überlieferung angewiesen zu sein. Erst seit sieben Spannen gibt es gedruckte Bücher. Der überwiegende Teil der Güter, die heute unseren Alltag beherrschen, sind Erfindungen der laufenden Lebensspanne. Neunzig Prozent aller Wissenschaftler, die je auf der Erde lebten, sind Zeitgenossen unserer Epoche. Vor dem Jahr 1500 erschienen in Europa jährlich höchstens 1000 neue Bücher. Heute erscheinen allein in Deutschland fast 100 000 Titel pro Jahr, in den USA sind es doppelt so viele. Der Biologe Julian Huxley schrieb: »Die menschliche Entwicklung vollzieht sich in der historischen Zeit mindestens hunderttausend Mal schneller als in der prähistorischen Zeit. Bis zum 20. Jahrhundert vollzogen sich historische Änderungen so langsam, dass man sie kaum mitbekam.«

Typisch für frühe Phasen von Revolutionen ist es, dass die Zeitgenossen der ersten Phase glauben, die ganze Revolution schon erlebt zu haben, obwohl sie tatsächlich noch vor ihnen liegt. Gelernter nannte dafür 1991 ein historisches Beispiel: Auch 1791 waren die meisten Menschen davon überzeugt, die industrielle Revolution liege hinter ihnen. Die Welt, so fand man damals, hätte sich bereits grundlegend geändert. »Die Veränderungen sind so beeindruckend, dass ein wahrheitsliebender Autor sie kaum glauben kann«, schrieb William Hutton 1791. Allen klang noch Adam Smith im Ohr, der fünfzehn Jahre zuvor von dem »allgemeinen Wohlstand« geschwärmt hatte, den die Industrialisierung mit sich gebracht habe. Aber da fuhr die Eisenbahn noch nicht, Manchester war eine bedeutungslose Kleinstadt, und die Massenproduktion war noch nicht erfunden. »Damals baute die industrielle Revolution ihren Dampf erst auf«, schrieb Gelernter. »Der große Knall kam später. 1991 ist wie 1791.«

Wie wird die digitale Weltordnung aussehen? Wird sie mehr Freiheit oder mehr Unfreiheit bringen?

Es könnte sein, dass die technologischen Veränderungen schneller kommen und radikaler ausfallen werden, als wir heute glauben. Die Veränderungen von Inhalten und Gewohnheiten dagegen werden langsamer und weniger radikal sein, als viele heute prognostizieren.

Maschinen verändern sich schnell, Menschen langsam. In ihren Grundbedürfnissen gar nicht.

Fest steht: Technologie wird immer leistungsfähiger und billiger. Im Jahr 1990 fasste eine 3,5-Zoll-Festplatte rund 100 Megabyte, um die Jahrtausendwende rund 200 Gigabyte, 2005 etwa 500 Gigabyte und heute bei gleicher Baugröße bis zu 3 Terabyte. Die magnetische Speicherung von einem Gigabyte Datenvolumen kostete Anfang der 1990er Jahre noch über 1000 Dollar, im Jahr 2000 lediglich 8,37 Dollar und heute ein bis zwei Cent.

Experten gehen davon aus, dass die Herstellung von elektronischem Papier in fünf Jahren billiger ist als die Herstellung einer einzigen Zeitungsausgabe. Die Kosten für den Chip liegen schon heute bei nur zwei Cent. Wird es elektronisches Papier bald als Wegwerfartikel geben? Wird man elektronisches Papier zum Ausrollen haben, das heißt dann auch: zum Einstecken in die Jackentasche wie einen Kugelschreiber? Wird es riesige foliendünne Bildschirme geben, mit denen wir unsere Wände im Arbeits-, Wohn- und Schlafzimmer beziehen wie mit einer Tapete? Werden wir künftig an diesen riesigen, fast omnipräsenten Bildschirmen gleichermaßen E-Mails schreiben, fernsehen und Zeitung lesen? Wird es irgendwann Brillen geben, mit denen wir jederzeit überall alles dreidimensional sehen und bearbeiten können? Werden irgendwann implantierte Chips all das in unserem eigenen Gehirn, auf unserer eigenen Augenoberfläche erledigen?

Am interessantesten aber werden die Antworten auf jene Fragen sein, die wir heute noch gar nicht stellen können. Einer der weltweit führenden Experten für künstliche Intelligenz, Ray Kurzweil, prognostiziert seit langem die Verschmelzung von menschlicher und künstlicher Intelligenz. In seinem im Jahr 2006 erschienenen Buch »Singularity is Near« schreibt er: »Im Jahr 2045 wird jede Nachrichtensendung und jede Website darüber berichten: ›Eingeholt – Maschinen sind intelligenter als Menschen‹. Der Sieg der künstlichen Intelligenz wird zum einschneidendsten Ereignis in der Geschichte der Menschheit.« Den Zeitpunkt, an dem Maschinen Menschen überholen werden (also vermeintlich klüger sind), nennt Kurzweil Singularität. Dieses Phänomen werde nicht nur die Lebensqualität, sondern auch die Lebenserwartung grundlegend beeinflussen. Kurzweil prognostiziert: »Letztlich werden intelligente Bauteile in unsere Körper und Hirne eindringen, und das ist ein Trend, der schon begonnen hat. Wer Parkinson hat, kann einen Computer in seinen Körper einsetzen, der sich mit dem Gehirn verbindet und die Funktion der Nervenzellen ersetzt, die die Krankheit zerstört hat. Eine Implikation des Gesetzes der Beschleunigung ist, dass solche Technologien in 25 Jahren eine Milliarde Mal leistungsstärker und 100 000-fach kleiner werden. Folglich werden wir in der Lage sein, sehr leistungsstarke und doch äußerst preiswerte Computer von der Größe eines Blutkörperchens in unsere Körper aufzunehmen, die uns gesünder und klüger machen. Nach meinem Modell erreichen wir einen Wendepunkt in 15 Jahren. Wir werden dann zu jedem Jahr unserer verbleibenden Lebenserwartung mehr als ein Jahr hinzuaddieren können.« Prognose, Vision oder Phantasterei?

Das unerfüllbare Projekt der menschlichen Zivilisation ist die Überwindung der Sterblichkeit. Wir wollen und wir können uns nicht damit abfinden, dass irgendwann Schluss ist. Deshalb gibt es Religion, deshalb gibt es Medizin, deshalb gibt es Computer und künstliche Intelligenz. Der Kampf gegen die eigene Sterblichkeit ist nicht zu gewinnen. Aber er bleibt der Menschheitstraum schlechthin. Der Mensch wird den Versuch, den eigenen Tod so lange wie möglich hinauszuschieben, nicht aufgeben.

Die Empörung, die Einwände religiöser und ethischer Art sind massiv. Aus guten Gründen. Unabhängig davon aber gilt: Die Grenzen zwischen Mensch und Avatar, zwischen humaner und künstlicher Intelligenz, zwischen Sterblichkeit und Unsterblichkeit werden im Zuge der digitalen Revolution weiter verschwimmen, ob wir es wollen oder nicht.

Was wollen wir in unserer digitalen Zukunft? Das, was schon früher die größte Zukunftshoffnung war: die Freiheit. Vor allem: die Freiheit, Nein zu sagen. Wenn künstliche und menschliche Intelligenz einander näher rücken, wenn der Computer nicht nur unser Sein, sondern auch unser Bewusstsein bestimmt, dann wird sich rächen oder bewähren, wie wir den Computer programmiert haben. Ob der Algorithmus unsere Intelligenz prägt oder unser Hirn den Algorithmus – das entscheiden wir.

Die digitale Welt ist nicht schwarz oder weiß. Sie ist eben nicht digital: entweder dies oder das. Sie ist meistens beides zugleich. Facebook kann unser bester Freund und unsere Gedankenpolizei sein. Google kann unser digitaler Lotse und unser Inhalte-Pirat und Spion sein. Das elektronische Papier kann das Ende des Zeitungsjournalismus und der Verlage sein, aber genauso der Beginn eines Journalismus, der so klug, so vielfältig, so frei, so umweltfreundlich, so profitabel und unentbehrlich ist wie nie zuvor. Das Internet kann ein Netzwerk der Terroristen sein, mit Anleitungen zum Bombenbasteln und Morden. Es kann aber auch Menschen davon abhalten, ebendies zu tun. Das Netz kann Vorurteile, Hass und Rassismus schüren. Und es kann Toleranz und Differenzierung befördern. Das Web kann uns überwachen und mündiger machen. Es kann Neugier, Demokratie und Vernunft schwächen und stärken. Das Web kann uns dumm und klug machen. Das Web kann alles und das Gegenteil.

Das Internet ist keine Freiheitsmaschine und auch kein Instrument zur Freiheitsberaubung. Es hat so viel Persönlichkeit wie ein Panzer oder eine Herz-Lungen-Maschine.

Das Netz ist weder gut noch böse. Es hat keinen Charakter und keine Seele. Es ist einfach da. Und es ist so wie die, die es nutzen. Das Netz ist wie wir.

Wenn wir frei sind, ist auch das Netz frei. Und umgekehrt.

V. Balanceakt

Nathan Scharansky ist gegangen. Ich sitze immer noch auf der Terrasse des King David Hotels. Der Kellner flirtet drinnen mit seiner Kollegin. Das Liebespaar scheint ungestört von allem in der Welt. Der Himmel ist jetzt ganz dunkelblau.

Ich denke an Scharansky. Woher hat er diese Kraft? Woher diese tiefe Heiterkeit? Er muss das wohl aus der unangreifbaren inneren Freiheit schöpfen.

Für Scharansky ist die Freiheit absolut, universell. Ein Menschenrecht, für jedermann. Politiker, die sich das zu eigen machen, gelten als Phantasten – oder als gefährlich.

Zum Beispiel George W. Bush. Ausgerechnet bei Bush bin ich indirekt auch Nathan Scharansky wieder begegnet, vor einigen Jahren im Weißen Haus. Es war einer der ungewöhnlichsten Termine, die ich je erlebt habe. Bemerkenswert war schon, wie er zustande kam. Henry Kissinger hatte mich gefragt, ob ich den amerikanischen Präsidenten persönlich kennengelernt hätte, und als ich verneinte, gesagt: Das sollten wir ändern. Ein paar Tage später saß ich auf einem südfranzösischen Dorfplatz und spielte mit meinem Blackberry, da erschien auf dem Display eine Mail aus dem Weißen Haus: »Bitte kontaktieren Sie mich schnellstmöglich bezüglich Ihrer Verfügbarkeit in Washington. Präsident Bush würde Sie während Ihrer nächsten

USA-Reise gerne treffen. Vielen Dank. Herzlichst, Lauren.«

Ich war verblüfft. Wie schnell die Kissinger-Empfehlung Wirkung zeigte. Und dass der Präsident nicht einfach einbestellt und schlicht sagt, wann er Zeit hat. Halb eingeschüchtert, halb amüsiert, als würde es sich um einen Trick von »Versteckte Kamera« handeln, sagte ich meiner Sekretärin, sie solle der Kollegin in Washington meine nächsten USA-Reisen nennen und aus Vollständigkeitsgründen ruhig auch den Termin übermorgen anlässlich einer Aufsichtsratssitzung von Time Warner in New York. Am nächsten Tag war die Antwort da: »Bitte lassen Sie mich so schnell wie möglich wissen, ob morgen, 25. Juli, um 9:30 Uhr für Dr. Döpfner gehen würde. Danke, Lauren.« Nachdem keine versteckten Kameras auftauchten, bestätigten wir den Termin, ich flog noch schneller los als geplant und stand 18 Stunden später am Flughafen Washington, obendrein mit meinem damals elfjährigen Sohn. Ich hatte ihm seit Monaten versprochen, diesmal mit nach New York zu dürfen. Jetzt, auf dem Umweg über Washington, war er dabei. Auf der Fahrt ins Weiße Haus rief ich die Sekretärin des Präsidenten an und fragte, ob sie eine Idee hätte, wo mein Sohn während des Gesprächs auf mich warten könne: Oh, kein Problem, sagte sie, er kann bei mir im Büro bleiben. Interessiert er sich für Basketball, dann können wir über Basketball sprechen. Die Sicherheitsprozedur ging schneller als vor einem Flug von Berlin nach Frankfurt, und eh ich mich versah, stand ich im Vorzimmer des Präsidenten. Geschäftiges Gedränge und Geschiebe, Referenten, Geheimdienst- und Sicherheitsleute mit merkwürdigen Abzeichen teilten sich plötzlich zu einer Gasse. An deren Ende, im Türrahmen des Oval Office stand er: George W. Bush, im Sommer des Jahres 2007 der Inbegriff des sogenannten Bösen.

Hi Mathias, so good to see you. Ich trat in ein Zimmer, das viel kleiner wirkte als erwartet. Ein Tisch, ein Wappen, eine Fahne und eine Sitzgarnitur, auf der zwei gepflegte Damen mittleren Alters mit gezückten Schreibblöcken saßen. Brauchen Sie Protokollantinnen? Also ich nicht, sagte der Präsident, und als ich verunsichert mit den Schultern zuckte und den Kopf schüttelte, rief er: Raus mit Euch. Bis später! Man sah mir die Nervosität an, und eben deshalb versuchte mein Gastgeber alles, die Verkrampfung bei seinem Besucher zu lösen.

Nervös war ich auch zwei Jahre zuvor beim russischen Präsidenten. Ich wartete drei Stunden. In einem hell erleuchteten Wartesaal saß ich mit einem Übersetzer, der mich beruhigte. Das ist völlig normal, machen Sie sich keine Sorgen. Meine Sorge war aber eine Aufsichtsratssitzung am nächsten Morgen in Berlin, die ich unweigerlich verpassen würde, wenn es weiter so lief. Als Wladimir Putin den Moment endlich für gekommen hielt, stand ein Zeremonienmeister in der Tür. Wenn der Präsident den Raum auf der anderen Seite betritt, dürfen Sie eintreten, keinesfalls früher, ich gebe Ihnen ein Zeichen, sagte er fast flüsternd. Der Raum war gefühlt hundert Meter lang, der Tisch mindestens zwanzig. Wie beim Duell in Peter Tschaikowskis »Eugen Onegin« betraten wir in der gleichen Sekunde den goldprunkenden Raum und liefen symmetrisch aufeinander zu. Dann sprach der Gastgeber, leise und sanft. In bestem Deutsch. Der Übersetzer als Dekoration. Die Entourage schwieg respekt- und geheimnisvoll. Und schrieb mit. Zum Schluss gab es, zum Ausgleich für das lange Warten, eine Motorradeskorte durch den Stau zurück zum Flughafen.

Ganz anders, ganz republikanisch Bush: ein Witzchen hier, eine Frage nach gemeinsamen Bekannten dort. Er tat einfach alles, um den Eindruck von Autorität oder Einschüchterung zu vermeiden. Und nach ein paar Minuten entstand tatsächlich für eine halbe Stunde so etwas wie ein normales Gespräch.

Ich frage, warum er gegen so viel öffentlichen Widerstand den Irak-Krieg begonnen und fortgesetzt hat? Darauf Bush: Weil ich davon überzeugt bin, dass es langfristig richtig ist. Und weil ich dieses unglaubliche Privileg der Verantwortung nicht missbrauchen möchte, indem ich Dinge gegen meine innere Überzeugung tue. Ich bin Präsident, ich muss es nicht mehr werden. Also tue ich das, was ich für richtig halte. Und wenn die Bürger es anders bewerten, werden sie mich nicht wiederwählen. Das mag sein. Es mag aber sein, dass die Menschen das in ein paar Jahrzehnten anders sehen.

Ich will wissen, wie er mit so viel Kritik der Medien leben kann. Bush meint: Ich mache Ihren Kollegen keinen Vorwurf. Das ist ihr Job. Es gibt Dinge, die zu kritisieren sind, also werden sie kritisiert. Ich erwarte nicht, dass Journalisten mich dafür auch noch loben. Ich kann nicht behaupten, dass es mir nichts ausmacht. Aber ich muss damit leben.

Ob er Fehler gemacht hat in der Begründung und in der operativen Umsetzung des Militärschlages? Ja, räumt Bush ein, ich habe Fehler gemacht, ich würde heute einiges anders machen. Nur: Die grundsätzliche

Linie unserer Politik halte ich nach wie vor für richtig.

Wer denn wohl sein Nachfolger bei der nächsten Wahl werden wird? Zu meiner sprachlosen Überraschung sagt er im Sommer 2007 nicht: John McCain, er sagt: Hillary Clinton. Aber ich kann gut damit leben, denn sie wird die wesentlichen Linien unserer Politik fortsetzen: Ich wette mit Ihnen, dass in zehn Jahren immer noch amerikanische Soldaten in Afghanistan und im Irak sein werden.

Und dann frage ich ihn, woher seine Überzeugung von der Universalität der Freiheitsrechte kommt. Er antwortet: Aus meinem christlichen Glauben. Und noch etwas, setzt Bush nach: Kennen Sie Nathan Scharansky?

Ja.

Er hat ein Buch geschrieben. »The Case for Democracy«. Das müssen Sie lesen.

Habe ich schon.

Na dann wissen Sie ja Bescheid. Wir haben kein Recht, den Menschen das zu verweigern, was wir so selbstverständlich genießen. Nur weil die Geschichte es besser mit uns meinte. Freiheit ist ein Recht, auf das jeder Mensch Anspruch hat. Jeder.

Ein paar Sätze später kommt der Büroleiter: Mister President, time is over. Wir schütteln uns die Hände, und irgendwie rutsche ich ab, so dass nur die Fingerspitzen in seinem Händedruck landen. Ein Sekundenbruchteil Peinlichkeit. Er lacht. Ich glaube, das können wir besser, sagt er, lacht noch mal, und wir wiederholen den Händedruck. Danke, dass Sie sich die Zeit genommen haben.

Sagt er. Nicht ich.

Ich lache.

Der kleine russische Bürgerrechtler aus dem Gulag hat es mit seinen Erlebnissen im sibirischen Lager und den Konsequenzen, die er daraus gezogen hat, mitten ins Bewusstsein des amerikanischen Präsidenten geschafft: Die Freiheitsrechte sind universell. Wer sie nicht verteidigt, sitzt in der Freiheitsfalle. Wer sie mit den falschen Mitteln verteidigt, auch.

Bush wollte Freiheit um jeden Preis. Er verfolgte eine Politik der wehrhaften Demokratie, die nicht nur nach Afghanistan und in den Irak-Krieg führte, sondern auch Voraussetzungen schuf, die den »Arabischen Frühling« in Ägypten und Libyen ermöglichten. Aber Bush hat dabei schwere Fehler gemacht und – etwa in Guantanamo – auch mit den Methoden derer gekämpft, die er bekämpfte. Er hat so die Freiheit um den Preis der Freiheit verteidigt.

Auf der Terrasse des King David Hotels werden langsam die Zikaden leiser. Hinter der Mauer, im Schwarzblau des Abendhimmels verschwindet die Erlöserkirche, errichtet im Auftrag von Kaiser Wilhelm II. als Zeichen der Verbundenheit von Preußen mit der Stadt Jerusalem, das Jaffator, eines von acht Toren dieser viergeteilten Stadt. Jerusalem, geteilte Stadt, zerrissene Stadt. Stadt der Propheten. 1204 Synagogen, 158 Kirchen, 73 Moscheen. Jüdisches Viertel, armenisches Viertel, christliches Viertel, muslimisches Viertel. Jerusalem, Stadt der Mauern, Stadtmauer, Klagemauer, Schutzmauer, antiterroristischer Schutzwall sagen manche, so wie man in der DDR antifaschistischer Schutzwall sagte. Von hier aus sieht man beides, die alte Stadtmauer, die Süleyman der Prächtige vor ungefähr fünfhundert Jahren bauen ließ. Und ein Stück vom Sicherheitszaun ist in der Ferne noch zu sehen, gebaut erst kürzlich, um Todfeinde zu trennen. Als Axel Springer 1966 Israel besuchte, zeigte ihm Teddy Kollek, der damalige Bürgermeister von Jerusalem, die Mauer, in deren unmittelbarer Nähe er sein Büro bezogen hatte. Springer sagte damals zu Kollek: »Wir haben das gleiche Problem in Berlin, aber ich weiß, dass die Berliner Mauer fallen wird, und das gleiche wird auch mit der Mauer in Jerusalem geschehen.« Er ahnte nicht, welche Mauern heute dort durch das ganze Land gehen.

Ich werde jeden Morgen daran erinnert, wenn ich in Berlin zur Arbeit komme. Ich sehe dann diese merkwürdige Skulptur vor dem Eingang unseres Verlagshauses. Sie heißt »Balanceakt«, der Bildhauer Stephan Balkenhol hat sie geschaffen.

Ein Mann, riesengroß, aber im Ausdruck so gar nicht gigantisch, läuft auf einer Mauer. Ein Bein steht auf dem Beton, das andere reckt sich spielerisch in der Luft. Halb hier, halb da. Den Blick in die Ferne gerichtet, aber nicht visionär, heldisch, sondern eher fragend, freundlich. Das ist kein Held der Geschichte, sondern einer, der nicht genau weiß, wo es langgeht. Ein Suchender, ein Tastender, ein Balancierender. Einer, der so unsicher ist wie seine Betrachter. Ich habe dieses Kunstwerk lange nicht verstanden. Und wirklich begriffen habe ich es immer noch nicht.

Die Skulptur ist groß: dreieinhalb Meter hoch. Und schwer: gut eine halbe Tonne Bronze. Stephan Balkenhol hat sie selbst dort hinstellen lassen. Eine Zigarette nach der anderen hat er geraucht. Er stand daneben und beaufsichtigte die Kräne, die die Bronze an die richtige Stelle manövrierten. Und er dirigierte jedes einzelne jener Segmente der Berliner Mauer, die um die Skulptur herum gruppiert wurden. Jetzt liegen sie da, die Mauerstücke, wie Dominosteine, wie umgefallene Zinnsoldaten nach der Schlacht. Und mittendrin jeden Tag Menschen. Ich sehe das immer, wenn ich aus dem achtzehnten Stockwerk heruntergucke. Mitarbeiter und Besucher sitzen unter der Skulptur auf dem langen Sockel, sie unterhalten sich oder liegen einfach da und blinzeln in die Sonne.

Die Axel Springer AG hat die Arbeit in Auftrag gegeben zum 50. Jubiläum der Grundsteinlegung unseres Verlagsgebäudes. Axel Springer wollte dieses Haus damals so, direkt an der Sektorengrenze. Während Ulbricht seine Mauer baute, baute er – wenige Meter daneben – sein Hochhaus. Als »Leuchtturm des freien Westens«.

Springer wurde damals verspottet als »Brandenburger Tor«. Wie konnte man so naiv sein und an die »Einheit in Freiheit« glauben? Springer tat es – und er kämpfte dafür. Auf die Frage, warum er sein Verlagshaus direkt an die Sektorengrenze baue, antwortete er: »Ich glaube an ein Deutschland mit der Hauptstadt Berlin. Aber ich glaube nicht nur daran, ich will es auch.«

Jetzt balanciert dort Balkenhols Mann.

Aber warum balanciert er auf der Mauer, obwohl sie doch gefallen ist? Vielleicht, weil die gewonnene Freiheit nie etwas Selbstverständliches, Stabiles ist. Weil Freiheit fragil ist und schwankt. Vielleicht, weil es genau an dieser Stelle des Triumphes darauf hinzuweisen gilt, dass der Fall der Mauer ein Triumph mit Fragezeichen ist. Nichts ist sicher. Am allerwenigsten die Freiheit.

Peter Fechter, der 18-jährige Republikflüchtling,

wurde hier – gut hundert Meter von der Stelle entfernt, an der heute unser Verlagshaus steht – bei dem Versuch, der sozialistischen Diktatur zu entfliehen, am 17. August 1962 von Grenzsoldaten mit zwei Dutzend Kugeln zusammengeschossen. Er verblutete an der Mauer. 44 Jahre später lief ein Pakistani mit einem Rucksack auf dem Rücken und einem großen Messer in der Hand in die Eingangshalle des Verlages und erklärte den verdutzten Empfangsdamen, er wolle jetzt den Chefredakteur der *Welt* umbringen, denn der habe die Mohammed-Karikaturen nachgedruckt und damit den Namen des Propheten beschmutzt. Wenige Sekunden später wurde der Mann von Sicherheitskräften überwältigt.

Die Bedrohungen unserer Freiheit sind akut. Sie kommen von außen, von religiösen Fundamentalisten, die eine andere Weltordnung wollen, ein globales Kalifat, in dem Allah alles, Frauen nichts, Geld des Teufels und Sex tabu ist. Und die Bedrohungen unserer Freiheit kommen von innen. Von Politikern, denen ein gefügiges Volk lieber ist als ein freies. Von Online-Unternehmern, denen ein gläserner Kunde lieber ist als ein freier. Und vor allem von uns selbst. Der größte Feind der Freiheit ist unsere Selbstzufriedenheit. Wir sitzen in der Freiheitsfalle, ohne es zu merken.

Freiheit herrscht nicht. Freiheit ist nicht. Freiheit bleibt immer nur eine Möglichkeit.

Wir können sie gewinnen, und wir können sie aus Mutlosigkeit, Feigheit oder Trägheit wieder verspielen. Ohne Anstrengung ist die Freiheit nicht zu haben.

Stephan Balkenhols Mann auf der Mauer hat einen schwankenden Gang. Er hat die Mauer nicht überwunden, nicht übersprungen, nicht hinter sich gelassen. Er läuft auf ihr. Er hat etwas erklommen. Er kann abstürzen und alles wieder verlieren. In Berlin, in Jerusalem, überall. Die Freiheit – ein Balanceakt.

Für dieses Buch habe ich viele Gespräche geführt. Einige sind im Text wiedergegeben. Anderen verdanke ich wichtige Anregungen und Kritik.

Vielen Dank, zuerst all denen, die ich hier vergessen habe. Und dann: Georg Baselitz, Christian Boros, Henryk M. Broder, Bruno Brunnet, Thomas Delekat, Kai Diekmann, Dieter, Gu, Moritz und Ulrike Döpfner, Klaus Ebert, Edda Fels, Leonhard Fischer, Nicole Hackert, Kilian Heck, Michael Jürgs, Thomas Karlauf, Christoph Keese, Diana Kertz, Anselm Kiefer, Henry Kissinger, Renate Köcher, Gerd König, Sonny Krauspe, Helga Kurz, Ronald S. Lauder, Markus Lüpertz, Georg Mascolo, Jean-Remy von Matt, Ingo Metzmacher, Hubertus Meyer-Burckhardt, Jennifer Molata, Jan-Eric Peters, Wolfgang Reitzle, Raffi Roth, Rachel Salamander, Madjid Samii, Nathan Scharansky, Sabine Scharnagl, Frank Schirrmacher, Christian Seeger, Thomas Schmid, Eric Schmidt, Michael Schmidt, Benjamin von Stuckrad-Barre, Christian Thielemann, Clemens Trautmann, Peter Wahle, Chris Walker, Lord George Weidenfeld, Leon de Winter und Mehmet Ali Yalçindağ.

Die Dialoge in diesem Buch sind überwiegend aus dem Gedächtnis rekonstruiert. Deshalb stehen sie nicht in Anführungszeichen. Zitate in Anführungszeichen beruhen auf autorisierten oder bereits veröffentlichten Quellen.